教孩子每天进步一点点

付简帆 编著

新世界出版社
NEW WORLD PRESS

图书在版编目（CIP）数据

教孩子每天进步一点点/付简帆编著. —北京：新世界出版社，2011.7

ISBN 978-7-5104-1792-4

Ⅰ.①教… Ⅱ.①付… Ⅲ.①家庭教育 Ⅳ.①G78

中国版本图书馆 CIP 数据核字（2011）第 070708 号

教孩子每天进步一点点

作　　者：付简帆
责任编辑：梁小玲　张铁成
责任印制：李一鸣　黄厚清
封面设计：兰旗设计
出版发行：新世界出版社
社　　址：北京市西城区百万庄大街 24 号（100037）
总 编 室：+86 10 6899 5424　　6832 6679（传真）
发 行 部：+86 10 6899 5968　　6899 8733（传真）
网　　址：http：//www.nwp.cn（中文）
　　　　　http：//www.newworld-press.com（英文）
版权部电话：+86 10 6899 6306　　frank@nwp.com.cn
印　　刷：九洲财鑫印刷有限公司
经　　销：新华书店
开　　本：787×1092　1/16
字　　数：316 千字　　印张：20
版　　次：2011 年 7 月第 1 版　2011 年 7 月第 1 次印刷
书　　号：ISBN 978-7-5104-1792-4
定　　价：36.00 元

前言

早在20世纪50年代，美国著名的质量管理大师戴明博士多次到日本松下、索尼、本田等企业讲学，他传授了最简单的方法——“每天进步一点点”。日本的这些企业正是这样做了，才取得了质量的长足进步，使当时的“东洋货”独步天下。

有人说：成功就是简单的事情得复杂着去做。每天进步一点点是简单的，之所以有人不成功，不是他做不到，而是他不愿意去做那些简单而重复的事情。因为越简单，越容易的事情，人们也越容易不去做它。

一步登天做不到，但一步一个脚印能做到；一鸣惊人不好做，但一点点朝着正确的方向前进并不难。每天进步一点点，虽然听起来好像没有冲天的气魄，没有诱人的硕果，没有轰动的声势；可细细地琢磨一下，每天进步一点点，才是务实的态度，才是明智的抉择——所有的目标都必须通过一步步的努力和一点一点的进步才能实现；持之以恒地努力与持续不断地进步，才是通向成功的法宝。任何能力的提高，学识才干的长进，工作成绩的取得，良好习惯的形成，都有个持续努力、逐步积累的过程，常常是“每天进步一点点”的总和，不可能一蹴而就。好高骛远，急于求成，是成才成功的大忌。即使具有特殊的天赋，也无法一步登天。千里之行，始于足下，九层之台，始于垒土；合抱之木，生于毫末。循序渐进，日积月累，“涓涓溪流汇成河，泉流万千必成川”才符合成才成功的客观规律。

海洋动物园里有一条重达8600公斤的大鲸鱼，它能够跃出水面

6.6米，还能向游客们表演各种杂技。面对这条创造奇迹的鲸鱼，游客们纷纷向训练师请教训练秘诀。

原来，最初开始训练时，他们先把绳子放在水下面，使鲸鱼不得不从绳子上方通过，每通过一次，鲸鱼就得到奖赏。这种训练方式好像游戏，鲸鱼很喜欢。渐渐地，训练师会把绳子提起，只不过每次提起的幅度都是微小的，大约只有2厘米。这样，鲸鱼不需要花费太大的气力就有可能跃过去，获得奖励，而时常得到奖励的鲸鱼非常乐意接受下一次的训练。随着时间的推移，鲸鱼跃过的高度逐渐上升，最终竟然达到了6米多！

家庭是孩子的第一所学校，家长是孩子的第一任教师。家长给予孩子的不仅是生命，家庭的一切，更是每时每刻都在塑造着孩子们的心灵，影响着孩子的思维，锻炼着孩子的能力，决定着孩子的未来。

教育孩子就像训练鲸鱼，家长就是训练师。在引导孩子健康成长的过程中，切忌过于浮躁。应根据孩子的不同发展阶段，提出不同的发展目标，授之不同的求知方法，培养他的不同素质和能力，激发他的潜能，引领他一点一点地前进。这样，孩子就会在点点滴滴的进步喜悦中，在轻松和谐的成功体验中增强自信心，从而“积小胜而成大胜”、“积跬步而至千里”。

正如一位哲人所说：“成功往往不是看谁哪一阶段跑得最快，而是看谁前进的步伐更持久。”如果家长期冀自己的孩子成才，渴望他拥有不同凡响的人生。就要在日常生活中，努力引导他“每天进步一点点”。

俗话说：“绳锯木断，水滴石穿”，微小的量变最终会促成质的飞跃。家长若能引导孩子养成循序渐进的习惯，每天进步一点点，日积月累，就能引领他不断向卓越迈进，最终帮助他创造出一个充满奇迹的人生。

目录

一、教孩子学会做人，提高品德修养

联合国21世纪教育委员会提出21世纪教育的四大支柱，即学会求知，学会做事，学会共处，学会做人。无论“学会”什么，最基本的落脚点还是“学会做人”。学会做人是四大支柱的关键和核心，也是教育的目的和根本。古人说：“才智，德之资也；德者，才之师也。”意大利诗人但丁也说过：“一个知识不全的人可以用道德来弥补，而一个道德不全的人却难以用知识去弥补。”人一生的成败得失，在很大程度上取决于做人的成败。要想使孩子将来在社会上有所作为，干出一番事业，首先就必须教他学会做人。教孩子学会做人不应只停留在口头上，还应落实在行动上，引导他从小事做起，从点滴做起，逐步提高品德修养，养成良好的行为习惯。

为了获得人生的成功首先必须教孩子学会做人———— 3
教孩子掌握基本的社会道德规范和行为准则———— 6
每个孩子都要学习和掌握的基本做人原则———— 9
教孩子使自己的人格更加纯正和完美———— 11
教孩子学会从小处着手，从点滴做起———— 13
教孩子把“讲信用，守信义”当作立身处世之道———— 15
不要让孩子把学礼、知礼当作小事———— 18
帮助孩子战胜自满，养成谦虚的美德———— 21

培养和强化孩子自我规范行为的能力———— 24
教孩子坚决抵制和远离庸俗有害的嗜好———— 27

二、从小事做起培养孩子的好性格

俗话说："性格决定命运。"好的性格是人生成功或成才的保证，是智力发展的动力。性格的形成，对于孩子今后的学习、成长，甚至将来事业上的成就，都有很大的影响。性格的形成固然有其生理基础，但主要还是在生活实践中和生活环境中逐步形成和发展起来的。"秧好一半禾。"处于生长、发育阶段的孩子正好比禾苗处在从播种到出秧一段时期，这个阶段的性格培养对人的一生有重要影响，因此，一定要把握好时机，采用正确的方法。一旦帮孩子培养了一些良好的性格，将会使他终生受益无穷。

培养良好的性格对孩子健康的成长是十分有益的———— 33
帮助孩子塑造和优化性格应遵循的基本原则———— 36
在日常生活中教孩子通过自我调节优化性格———— 39
帮助孩子培养健全的人格和性格———— 44
帮助孩子学会努力矫正异常的性格———— 49
通过正面教育培养孩子敢于竞争的性格———— 54
帮助孩子移除害怕冒险的心理障碍———— 57
帮助孩子培养顽强执著的意志品质———— 61
教孩子养成活泼开朗、乐观快乐的性格———— 65
把培养孩子的幽默感当作素质教育的一项重要内容———— 70

三、教孩子学会持之以恒地培养好习惯

教育的核心是学会做人，培养一个真正的人，即重在培养孩子的健康人格；培养孩子的健康人格，则需要从培养习惯开始。日本明治维新教育家福泽谕吉有一句名言："家庭是习惯的学校，父母是习惯的

教师。”著名儿童心理学家林崇德教授指出：“习惯是在生活过程和教育过程中形成与培养起来的。习惯的形成方式主要是靠简单的重复和有意识的练习。”在培养孩子良好习惯的过程中，要特别重视环境的作用，既要为孩子营造良好的物质和生活环境，同时也要为孩子营造良好的人文环境，使孩子在耳闻目染中，熏陶、体验，不断规范和调整自己的行为，从而在成长中逐渐养成一些良好的习惯。

采取科学的方法教孩子养成良好的习惯———— 77
找到合适的突破口培养孩子的好习惯———— 81
教孩子及早下决心改变不良的行为习惯———— 83
帮助孩子培养认真仔细的良好习惯———— 85
教孩子养成爱劳动和经常参加劳动的习惯———— 88
在生活中培养孩子俭朴节约的好习惯———— 92
教孩子正确对待错误，养成自我反省的习惯———— 97
教孩子养成每天坚持写日记的习惯———— 100
让孩子养成随时随地地进行运动健身的习惯———— 105

四、教孩子学会求知，掌握科学的学习方法

一位著名的西方学者说：“未来的文盲不再是不识字的人，而是没有学会怎样学习的人。”在信息时代悄悄来临的时刻，知识的更新和产生都非常快，因此，我们的学习方法和学习观念也应该进行适当的调整，才不致使自己成为落伍的人。未来的世纪需要的不仅是掌握知识的人，更需要那种能灵活运用所学知识，并能够不断学习、不断探索的新“知识人”。这时能够打破常规、能够有自己独特的求知方式就显得极其重要。掌握科学的学习方法是提高学习效果的需要，也是孩子顺利成才的需要。只有学会了求知，才能始终处于积极进取状态，不断地充实提高自己，不断地更新自己的知识和技能，适应时代的需要。

一定要让孩子掌握的最基本的学习技能———— 111
帮助孩子培养有助于取得优异成绩的特质———— 114

有意识地培养和激发孩子爱好学习的兴趣———— 117

教孩子克服没有毅力、没有恒心的弱点———— 120

帮助孩子改变在课堂听讲中的不良习惯———— 124

教孩子学会掌握做好课堂笔记的要领———— 127

引导孩子进行创造性的学习，快速地获取知识———— 131

帮助孩子根据自身特点“定做”学习方法———— 135

重视对孩子在新的问题情境中对知识的应用能力的培养———— 139

帮助孩子掌握科学的方法和技巧，增强记忆力———— 142

教孩子掌握进行有效阅读的基本步骤———— 149

帮助孩子掌握要领，提高阅读速度———— 152

教孩子在学习中坚持“循序渐进”的原则———— 158

帮助孩子克服学习和生活中“马虎”的不良习惯———— 160

教孩子将学与思有机结合起来———— 163

五、教孩子学会做事，提高动手能力

做事是人生必备的能力。很难想象，一个在学生时代什么事都不能做的人，将来能干出什么大事来。不会做事，没有动手操作能力的人就是没有真正获得知识。学习和做事，无论从哪个角度讲都是不能分开的。做事的能力不是学习结束以后才需要开始学习的。教孩子学会做事应该是家庭教育过程中的一项重要内容。孩子的可塑性很强，在父母的羽翼下长大，虽然温馨舒适，但永远是温室中的花朵；如果从小能让孩子经风雨见世面，培养自强自立的精神，培养孩子自己解决问题的能力，就等于给孩子一对坚强有力的翅膀，为他将来能在蓝天里自由飞翔奠定良好的基础。

对于孩子未来的发展来说，能力比知识更重要———— 169

一定要重视对孩子观察能力的培养———— 173

教孩子从家务活做起培养适应生活的能力———— 177

重视动手能力对孩子健康成长的作用———— 181

通过适当的训练让孩子拥有一双巧手———— 185

教孩子养成做事有条理、有计划的习惯———— 188
帮助孩子学会为实现目标而制订适宜的计划———— 192
培养孩子自强自立的品质和能力———— 196
帮助孩子培养基本的理财能力———— 200
对孩子进行生活经验和生活适应能力教育———— 206
高度重视培养孩子的责任心———— 209

六、教孩子学会交往，学会共处

美国第32任总统罗斯福说：“在成功的公式中，最重要的一项因素是与人相处。”教孩子学会共处，是时代提出的一个十分重要的教育命题。一个人，一生中要同时扮演多重角色，即使是青少年，也需要处理好与同学、朋友、老师、亲人、邻居等等不同的人际关系。教孩子学会共处，就要教孩子学会平等对话，互相交流；学会关心，学会分享，学会合作。要让孩子懂得，生存是一门艺术，合作则是生存艺术的第一法则。合作是生活艺术和能力的综合。现代家长要采取正确的态度和方法，教导孩子走出自我中心，学习公平、分享、礼让、合作等和谐相处的行为，以赢得别人的喜欢和接纳，营造轻松愉悦的人际环境。

家长应注重从小培养孩子的交往能力———— 215
教孩子了解和掌握处理人际关系的基本原则———— 218
有意识地教给孩子一些基本的交往技能———— 221
教孩子学会宽容和尊重他人———— 224
避免使孩子因性格过于内向而影响交往和发展———— 228
引导孩子适度扩大日常交际范围———— 232
提醒孩子在生活中保持理智，避免树敌———— 236
教孩子兼顾别人的需求，学会谦让———— 241
教孩子学会积极实践爱和奉献爱———— 243
在日常生活中培养孩子助人为乐的好习惯———— 247
教孩子慷慨些，培养合作精神———— 250
帮助孩子培养组织能力与协作能力———— 255

七、逐步帮助孩子发掘思维和创造潜能

每个孩子都有惊人的创造潜力。那么，为什么有些成人以后有创造力，有些人却没有创造力呢？这与教育有关。你培养它，它就成长；不培养它，它就萎缩。一位法国著名的学者说："个人的智慧不是一个器具，等待老师去填满；而是一块可以燃烧的煤，有待于老师去点燃。"脑科学家研究表明，一般人只用了大脑智力潜能的10%，尚有90%在童年没有得到开发。成年以后，这些"脑资源"就被废弃了，致使"流水不回"，仅成为平庸之人。作为家长，掌握一定的方法和原则，充分发掘孩子的思维潜能，让孩子学会激发自己的灵感，养成良好的思维习惯，会使他终生受益无穷。

一定不可忽视了锻炼孩子的思维能力———— 261
如何努力把孩子的超常智力潜能挖掘出来———— 264
有意识地培养孩子的思考能力———— 267
呵护孩子的好奇心，鼓励孩子多提问———— 271
逐步培养孩子的创造性思维能力———— 277
帮助孩子提高和发展创造构想能力———— 280
教孩子改变传统的思维方式，培养创新意识———— 283
引导孩子尽可能多地找到解决问题的方案———— 287
教孩子掌握有效解决生活中问题的几点经验———— 289
教孩子学会更灵活地进行思考和解决问题———— 293
帮助孩子激发灵感，诱发创造潜能———— 299
帮助孩子努力养成良好的思维习惯———— 303
鼓励孩子敢于独立思考，提出独创性见解———— 306

一

教孩子学会做人，提高品德修养

联合国 21 世纪教育委员会提出 21 世纪教育的四大支柱，即学会求知，学会做事，学会共处，学会做人。无论“学会”什么，最基本的落脚点还是“学会做人”。学会做人是四大支柱的关键和核心，也是教育的目的和根本。古人说：“才智，德之资也；德者，才之师也。”意大利诗人但丁也说过：“一个知识不全的人可以用道德来弥补，而一个道德不全的人却难以用知识去弥补。”人一生的成败得失，在很大程度上取决于做人的成败。要想使孩子将来在社会上有所作为，干出一番事业，首先就必须教他学会做人。教孩子学会做人不应只停留在口头上，还应落实在行动上，引导他从小事做起，从点滴做起，逐步提高品德修养，养成良好的行为习惯。

为了获得人生的成功首先必须教孩子学会做人

“教子以德”不是现在才提出的。因为“德”既能补体，也可补智，所以古人一直遵循着这条原则来教育子女。**一位名人说过：“凡建立功业，以立品为始基。从来有学问而能担当大事业者，无不先从品行上立定脚跟。”**因此，一定要注重对孩子品德的教育和培养。

随着时代的发展，世界各国都越来越强调品德和做人重要性。联合国教科文组织提出的21世纪教育理念的四大支柱是：学会求知，学会做事，学会共处，学会做人。而学会做人是建立在前三种学习基础之上的一种基本进程，是教育和学习的根本目标。

学会做人在这里超越了单纯的道德、伦理意义上的“做人”，而包括了适合个人和社会需要的情感、精神、交际、亲和、合作、审美、体能、想象、创造、独立判断、批评精神等方面相对全面而充分的发展。

学会做人，这是每个孩子都要面对的问题。**不管一个人有多少知识，有多少财富，如果不懂得做人的道理，这个人最终不会获得真正的成功和幸福。**比如希特勒，他有知识、有财富、有地位；但他不懂得做人的道理，最终成为历史的罪人。

生活对于每个人来讲都不是容易的事情。为了获得必要的生存资源，每个人都必须面对很大的压力，要自我奋斗，要参与竞争，更要学会共处与合作，达到双赢的结果。

生活中的许多人要么把做人做事之道看得过于复杂，仿佛用尽浑身力气，也无法达到完美；要么把做人做事看得过于简单，认为率性而为，随心所欲即可。其实，做人是一门学问，更是一门艺术，它需要的不仅是满腔热

情、远大的志向以及不畏艰辛的努力，更需要奋斗者具备说话办事、为人处世等多方面的必要素质。也就是说，不管一个人多聪明、多能干，条件有多好，如果不懂得做人做事的方法，光有一肚子大道理，空怀热切的期盼，或者只是揣着一厢情愿的想法，从来不考虑别人的需求，那么他最终的结局肯定是失败。

在很大程度上，只有做人成功，才是真正意义上的成功；做人成功，才能成为一个真正的人。

生活中常有一些人，虽然风度翩翩、仪表堂堂，但他们追求起物质利益不择手段，为了自己的个人利益可以求荣卖友，可以寡廉鲜耻，甚至铤而走险，无所不为，把自己的享受建立在别人的痛苦之上；还有一些人唯唯诺诺、见风使舵，为了攀上高枝，不惜以出卖人格，向世俗献媚，不知人间有羞耻二字。这样的人也许在生活中能暂时获得一些世俗的利益，但这样的人会遭到别人的鄙视和唾弃，这能叫做成功吗？即使他们到了令人瞩目的位置，有一般人无法企及的生活水平，但由于他们的人格不值一提，只能说明他们是一些如哲人所说的“享有快乐的猪”，不能说他们是成功者。由此可见，人生的成功，必须是首先做一个真正的人。

古希腊人认为，一个外表漂亮的人如果不具备好的修养，就不值得人们赞美。良好的修养，在很大程度上可以弥补一个人的其他缺陷；通常一个人引人注意的，不会是他漂亮的外表，而是他令人赞赏的优雅举止和仪态。所以，父母们应当将好修养作为孩子品质培养的头等目标，如果没有好修养作为基础，孩子就很难成就什么大事。

具有良好修养的人无论走到哪里都会受人欢迎，他的一举一动无时无刻不让人感到舒服，人们会不自觉地被那种与人为善的态度所感染。

当我们接触一个人之后，常常会给他下一些评语，比如“挺有绅士风度的”、“有教养，说话文绉绉的”、“太没礼貌，连句客套话都不会说”、“简直俗不可耐、满嘴脏话”、“衣服皱皱巴巴，好像脸也没洗干净”……一个素质高、有修养的人，无疑会是前面两句的最佳注释。这样的人，总会受人尊重和欢迎，形成和谐的人际关系，从而为事业发展打开局面。如果缺乏修养、不懂文明，人们都不欢迎你，以后还如何在社会上立足？

好修养当然要从小培养。现在有的父母认识很片面，认为现代社会讲究

个人自由，懂不懂礼仪都没有关系，只要学习好，有真本事就行了。其实，只要留意一下大众媒体，你就会发现，没有一个事业有成的人不是懂礼仪、有修养的！现代社会的确尊重个人选择，但是对人修养素质的要求却是更高的，谁都不会愿意孩子成为难登“大雅之堂”的人吧？

有的父母还认为，孩子还小，让他想怎样就怎样吧，长大了自然就守规矩、懂礼仪了。这种想法显然是错误的。“不积跬步，无以至千里”，缺乏修养的孩子，必然会形成礼仪上的坏毛病，时间长了，到时候想改正都难了。想想看，现在有的孩子说话没大没小，家里来客人不懂礼貌，饭桌上挑挑拣拣旁若无人……如果这些毛病不教育、不矫正，他会在某天早上醒来后突然变个样吗？另一方面，培养孩子的文明修养，与其天真无邪的本性并不冲突，反倒是越懂礼仪的孩子，越能获得自由发展的广阔天地，因为他是受人欢迎的。

因此，**为了孩子将来的顺利发展，一定要从小教他学会做人，努力从小事做起，从日常生活做起，从一点一滴做起，提高个人的品德修养。**

教孩子掌握基本的社会道德规范和行为准则

著名教育家陶行知先生说过：“幼年的生活是最主要的生活。幼年的教育是最主要的教育。”他又说：“人生最重要的习惯、倾向、态度多半在6岁以前养成。”

家庭中的儿童品德教育是家长通过各种教育活动，使孩子掌握社会道德规范与行为准则，养成公民必备的优良品德和行为习惯。家庭中的道德教育，是在家庭日常生活中，在家庭成员之间的接触中，在家长和孩子与邻居、亲友和社会上的各种人们的接触和交往中，使孩子逐步理解个人与他人、个人与集体、个人与社会的相互关系，并学会处理这种关系。孩子正是通过父母的为人处世的基本态度来了解社会，了解人与人复杂的社会关系的。根据这一特点，**家庭中的儿童品德教育，应当以道德情感和道德信念的培养，以行为习惯和道德习惯的养成为主要任务。**

道德情感是人们对社会、对他人、对自己的情绪体验，是在人与人的交往过程中发生、发展起来的。道德情感的教育旨在使孩子树立区分是与非、善与恶、美与丑、荣与辱的观念，并建立责任感、义务感等高尚情操。道德情感是道德行为的动力，是形成道德信念的必要条件。孩子幼年受到的家庭教育，对上述道德情感的形成有巨大影响。

早期品德教育对形成孩子良好的道德品质和行为习惯，对形成健全的人格打下坚实的基础。使孩子终生受益。**孩子早期行为习惯的培养，包括按时作息、自我服务、生活自理、讲文明、懂礼貌、尊敬长辈、团结友爱、诚实、不说谎，不打扰别人，等等。其途径是经过反复训练，多次重复正确的**

行为，逐步养成一种自觉的行为模式。家长在对孩子进行品德教育的时候，可参考如下建议：

（1）掌握好教育的时机

时机是指进行活动或生活过程中具有时间性的有利机会，对孩子教育也有个时机问题。

教育时机往往表现在以下几个方面：如孩子获得成功时，家长在鼓励之后，可提出新的要求，玩后把玩具摆得整齐些就更好了；当孩子受到挫折时，家长要关心帮助孩子改正缺点；当孩子对某事产生兴趣时，家长因势利导，引导他形成良好的行为习惯；当孩子发怒激动时，家长要冷静，等孩子平静后再教育；当孩子生病、疲劳时，家长最好少要求，多关心，但绝不迁就。

（2）进行积极的诱导

教育孩子的方法有许多种，需要家长开动脑筋，从中选出促进孩子主动发展的一种，只要用心是完全能做得到的。如，我国儿童心理学家、教育家陈鹤琴老先生，在发现其长子一鸣披上又脏又破的布做游戏时，他想发火，但他未发火，因为他知道发火解决不了问题，他想帮助孩子找一块干净布，但未去办，而是启发孩子爱干净，让孩子主动想办法换去了脏布。这种做法不伤孩子自尊心，相反，既克服了缺点，又调动了孩子的自觉性，改正了自己的缺点。

（3）潜移默化的暗示法

苏霍姆林斯基说："任何一种教育现象，孩子在其中越少感觉到教育者的意图，他的教育效果越大。"因为暗示教育法能融洽教育者与被教育者的关系。避免受教育者产生逆反心理，促使孩子主动，积极发展。归纳起来暗示法有以下几种好处：易接受性，孩子从小不喜欢"赤裸裸"的教育形式，不愿老处在受教育、受管制的地位。

暗示法使他们感到平等，受到尊重，暗示手段使孩子感到愉快、轻

松。如，丰富的面部表情，生动的语言，具体感人的情景，易使孩子接受、消化，变为自己的行动。通过暗示手段，使孩子在道德认识、情感意志、行为等方面都得到发展。暗示的方法包括有语言的暗示，榜样的暗示等。对孩子影响最大的暗示就是体态手势、表情。如，孩子爱说话，大人撅撅嘴；孩子做小动作，家长招招手；孩子打瞌睡，妈妈敲敲桌子等都能帮助孩子克服缺点。

每个孩子都要学习和掌握的基本做人原则

做人不能没有原则。没有了做人的原则，也就没有了衡量对与错的尺度。如果自己都不知道那些事该做，那些事不该做，那么，就很容易走入歧途，因为人是具有社会属性的，时时事事都要受到社会公认的法律和道德等准则的约束，不可能游离于社会之外。

由于每个人的生活环境不同，文化层次不同，因而所追求的目标和理想也不尽相同，做人也没有特定的法则和标准；但在一定的社会中，它存在一定的通则，一定的技巧与规律。比如，如下的几点原则，就是家长应该要求每个孩子了解和遵守的。

（1）做个有志向的人

拿破仑曾经说过："不想当将军的士兵，不是好士兵。"这句名言就是告诉我们，做人应该有信仰，应该有信心。信仰是引导我们走向成功的航灯，自信是达到人生顶峰的动力。**美好的前途来自于自强、自立、自信、不达目的不罢休的一股拼劲儿。**

想成就一番事业，就要敢于干大事，揽难事，立下远大志向，树立宏伟的目标，人生才有行走的方向。

（2）做个善良的人

在生活中，不一定人人都很成功，不一定人人都能成为英雄豪杰，但一定要善良仁慈。善良是和谐、美好之道，心中充满慈悲、善良，才能感动、温暖人间。没有善良，就不可能有内心的平和，就不可能有世界的祥和与美

好。爱是基本的善良情感，遇到乞讨者，我们就施舍他点钱；遇到老弱病残、孕妇，我们就主动让座；遇到迷路的小孩，我们就尽量把他送回家，为他指点方向。**一个微笑，一个简单的动作，一句发自内心的问候，这对我们并不难做到，却可能因此帮助别人走出困境。**

一个善良的人，就像一盏明灯，既照亮了周遭的人，也温暖了自己。

(3) 做个有教养的人

所谓教养，就是应该知深浅、明尊卑、懂高低，识轻重，应该是讲规矩、守道义。有教养的人在自己独处时，超脱自然，会管好自己的心；在与人相处的时候则为他人着想，与人为善，淡然从容，管好自己的口。坦荡做人，诚心做事，宁静致远，自我反思，则事事放心、顺心。

(4) 做个乐观的人

人到世间，不是为苦恼而来，所以不能天天板着面孔，整日忧愁、悲伤、苦恼、失意，这样的人生实在没有乐趣。世上没有绝对幸福的人，只有不肯快乐的心。这世界像一面镜子，你对它笑，它也对你笑；你对它哭，它也对你哭；你心平气和，它就还你一个心平气和。

快乐不在心外寻求，只能在心内寻得。存好心，做好人，欢喜充心，愉悦映脸，乐观向上，这样就能站成一座丰碑，走出一道亮丽的风景。

教孩子使自己的人格更加纯正和完美

什么是人格呢？一般意义上的人格内涵，主要指一个人的道德品质及道德行为。它渗透在人的全部言行之中，覆盖于人的活动的多个层面。也就是说，一个人，他爱什么，恨什么，追求什么，厌弃什么；怎样律己，怎样待人，怎样工作，怎样生活；胜利时应有什么样的情感，挫折时应有什么样的态度，成功时应有什么样的心境，危难时应有什么样的原则等等，时时处处都可显现人格的影子，露出人格的端倪。

在社会交往中，人格对于一个人来说，犹如生命一般宝贵，头脑一般重要，从来都是高于一切的。所以，捍卫人格的尊严，保护人格的独立和完整也从来都是为人之道的至关紧要之处。

人格既然是如此重要，那对于一个孩子来说，确实应得到认真地培养、确立和优化，努力使孩子的人格更纯正、更完美。

几千年的传统文化告诉我们，修身养性对于一个人人格的形成和完善是至关重要的。所谓“存亡祸福，其要在身”、“善养浩然之气”，只有“修身”，才能“治国”、“平天下”，讲的都是这个道理。当然，修身绝不是一种单纯的外在修饰，而更是内心的匡正，“欲修其身者，先正其心”。

正其心，要首先抓住道德修养这个重要的关键点。它是人格形成的关键因素，人格结构中的核心要素。古人云：“一德立而百善从之”，“人之生也，无德以表俗，无功以及物，于禽兽草木之不若也。”这就是说，道德修养是本，只要抓住了它，其他就随之而立了。

立德，要注意把握原则和标准。世界之大，无所不有，人众之多，千差万别。一个人要想立德修身，究竟依据什么样的尺度？这是非常重要的。这

要从时代需要出发，站在社会需要的高度，广泛汲取光辉灿烂的传统文化营养。应该说，自古以来，我们的先人们为此做了不懈地探求与实践，结下了非常璀璨的果实，夯实了攀登崇高人格的根基。自古人们所崇尚的以“万事莫贵于义”为核心的做人准则，诸如嫉恶从善、公正无私、正气浩然、与人为善、诚实守信、重义轻利、洁身自爱、忧国爱民等，都是道德修养中的闪光之处，是应该教孩子仿效的。而那些口碑如山的英雄豪杰、志士仁人，更应该是孩子学习的榜样，为人的楷模。

为了加强孩子的修养，要注意引导他们在实践中多加磨炼。社会是优化人格的熔炉，人只有在这特殊火焰的炙烤中，才能将人格冶炼得更纯美。实践已经证明，有时逆境对于一个人的成长更有促进作用。所谓“宝剑锋从磨砺出，梅花香自苦寒来”，说的就是这个道理。

加强修养还有一个重要的内动力，那就是自尊自重，自己应该知道爱惜保护自己。首先，要教孩子严于律己，自觉用道德规范约束自己，非善莫为，非礼莫做。严于律己最大者莫过于制欲了。欲是人的一种生理本能，但个人欲望大了、多了，超过了限度，就难免贪婪、放纵而不知自控，便会走向邪恶。有不少人正是由此走向身败名裂的。其次，是自省自察，“吾日三省吾身”，“见贤思齐焉，见不贤而内自省也”，严于解剖，时时警示自己，对不足的地方加以改进，自我教育，自我鞭策，以达到自我提高、自我完善的目的。

人格在时时昭示一个人的精神风貌，显现一个人的道德水准，其实它就是一个人灵魂的旗帜。因此，家长一定要教导孩子注重对自己人格的修炼、品德的培养。

教孩子学会从小处着手，从点滴做起

滴水石穿，每天进步一点点，日积月累，就会拥有不同的人生！对于培养良好的品格，保持诚实地生活就是这样的——最好的办法就是从小处着手，从点滴做起。

良好品格的形成，需要从点滴做起，注意从小字上下工夫，恪守循序渐进的原则。比如，通过教孩子约束自己按规定的时间学习、休息和娱乐且经年持久，就可以锻炼个人意志和韧力。

另外，还要靠孩子自身高度的自觉性和自律性才能够做到。即使没有人监督，也不出现越轨行为，更不去做恶事，这才能表明正确的品格意识已在心中生根发芽，良好的品格已开始形成。

作为家长，要提醒孩子，在生活中，下面的两点小原则是不能忽视的：

（1）勿以善小而不为

在生活中，要教孩子精心地保持自己的善行，认真地培养自己心中开始出现的正确的道德观念和良好品质的幼芽，使其不断积累和成长壮大，并能从点滴小事做起。三国时期的刘备曾告诫他的儿子刘禅：“勿以恶小而为之，勿以善小而不为。”因为“小隙沉舟”，“蝼蚁之穴，可溃千里长堤”。荀子指出：“积土成山，风雨兴焉；积水成渊，蛟龙生焉；积善成德，而神明自知，圣心备焉。故不积跬步，无以至千里；不积细流，无以成江海。”就是说，高尚的品格不是一夜就能养成的，它需要一个长期的积累过程。只有不弃小善，才能集成大善。平时不检点，不积善，随意性强，只想有朝一日碰上紧要关头，定会挺身而出，这是根本不可能的。平时不注意改掉小毛病、小缺

点、小过失，对自己姑息原谅，日后必会酿成大错，出大问题。

（2）积极慎独，表里如一

慎独就是独自反思，自查自纠存在的缺点和毛病。先哲尤其推崇这种品格修养方法。这种方法主要是强调在无人监督时，不仅不能放松，而是要更加注意坚持自己的道德信念，不受外界的引诱，能做到“不动心，不伸手，不迈步”，在“隐”和“微”上下工夫。**当人们独处单行时，他人看不见，听不到，最易放松言行，不注意用良知和规范来要求自己，最容易侥幸独行。**因此，家长要提醒孩子必须坚持积极慎独，表里如一，去除哗众取宠之心，做到有人在场和无人在场一个样，不容许任何邪恶的念头支配行动，不去干任何不符合原则和道德规范的事。这样才能防微杜渐，使自己的品格经得起任何环境的考验，达到运用自如，至诚、至善的境界。

教孩子把“讲信用，守信义”当作立身处世之道

守信是中华民族的优秀文化传统之一。自古以来，中国人都十分注重讲信用，守信义。清代顾炎武曾赋诗言志：“生来一诺比黄金，哪肯风尘负此心?”表达了自己坚守信用的处世态度和内在品格。**中国人历来把守信作为为人处世、齐家治国的基本品质，崇尚“言必行，行必果”。**

讲信用、守信义，是立身处世之道，是一种高尚的品质和情操，它既体现了对人的尊敬，也表现了对己的尊重，同时更是能够为自己赢得更多的机会。一个人讲信义了，才会有威信，他说话才会有人听，有人信；当他有困难的时候，人们才会愿意跑过来帮助他；反之，一个人若是总骗人，总不讲信义，那么，他这个人的人缘就会很差，他说话的分量就会大打折扣；有时即使他说的是真话，人们也总以怀疑的态度来对待；而当他处于危急、需要他人救援时，人们也会采取冷漠态度对待。家长教孩子从小培养“讲信用，守信义”的品格，对孩子未来的成长和发展是非常有益的。

那么，应该怎样才能帮助孩子培养讲信用的品格呢?

(1) 要教孩子增加一点责任感

有的人为什么说话很随便?就是因为缺乏一点社会责任感，不会设身处地为他人着想。比如，答应了他人三点钟约会，四点还不到，一点都不考虑对方是多么的焦急，不考虑浪费他人的时间，甚至还认为是“小事一桩”，无所谓，这就是无责任的表现。作为家长，一定要加强孩子这样的意识——人是一个社会的人，我们的任何社会活动都在表现着一种对他人、对集体、对社会的一种责任，为什么做人做事一定要“言必信，行必果”?因为只有

这样，人才能有所进步。**因此，要教孩子做到讲信义，就必须帮助他加强做人的责任感。**

（2）教孩子对他人做出的承诺要三思而后行，要考虑到它的可行性

要教孩子懂得，有许多诺言是否能兑现得了，不只是决定于主观的努力，还有一个客观条件的因素。有些照正常的情况是可以办到的事，后来因为客观条件起了变化，一时办不到。这是常有的事。因此，要提醒孩子，我们不要轻率许诺，许诺时不要斩钉截铁地拍胸脯，应留一定的余地。有些人口头上对任何事都“没问题”、一句话“包在我身上”，一口承诺。可是，嘴上承诺，脑中遗忘，或脑中虽未遗忘，但不尽力，办到了就吹嘘，办不到就噤若寒蝉。这种把承诺视作儿戏，是对朋友的不负责行为，要不得，迟早得为人所抛弃。

要提醒孩子，一旦许下诺言，就一定要努力实现，即使是需要付出一定的代价。的确是非人力之所能为的，就一定要放下面子，及时诚恳地向对方说明实际情况，请求对方谅解。我们如果真的做到了这一点，相信绝大多数人是会谅解的。

（3）要教孩子学会避免受功利的诱惑

狡诈、欺骗他人是人不讲信义的很重要原因，而受功利的诱惑则是导致人产生狡诈、欺骗行为的最主要原因。为此，做人一定要注意自己的行为不受功利的诱惑，不要太实用主义，不要因蝇头小利去算计他人，不要只看到自己鼻子下的一点事，眼光要放得远一点。只有这样，人才能变得诚实，才能谈得上信义两字。

一位学者做过这样一项实验，他问班中学生，如果你一个人在人行道上发现一个装满现钞的皮夹子，你将怎么办呢？

各式各样的回答，令学者大吃一惊。

“那要先看皮夹子里有多少钱。”

“我会把它保存起来，如果没人认领，我就把那些钱花光。”

“我会把钱留下来，把皮夹子寄回给失主。”

要提醒孩子，若在人行道上发现一个装满现钞的皮夹子，应根据皮夹子里面的身份证件同失主联络，然后原封不动地把皮夹子与现金送回。除了一声“谢谢你”外，不应接受任何酬劳。如果丢掉皮夹子的是我们，不正是希望拾到的人这样做吗？**我们若想要在人际关系中找到诚实，就必须诚实地进行一切活动。**

（4）要提醒孩子从小事做起，将守信用、讲信义培养成一个习惯

很多人都没有注意到，越是细小的事情，越容易给人留下深刻的印象。比如，有人向别人借钱后，到了约定日子仍无法去还钱，就随口说：“过几天再还吧。”对方如果稍有判断力，他一定可以看出这样做的人是一个怎样的人，是否值得信任。

也许有人会这样想：过几天有什么不得了的呢？那位借给我们钱的人不是很有钱吗？但是，我们反过来想一想，这样一来我们本身的信用要受到多大的损害啊！

有不少人平日为人的确很诚实可靠，但他们有一个毛病，那就是对任何事情都太马虎，这样就容易在不知不觉中使自己的信用丧失。比如，他们明明在银行里存款已经不多，却还是开出了一张超额的支票，结果害得收款的人到银行去碰壁。如果这样做生意，那么他的一切信用将最终会失去。**守不守信用，讲不讲信义，是一个人具不具备良好人品的表现，而它的形成不是随随便便的，而是在生活实践中慢慢形成的。**百尺之台，始于垒土。为此，一定要提醒孩子，注意从小事做起，从一点一滴做起，当一个人从小形成一种一撒谎骗人就会在内心感到耻辱、不安、难为情时，他就会成为一个守信用、讲信义的人。

不要让孩子把学礼、知礼当作小事

中国人自古就重视礼。礼是社会成员共同遵守的行为规范，古代的礼在很大程度上相当于我们今天的法。孔子说：“非礼勿视，非礼勿听，非礼勿言，非礼勿动。”礼既然具有如此重要的意义，一个不学礼，不懂礼的人怎么能够在社会上立身处世呢？这就是“不学礼，无以立”的道理所在。

人性都有天然的缺陷，每个人的性格都有弱点。因此，无论是哪种性格的人，如果不借助于礼，都达不到理想的境界。孔子曾举例说，恭敬而不懂得礼的人，就会空自劳碌；谨慎而不懂得礼的人，就会显得胆小；勇敢而不懂得礼的人，就会作乱；直率而不懂得礼的人，就会说出伤人的话。平心而论，“恭、慎、勇、直”这四种性格都不是什么坏毛病，但只要离开了礼的指引，都不会结出“正果”。

孔子关于礼的见解，不仅在当时是正确的、健康的，代表了社会的理性思潮，而且在两千多年之后的今天，对我们还有重要的启示，值得我们借鉴。对于现代人来说，注重“礼”，就是讲礼貌。**在生活中，千万不要让孩子认为对人有礼貌是细微末节的小事。**

在拥挤的公共汽车上常常遇到这样的事：一个人不慎踩了另一个人的脚，这个人马上诚恳地向对方表示歉意，说：“对不起！”被踩的人虽疼痛未消，却也表示了谅解：“没关系！”同类情况，在一些青年乘客中有时却会出现另一种局面：踩人者无动于衷，被踩者骂骂咧咧。于是开始了一场舌战：“你瞎了眼啦？干什么踩人？”“你才瞎眼呢，没看见车挤！怕人踩，坐小汽车去！”你来我往，吵得不可开交。

同一件事，为什么有截然不同的态度、截然不同的结果呢？很简单，只因前者知礼，后者无礼——作为家长，一定要提醒孩子，千万不要小看这声“对不起”，它可以化干戈为玉帛，使一场令人厌烦的无谓争吵化为乌有，使一触即发的冲突烟消云散!

可是，生活中却有些孩子对提倡讲礼貌不以为然。他们说：“搞那些形式客套有啥用?”“都是些生活小事，细微末节，不值得过分强调。”

讲礼貌是“形式”吗？是的，这是一种形式，但这种形式是表达一定的具体内容和感情的，这内容和感情概括起来说就是四个字：“尊重”和“友爱”。据说，早在古希腊战争年代，双方为了友好不再打仗，都把盔甲、面罩取掉。以后为了表示友好，就采用推开盔甲、面罩的那个动作，成为今天沿用下来的举手礼；除敬礼外，为表示友好不再互相争斗，把手伸开，表示手中无武器，和好吧！于是成了今天握手这种礼节。

要告诉孩子，作为现代青少年，养成讲礼貌的习惯是非常重要的。**礼貌是人们共同遵守的一种行为规范和道德准则。它是通往相互友好和尊重的一道桥梁。**在日常生活里，一个简单的“请”字，一声热情的“谢谢”，一个亲切的招呼，并不是多余的“形式”和“客套”，而是对人尊重、诚挚的一种感情流露，它能使人感受到亲切、温暖和愉快。

礼貌问题是“小事”吗？的确，比起一些违法乱纪的事，它是比较小的事。但从这种“小事”里，往往可以窥见一个人的内心世界，反映他的品德和文化修养的高低。通常，不讲礼貌的人，除了缺少习惯培养的原因外，往往在思想意识上有些毛病，或者自私、狭隘，或者骄傲自大；而讲礼貌的人，则多是关心集体、尊重他人的人。出于这种关心和尊重，讲礼貌的人不论对方是强者或弱者，好朋友或陌生人，有求于人或无求于人，在公共场合或无人监督的环境，都是一样的。而真正做到这一点，必须养成讲礼貌的习惯，弘扬质朴、谦逊、真诚、平等待人这些优秀品质。作为家长，可教孩子从以下几个方面做起：

（1）要尊重他人的人格

在我们国家，不管人们的地位怎样，身份如何，在人格上都是平等的，不存在贵贱尊卑之分。尊重他人的人格，就是维护他人的尊严。尊重他人的人格，要做到不伤害他人的自尊心，不伤害他人的感情，不讲污辱性的话，

对他人的不幸，不应幸灾乐祸。

(2) 要尊重他人的民族习惯

我国是个多民族的国家，在 960 万平方公里的辽阔国土上，居住着 56 个民族。除汉族外，少数民族有 6000 多万人。各民族在饮食、衣着、风俗习惯等方面都有各自不同的特点，所以，应该互相尊重民族习惯，维护各民族的团结。

(3) 要设身处地的为人着想

世界上没有两个完全相同个性的人。个性，主要指人的性格、兴趣、爱好等。人们的个性是很不相同的，这就使人们在交往中，不可能不出现各种各样的矛盾。而且，由于人们的文化程度、身体素质、经济条件等方面的不同，每个人也就免不了会有各种各样的困难。

因此，**在交往中，要教孩子学会做到理解人、宽容人、同情人。也就是说，要体谅别人的难处，照顾别人的困难，设身处地为别人着想。**

如果家长能教会孩子做到以上几个方面，恭敬待人，就会使孩子给周围的同学、朋友以极大的鼓舞和力量，拥有良好的人际关系，在生活中获得别人的巨大支持。

帮助孩子战胜自满，养成谦虚的美德

我国西汉时著名的学者刘向有 3 个儿子。刘韵是他最小的儿子，聪明、好学，自小就“通诗文，能属文”全家对这个儿子很偏爱，亲戚朋友也时常赞扬他。刘韵由此而渐渐自我满足起来，他开始是看不起别人，很有些自以为是；后来，连长辈的意见与教诲也听不进去了。

刘向为了帮助小儿子，写了一篇《戒子韵书》，书中所讲的名言“满招损，谦受益”，至今仍常为人们所引用。刘向的儿子所犯的错误，用今天的话来说，就是走进了自傲的误区。今天的孩子在成长过程中，仍然时常会表现出自傲的心理。因此，家长在教育孩子的时候要注意这个问题。

骄傲是一种不良的心理状态，孩子——特别是聪明的孩子——常容易产生骄傲自满的情绪，父母应该给予积极的引导，使其心理健康发展。**在现实生活中，孩子往往由于学习成绩较好或者某方面有特长而经常受到家长和老师的表扬，这种太多的表扬常常会误导孩子，使他们不能正确认识自己，于是就会滋长骄傲情绪。**他们会因此夸大自己的优点，看不到自己身上的问题，而把别人看得一无是处；他们听不进别人的善意批评，总是处于盲目的优越感之中，就会逐渐地放松对自己的要求，因此导致成绩下降，表现也就不再那么优秀了。对这样的孩子，家长应该及时予以纠正，让他们正确认识问题。

那么，在日常生活中，家长该怎样培养孩子谦虚的品德呢？

（1）要教育孩子正确地看待自己

父母要教育孩子一分为二地看待自己，既看到自己的成绩、长处，又要

看到自己的缺点、弱点，特别要以严格态度要求自己。只有正确对待自己，才能扬长避短，更好地前进。

孩子产生骄傲心理，往往源于他在某方面有特长和优势。父母应该先分析这种骄傲的基础：是学习成绩比较好、有某方面的艺术潜质，还是有运动天赋什么的。然后应让孩子认识到，他身上的这种优势只不过限定在一个很小的范围内，放在一个更大范围，就会失去这种优势；正确的态度应该是积极进取，而不是骄傲懈怠；并且优势往往是和不足并存的，同时应该努力弥补自己的不足。

父母要让孩子懂得，取得了一定的成绩，这确实是自己努力的结果；但是不要忘记，这里也包含着家长的培养、老师的教诲和同学的帮助。

另外，孩子进行不正确的比较，往往也容易滋长骄傲情绪。在班集体中，若以己之长与别人之短相比较，这样比较的结果，自然容易沾沾自喜，自以为什么地方都比别人强，因而看不起别人。父母应该开阔孩子的胸怀，引导他走出自我的狭小圈子。带他到更广阔的地方走走，陶冶他的情操；让他了解更多的历史名人的成就和才能，以丰富的知识充实头脑，使之变骄傲为动力。

（2）要教育孩子认清自满的危害

盲目骄傲自大的人就像井底之蛙，视野狭窄，自以为是，严重阻碍了自己继续前进的步伐。科学家巴夫给青年人的一封信中这样写道：“切勿让骄傲支配了你们。由于骄傲，你们会在应该统一的场合固执起来。由于骄傲，你们会拒绝有益的劝告和友好的帮助。而且由于骄傲，你们会失掉客观的标准。”

中国古人讲：“历览古今多少事，成由谦虚败由奢”，“骄傲自满必翻车”。要让孩子懂得，一个人什么时候骄傲自大，自满自足，那么他就会停止前进的脚步。**虚心使人进步，骄傲使人落后，这是被历史一再证明了的颠扑不破的真理。只有不断克服骄傲自大的缺点，才能培养谦虚谨慎的美德。**

（3）要让孩子分清楚自信和骄傲的区别

自信是一种积极的人生态度，它能使人乐观上进；而骄傲是对自己的不全面认识，是盲目乐观，常会让人不思进取。对于父母来说，应该培养孩子的自信心，但不能让他滋长骄傲自满的情绪。形式上两者有很大的相似性，常会让人迷惑。孩子们常会把自己那点小得意看作是自信的表现，这时父母应该让孩子分辨出两者的区别。

家长应该让孩子认识到，骄傲也是健康成长的绊脚石，任何成绩的取得只能是阶段性的、局部的，只能作为一个起点。在学习上，知识是无边的海洋，如果一时一事领先就忘乎所以，恰恰是知识不够、眼界不宽的表现。“满招损，谦受益”，家长应有意识地给孩子介绍一些成功者的经验，告诉他：**古今中外凡是有所作为的人，都是在取得成绩后仍能保持谦虚奋进的人。**

（4）要教育子女平等地对待同伴、同学和周围的人

要让孩子懂得，人与人之间，都应该平等相待，肝胆相照，绝不可盛气凌人，也不可妒忌别人的进步。不要沾沾自喜，不要目中无人，要正确地认识个人与集体、与别人的关系，不要贪天之功归于己有，有了成绩首先要想到集体和他人。

（5）让孩子学会正确地面对批评建议

要告诉孩子，正确面对批评和建议是终身的学问。**骄傲自满往往也和不能很好处理别人的批评和建议有关。**

批评往往直指一个人的缺点，如果一个人能够接受批评，他就能够比较清楚地看到自己的缺点。对于孩子来说，他在评论自己时常会出现偏差，原因是“不识庐山真面目，只缘身在此山中”。若能经常听取别人的意见或建议，就能不断充实和完善自己。

培养和强化孩子自我规范行为的能力

人的品格是在后天形成的。**一般说来，孩子的规范行为能力也是无限的，是必须经过有意识的开发和培养训练，才能逐步形成的。**我国历代所提出的个人道德修养，包括孔子对执政者所倡导的“修己以敬”，“修己以安人”，“修己以安百姓”等观点，都是从认识论的角度强调了品格的重要性。

专家指出，家长培养孩子规范行为能力，可从以下几个方面来努力：

（1）培养孩子的规则意识

规则，就是规定出来供大家遵守的制度或章程。规则意识即是遵守这些制度或章程的良好态度和习惯。**规则意识较强的人，自我约束的能力也较强，较容易适应群体生活。**大多数孩子在入学前主要待在家庭或幼儿园，过的是一种相对自由，关爱较多、拘束较少的生活；进入小学后，孩子好像一下子掉进了规则的海洋：如课间只有 10 分钟休息；上课时有课堂纪律；回答问题要举手；下课时不能在楼道里大声喧哗等等……总之，年龄越大，孩子们会感到受的拘束越多。那么，作为家长，怎样培养孩子的规则意识，使他自愿接受生活中的各种必要的约束呢？

①讲清规则的用处。要让孩子了解，规则无处不在，一定的规则能保证人们更好地生活。例如，人们要遵守交通规则、游戏规则、竞赛规则，等等。家长可以时常反问孩子：如果不遵守规则会怎样？让孩子设想违规的后果，引起他对执行规则的正视。

②要求孩子养成遵守规则的习惯。国有国法，家有家规。在家里，可要求孩子物品用后要归回原处；离家出门要和家人打招呼；按一定的时间作息

（定时进餐、睡眠、起床）等。

③培养孩子执行规则的技能。有时孩子具备了一定的规则意识，但仍会时常违规。如偶尔上学迟到，并非孩子故意拖拉，而是穿衣、洗漱等动作太慢，不得要领。那么，家长就要教孩子做事的方法，培养孩子的自理能力，提高孩子的生活技能，这样，遵守起规则来就容易多了。

④培养孩子的自律精神。他人制定的规则是强加的，属外力约束；而自己制定的规则有内省成分，易于自律。**家长不妨和孩子一起商量制定家庭规则，以便共同遵守。**例如，下棋、玩游戏要按规则决定胜负；说错话或做错事时要礼貌道歉；看电视时不要干扰别人。即使家长违规，也要自觉受罚，让孩子懂得规则的严肃性。

（2）让孩子苦练内功

规范行为能力开发训练的一个方法就是苦练内功。这一方法旨在发挥人们的主观能动性，在自己内心深处用品格标准检查、反省，找出品格方面的缺陷，诸如坏毛病、不良意识、错误念头等，在分析、批判的基础上，认真加以克制。与此同时，还要注重学习，从感性认识上升到理性认识。但是必须与苦练内功相结合。因为如果只学习而不内省，学的再多也无益处，难以有品格上的提高；而如果只内省不学习，犹如井底之蛙，不能提高认识水平，也难以养成好的品格，达不到较高的道德境界。

我国自古以来就非常重视苦练内功的品格修养方法。孔子的学生曾参要求自己："吾日三省吾身。"孟子则要求"守气不动心"、"寡欲"和"尽心知天"，即要守住志气，不被利害得失、环境诱惑而动摇自己的志向；不要因为物质欲望而丧失良心，破坏"五伦"秩序；充分了解自己的内心，把"善心"存起来就以知"天命"，达到品格修养的最高境界。程颐则倡导诚敬、致知、集义，就是内心专一，不陷邪思。使不善之心无以感动，无以得发；积极求知；内心信仰"义"，行动符合"义"，从而产生浩然之气。

让孩子苦练内功，就是让孩子经常结合自己的实践，对自己的行为、言论、思想进行的反思和自纠，发现不妥当的地方，及时修改，以便逐渐完善自我。

（3）培养孩子强烈的责任心

列夫·托尔斯泰曾经说过：“一个人没有热情，他将一事无成，而热情的基点正是责任心。”社会学家们的研究同样指出：**责任感在人的成事、成才和成人的过程中有着举足轻重的作用。**

责任感是个人人格的重要组成部分，它可以促使人去努力完善自我，可以促人奋发上进。一个有着强烈责任感的人会勇敢地承担起自己对父母、对他人、对社会的责任，他们会尽最大努力把应该办的事情办好；而一个没有责任感的人则会逃避自己的责任和义务，容易随波逐流，无所事事。**责任感可以弥补才能的不足，但才能不能弥补责任感的不足。**

责任感可以取信于人，可以融洽周围的人际关系。有责任感的人言必信、行必果，他们答应了的事就努力去干，即使干不成，也会勇于承担责任，所以总能够获得别人的信赖。

培养孩子认真负责的精神，要允许孩子犯错误，但不允许孩子推卸责任，更不应帮助孩子寻找理由逃避责任。孩子犯了错误，父母没有必要大惊小怪，更不应该求全责备，只要孩子勇于承认错误，父母就要原谅孩子，就要表扬孩子的负责精神。要知道犯错误也是孩子成长过程中所必修的课程，孩子每一次犯错误，每一次承担责任，都会自我完善一步，个性成熟一步。当然，孩子每一次犯错误之后，父母应当帮助孩子总结教训，要教育孩子明白：聪明人不是不犯错误，而是不在同一点上犯错误；教孩子学会汲取教训，不断完善自我。

教孩子坚决抵制和远离庸俗有害的嗜好

美国第32任总统罗斯福即使在战争最艰苦的年代里，仍然坚持每天抽出一点时间来从事自己的小爱好——集邮。做自己喜欢做的事，可以让他忘记周围的一切烦心事，让心情彻底的放松，让大脑重新清醒起来。

生活中，我们难免会遇到愁与恨、悲与苦、烦恼与失望这诸多的不如意。**良好的嗜好不仅能让我们忘记这些烦恼，打发多余的时间，还能充实生活的内涵，让自己身心都感觉愉快。**加拿大有个著名的医生叫威廉姆·奥瑟拉，他这样表达了嗜好的价值：“没有嗜好，人们不会真正感到幸福或安全。”明代名士张岱《陶庵梦忆》中甚至说：“人无癖，不可与交，以其无深情也。”意思是说，一个人没有嗜好的话，就没有人情味，就不能与他交往。

人有嗜好很正常，也应该要有一点嗜好。良好的嗜好可以带来愉快、友谊、知识，既益于身心健康，也有益于工作事业。那些取得辉煌成功的伟人们，往往都有着自己特别的嗜好。比如，叶剑英喜欢钓鱼，陈毅对围棋情有独钟，梅兰芳喜种牵牛花，胡适爱搜集火柴贴花，巴甫洛夫喜欢游泳，丘吉尔最另类，喜欢织毛衣。

任何事物都有两面性，嗜好也有好坏之分、雅俗之别。**良好的嗜好能养性益智、陶冶情操，有时候还能带来经济效益；而庸俗有害的嗜好则会使人玩物丧志、荒废光阴，甚至遗恨终生。**因此，家长要教孩子对自己的嗜好有所选择，有所取舍：一定要培养良好的嗜好，远离不良嗜好。具体可参考如下建议：

(1) 教孩子千万不可酗酒

无论度数高低，酒都是含有酒精的饮料，而酒精是一种能够刺激和麻痹神经系统、有镇静作用的物质，进入口腔后，经过人身的胃、小肠，渗入到血液中，再由血液带到身体的各个部位。要教孩子懂得，每一次的暴饮，往往带来下面一系列危害：

①伤害身体。酒精过量，会程度不同地造成心率加快，皮肤升温，神志不清，控制力减弱，动作不协调，或出现疲劳、恶心、头痛、呕吐，严重的还会出现酒精中毒现象。长期大量饮酒，会损害肝脏，造成酒精中毒性肝炎、脂肪肝和肝硬化，并可导致人体免疫机能的下降，还易引起胃炎、胃溃疡及十二指肠溃疡、胃出血，饮酒还会增高咽喉、食道、口腔、肝、胰腺等部位癌症的发病率。

②惹是生非。有的人在醉酒之后往往借酒闹事，危害社会治安。我国每年因酗酒肇事立案的就高达 400 万起。酒精会让人反应迟钝，影响运动功能，从而容易造成意外事故。我国每年有 10 万人死于车祸，而三分之一以上的交通事故的发生与酗酒及酒后驾车有关。此外，酒后误事、酒后失言等现象也是屡见不鲜的。

(2) 教孩子千万不可吸烟

烟是人类的第一杀手。全世界每年因吸烟导致死亡的人数达 250 万之多。烟草中含有焦油、尼古丁和一氧化碳这些有毒的化学物质，对人体的危害是很大的。

1962 年，当时全世界还不知道吸烟有害，英国皇家科学院首先提出吸烟有害健康，在当时引起很大的震惊。为了证实这个结论，美国第 35 任总统肯尼迪让卫生总监召集全国最有名望的科学家成立专门的委员会，认真研究吸烟是否有害。为了表示科学、客观和公正，科学家名单由官方科研机构拟完后，还需经烟草公司同意方可确认。最后在在全国有威望的 150 位科学家中，遴选出了 10 位人选。他们经过 2 年多的独立的、绝密的、不受任何外来干扰的研

究，结论终于出来了——“吸烟有害健康。吸烟是导致肺癌、肺气肿、冠心病的重要独立危险因素，吸烟缩短寿命。”此后 30 多年来进行的 6 万余项科研，都同样证明了吸烟有害健康。

吸烟给青少年身体带来的危害更是显而易见的。专家指出：由于青少年呼吸道比成年人狭窄，呼吸道粘膜纤毛发育也不健全，因此吸烟会使呼吸道受到损害并产生炎症，增加呼吸的阻力，使肺活量下降，影响青少年胸廓的发育，进而影响其整体的发育。而烟草中含有的大量尼古丁对脑神经也有毒害作用，会使学生记忆力减退、精神不振、学习成绩下降。此外，青少年正处在性发育的关键时期，吸烟会使精子减少和畸形；使少女初潮期推迟，经期紊乱。青少年吸烟还会使冠心病、高血压和肿瘤的发病年龄提前。

因此，家长一定要告诫孩子千万不可吸烟。

（3）一定要叫孩子远离赌博

“一心赢钱，两眼熬红，三餐无味，四肢无力，五业荒废，六亲不认，七窍生烟，八方借债，久陷泥潭，十成灾难。”这首《十字令》就是将赌博者的心态、状况以及赌博的恶果形象地表现了出来。

美国著名科幻小说家阿西莫夫在读大学的时候，参加了“一生中唯一的一次”赌博，事后，他十分后悔，鼓起勇气向父亲坦白了这事。他父亲不动声色地听儿子忏悔之后，关切地问：“你结果有没有赢钱？”阿西莫夫痛苦地说：“输掉二角五分……”父亲这才如释重负地说：“谢天谢地！你有没有想过，如果你赢了二角五分，那有多可怕？”

十赌十输，一个人沉溺于各种赌博之中，那后果将是极其严重的。不但影响生活，影响学习，破坏人际关系；还助长不劳而获的习气；容易引发偷盗、诈骗、抢劫等违法犯罪现象，造成人生的悲剧。

家长要告诫孩子，千万要远离赌博，否则，人生就不可能有幸福可言。

(4) 提醒孩子上网要有节制

现在，互联网正以惊人的速度“飞”来，一系列带“网”的新名词已闯入我们的生活，例如：网上购物、网上冲浪、网吧、网站……互联网的发展和普及使得人们在信息化、知识化的潮流中不得不学会适应以求得生存与发展。

据有关部门调查显示，我国现已有上亿网民，其中18岁以下的青少年就占到16.4%。我国网络成瘾的青少年高达250万人。在互联网成为青少年生活、学习帮手的同时，上网成瘾又使青少年的世界观、人生观、价值观、道德观以及认知方式、行为方式等方面发生了剧烈变化。网络游戏、虚拟交友、网络迷信正悄悄地影响着青少年的身心健康。因此，如何正确看待互联网与青少年发展的关系，如何正确引导青少年使用互联网，已成为全社会共同关注的焦点。

上网是一把双刃剑，它对青少年的影响有其积极的一面，也有消极的一面。既不能因为上网的积极因素而放任不管，也不能因为它的负面因素而因噎废食。**家长要提醒孩子，上网应有节制，应提高自己上网的正确意识，做到文明上网，正确对待网上信息，分得清精华与糟粕；还要合理安排好上网的时间，千万不能沉迷于网上游戏。**

二

从小事做起培养孩子的好性格

俗话说："性格决定命运。"好的性格是人生成功或成才的保证，是智力发展的动力。性格的形成，对于孩子今后的学习、成长，甚至将来事业上的成就，都有很大的影响。性格的形成固然有其生理基础，但主要还是在生活实践中和生活环境中逐步形成和发展起来的。"秧好一半禾。"处于生长、发育阶段的孩子正好比禾苗处在从播种到出秧一段时期，这个阶段的性格培养对人的一生有重要影响，因此，一定要把握好时机，采用正确的方法。一旦帮孩子培养了一些良好的性格，将会使他终生受益无穷。

培养良好的性格对孩子健康的成长是十分有益的

一位著名哲人说："一个人的命运就在他的性格中。"心理学家指出：人的智能开发是否全面，是否科学，只决定智力的高低；而人的性格品质如何，则决定人的命运。优良的性格品质是人才成长最积极的因素，它可以转化为内在的动力，促成一个人的事业获得成功；而不良的性格乃至恶习则是一种破坏性力量，它成为一个人成功的障碍。美国的一位著名心理学家经过数十年的追踪研究发现，在多名被调查者中，成就最大的和成就最小的两组人之间，最明显的区别不在智商等方面，而在于他们个性品质的不同。

如果一个人的性格是健康的，他的人生也会是成功的、快乐的和幸福的；如果一个人的性格是病态的，那么他的人生也会是失败的、痛苦的和忧伤的。

凡是有成就的人，都是有知识的人，而知识的积累离不开坚韧的求知态度。学习是一个十分艰苦的过程。随着学习的深入，难度就会越来越大，就需要孩子付出更大的努力去克服，需要坚持不懈地去努力。青少年正处在一个努力求学的过程中，因而帮助孩子树立一种坚韧的求知态度，是保证他们在学业上取得成绩的重要条件。

伟大的发明家爱迪生一生有创造发明达2000多项，这与他前半生具有胆大智谋、不尚空谈的发明家的性格分不开。但他晚年滋生了因循守旧的顽固性格，囿于自己创造的直流电系统，极力反对

新兴的交流电系统。当交流电系统取得决定性胜利时，他受到被责令退出通用电气公司的耻辱。

良好的性格是事业取得成功的保证，不良的性格对人的影响和损失也是非常明显的。研究发现，不良的性格对人的身体健康会带来不好的影响。如当我们紧张时，心跳和脉搏的次数会有增加，血压也会升高，皮肤表面由于出汗量增加的缘故，导电性将大为增加，呼吸的次数及呼气吸气所需要的时间也都有改变。这些改变都可以用仪器连续地记录下来的。如果将测量血压、呼吸以及皮肤导电性的仪器装配在一块，那就成了所谓测谎器了。人们平日喜怒哀惧等情绪的反应，大多为时甚短，其所引起的生理变化，也是比较短暂，而后迅即恢复常态。所以，通常并不会造成器官的损伤，而无碍于健康。**但若紧张的情绪因故延迟，那么，与之相伴的生理变化也将随之持续下去，这样就将使某项器官或组织较长期的陷于“不正常”的活动状态，久而久之就会使某些器官的功能丧失，或是使器官本身受到损伤。**

如，人在恐惧的时候，血压将升高；如果某人因故长久的陷于忧虑恐惧状态，则其血压将一直比正常情况高，而构成功能性高血压。再比如，人在生气的时候，食欲常会降低，因而吃下去的食物就减少了，而同时胃酸的分泌却反而增加了，超过当时实际的需要，同时因胃壁充血的关系表现面积增加，胃壁粘膜也随之延展，使某些部位变得单薄些，保护胃壁的作用降低，这些反应持续出现，使胃壁部分受到胃酸的侵蚀而形成溃疡。不良的性格对人的身体健康的影响是十分巨大的。

总之，良好的性格对一个的健康成长和成才，都起着极为重要的作用。相反，不良的性格对一个的成长和成才是有着严重的不良影响的。所以，如果想让自己的孩子摆脱平庸，创造辉煌，步入杰出者的行列，就必须努力改变他的不良性格，注重培养他的良好性格和品质。

俗话说：“江山易改，本性难移。”这说明人的本性是比较难改变的，但并不是不能改变。人的性格的形成，有先天遗传因素，但更多的是后天环境的影响。巴甫洛夫指出：“性格是天生与后生的合金，性格受于祖代的遗传，在现实生活中又不断改变、完善。”**一个人的良好性格，大都是由于各种各**

样的无形的影响所塑造而成的。

对孩子进行适宜的性格塑造，是家庭教育的一项重要任务，也是家庭不可推卸的职责。

家庭是孩子的第一所学校，家长是孩子的第一任教师。家长给予孩子的不仅是生命，家庭的一切，更是每时每刻都在影响着孩子的心灵，塑造着孩子们的性格。**只有及时纠正孩子性情方面的偏差，有意识地逐步培养孩子的良好性格，才能够为他的健康成长和成才奠定良好的基础。**

帮助孩子塑造和优化性格应遵循的基本原则

性格，是人类所特有的一种秉性，是一个人内在气质的总体反映。它的形成与完善，受着社会大环境和周围小环境的制约。良好的性格可以为人平添魅力和风采。**青少年时期是塑造和优化性格的关键时期。**

家庭教育是一门科学，要想使这种教育富有成效，必须遵循正确的教育原则，运用科学的教育方法。科学的教育方法必然符合教育原则，违背教育原则的教育方法绝不会收到良好的教育效果。因此，**家长为了掌握教育孩子的艺术，是不能不学习和掌握教育原则，熟悉教育方法的。**那么，在培养孩子的性格方面，家长应该遵循哪些基本原则呢？如下几点建议可供参考：

（1）循序渐进原则

莎士比亚说：“金字塔是用一块块石头堆砌而成的。”优良性格的形成需要一个长期渐进的过程。同样，不良性格的克服也需要长期不懈的努力。心理学研究表明，性格是一种相当稳定的个性特征。这种稳定性特点，决定了性格的形成和转化只能是一个缓慢的渐进过程。一个一向心急火燎、办事急躁、快手快脚的人，要他一下子变得稳重镇定、泰然自如，那是很困难的。同样，一个心胸狭窄、性格暴躁的人，要他马上变得雍容大度、豁达宽容，也是办不到的。因此，**无论是想教孩子克服不良性格也好，还是塑造优良性格也好，都必须引导他坚持循序渐进、从大处着眼小处做起的原则。**

（2）渐变转化原则

人的情绪是性格的特征指标之一，它对性格的形成和转化具有诱导感染作用。比如，一个性格暴躁、个性很强的人，可以通过努力培养安定平静、从容不迫的情绪，使自己经常保持心平气和的心境，以促进暴躁性格的渐变转化。要让孩子懂得，一个人如果能经常地消除烦恼、愤怒、急躁等不良情绪，对克服急躁易怒的不良性格肯定是有好处的。**积极性的情绪鼓励愈经常愈持久，对孩子良好性格的形成和培养也就愈有利。**

（3）以新代旧原则

一种不良性格形成后，要改变它，可不是件容易的事。办法之一就是从改变习惯入手，用新的习惯来克服和改变原有的性格弱点。习惯是性格形成的基础，一个人性格中的很大一部分，实际上就是一种已经习惯化了的行为方式。有什么样的性格，也就会有什么样的习惯；反之亦然。

因此，培养孩子新的良好习惯去取代旧的不良习惯，对于克服和改变原有的性格弱点是很有帮助的。比如，一个孩子向来好胜逞强，办任何事情都不甘示弱，因而经常使自己惴惴不安、精神紧张。为此，家长就要教他放弃做一个“强人”、“超人”的企图，中止以眼前胜败来衡量成绩的习惯，而培养起从大处着眼、从长处看问题的习惯。**只要持之以恒，坚持不懈，不断以新的良好习惯去取代旧的不良习惯，那么，孩子优良的性格就能逐步形成并巩固下来。**

（4）积累性原则

一个人的性格，一般都可以表现为临时性和稳定性两种不同状态。稳定性状态始终存在于个人的性格特征之中，而临时性状态仅存在于某一特定的环境和过程之中，一旦环境和条件发生变化，它便不复存在。比如勇敢，在有些人身上即表现为一种稳定性性格，不论什么情况，他都是勇敢的；而在有些人身上则仅为一种临时性状态，即他只是在某地某时某事上才表现出勇敢。当然，临时性状态是不巩固的，一旦环境条件发生变化，它就会消失。但这并不是说，临时性状态和稳定性状态是互不相容，不能转化的。**如果能够教孩子有意识地把临时性状态作为培养良好性格的起点，并使这种状态始终保持下来，积累起来，使之逐步成为稳定性状态，那么，就能达到优化性格的目的。**

(5) 自我修养原则

性格优化的过程，从根本上讲，就是一个人自我修养水平不断提高和强化的过程。两者是相辅相成，密切相关的。为此，必须要教孩子以坚强的意志，进行持久不懈的自我修养。**要教孩子学会自我分析，自我控制，自我激励，自我监督，自我约束。要善于抑制旧习，克服不良欲望。**

在日常生活中教孩子通过自我调节优化性格

在人的性格形成、发展的一定阶段上，对性格的自我评价鉴定和自我教育培养具有很大的意义。**任何一种性格特征的形成，都是把接受的外部的社会要求逐步转变为自己内部需要的过程。在这种转化过程中，个人对社会要求的理解和认识，个人进步的需要、动机和态度，都起着调节和控制的作用。**

例如，学生小明原来很任性，情绪不稳定，忽冷忽热，待人忽亲忽疏。后来通过自我分析，他认识到小时候，由于父母的过分溺爱形成了任性的不良性格，只有在严格的自我要求和刻苦锻炼中才能克服。他给自己规定了严格的生活制度和行为规范，从日常生活中的每一件小事做起，严格的要求。监督和约束自己，顽强地克服自己的不正当冲动和任性，对自己一点也不放任、迁就和原谅。每发生一次违反行为规范的事，他就采取一种“自我惩罚”手段，如不准自己吃最爱吃的东西，不准自己看最爱看的电影。经过一段时间严格的自我管理、自我约束以后，他小时候养成的任性的脾气被逐渐克服，自制力也不断增强。

再如，小学生小亮，上课时总不能安心听讲、做作业也马虎了事。加入少先队后，他意识到自己是一个少先队员了，要为红领巾添光彩，于是他想努力克服上课不听讲，做作业马虎的坏毛病。他在自己的课桌上方，画了一条红领巾，时时用红领巾来提醒自己改正不遵守纪律、马虎粗心的坏毛病。

人有高度的自我调节的系统，一切外来的影响都要通过自我调节而起作用。因此，从这个意义上说，每个人都在自己塑造着自己的性格。青少年在形成世界观以后，能根据世界观来调节自己的行为，自我调节就更为突出地表现出来。这时他们的性格形成已从被控制者变成了自我控制者，他们能产生一种“自我锻炼”的独特动机。在这种动机的支配下，他们会主动地到处去寻找榜样，确定理想，并力求了解自己性格中的优缺点，拟定自我教育的计划，给自己规定一些发展某方面品质的主要的行动规划或提出一些警句，有意识地进行良好性格的培养。如取得成绩和荣誉、处于顺利环境时，提醒自己，要力戒骄傲自负；遭受挫折和打击、处于逆境时，加强自勉，鼓足勇气和信心；环境安乐时，要防止懒散、安逸，主动培养吃苦耐劳的精神；环境艰苦时，防止消极、沮丧，在艰苦中保持乐观，培养不畏艰险的进取精神。

自我教育是良好性格形成和发展的重要因素，在性格形成和发展过程中起着巨大的作用。青少年要培养良好的性格，除了家长、老师和社会的教导和帮助，关键还在于自己要努力下工夫。

有一句印度古谚语说：“播种行为，收获习惯。播种习惯，收获性格。播种性格，收获命运。”

经调查，大部分人都认为自己的性格是在不断变化的，只要有决心，良好的性格是完全可以占主导地位的。在日常生活中，孩子自我性格的培养主要有以下途径：

（1）教孩子在学习过程中培养良好的性格品质

①在学习中培养勤奋刻苦的性格品质。学习是一项需要付出艰苦努力的活动。想通过投机取巧不费力气就获得好成绩是不切实际的，它是需要通过勤奋的汗水才能够换来。要想取得好成绩，就要肯下功夫。

②在学习中培养认真负责的性格品质。作为青少年学生，在上课时认真听讲，遇到有不明白的问题及时找老师问，直到搞清楚为止。课下认真完成作业，写完作业后仔细检查，有助于养成对待学习一丝不苟、严肃认真的性格品质。

③在学习中培养独立思考的性格品质。在学习过程中，我们经常会发现这样的现象：某些人遇到问题时，不善于独立思考，随大溜，照搬现成答案，这是一种不良的性格特征。一个人要想有所成就和建树，就要善于独立思考，不能人云亦云。所以，应该鼓励孩子学会独立思考。

(2) 教孩子通过读好书、看好的电视节目和电影来培养自己的性格

一部好书可以影响人的性格形成，乃至影响一个人的一生。家长要教孩子多读一些好书。除了读一些小说外，还可以多读一些科学家、艺术家等名人的传记。在名人传记中，往往真实地描写了一个名人是怎样从一个普通人成长起来的，从他们成长的轨迹中，孩子可以学习一些做人的道理，学习他们高尚的价值观、人生追求和闪光的性格特征。除了看书，还可以鼓励孩子看一些好的电视剧和电影，从榜样的身上寻找培养良好性格的动力。

(3) 教孩子通过交友来培养自己的性格

每个人都有自己的朋友，如果一个人能够交几个好朋友，那可以使他受益终生。**通过与朋友之间的交往，孩子可以从别人身上学到好的性格特征。**比如，孩子的朋友干事很有耐性，他开始会佩服朋友的这个品质，随后就会由佩服到有意识地进行模仿，天长日久，孩子自己也会成为一个具有坚韧性格的人。有时，这种学习过程是在潜移默化的情况下进行的。此外，在与朋友交往的过程中，通过比较，孩子还可以发现自己性格中的缺点，这样他就可以有针对性地完善自己的性格。

(4) 教孩子在业余爱好中培养自己的性格

健康的爱好既可以使孩子从中获得巨大的乐趣，同时，也可以使他的性格得到陶冶。比如，旅游可以使孩子欣赏一些名山大川，培养他对大自然和世界的热爱；书法可以培养他诚实勤奋、一丝不苟的性格特征；集邮和钓鱼等爱好可以培养孩子认真、仔细和耐心的性格特征；下棋打牌可以培养孩子思维的灵活性等等。

所以，家长应该教孩子多培养一些健康有趣的业余爱好，来丰富自己的

业余生活，造就良好的性格品质。

（5）教孩子在体育锻炼中培养性格

体育锻炼对人的身体健康有着十分重要的作用，这已经是尽人皆知的常识了。但是，体育锻炼对人的性格培养有重要作用，则并不是所有的人都了解。

朱光潜是我国现代著名美学家，在谈到治学经验教训时，他认为首先应该注意坚持锻炼。他在《我学美学的经历和一点经验教训》中谈到："从幼年起，我就虚弱多病，大半生都在同肠胃病、内痔、关节炎以及并发的失眠作斗争。勉强读书学习，效率总是低的。从此，我体会到英国人说的健康的精神寄托于健康的身体那句至理名言，懂得劳逸结合的重要。所以，我养成了不工作就外出散步的习惯……坚持慢跑，打简易太极拳和做气功之类简单的锻炼，身体也就逐渐好过来了……从锻炼成健康的身体中来锻炼出健康的精神，这是做一切工作所必遵循的一条辩证唯物主义准则。"朱光潜通过自身的体验告诫青年人，要从锻炼成健康的身体中锻炼出健康的精神来。

从朱光潜先生的体验中，不难看出，教孩子锻炼身体不仅对强健身体有帮助，同时也有助于他形成健康的心理。

国外有关专家的研究表明，一些项目的体育锻炼可以培养良好的性格品质。这些性格特征包括：决心、进取心、自信心、坚韧性、责任感、勇敢、果断性、主动性、独立性和自制力等。所以，要想培养孩子良好的性格品质，不妨教他积极参加一些体育锻炼。不同的体育锻炼项目有利于培养不同的性格特征。比如，足球、篮球和排球等运动项目，除了要求队员要勇于拼抢，果断处理各种紧急情况外，还要有集体主义精神，能够与队员积极地配合。而诸如棋类项目，则可以培养人的沉着冷静、灵活等性格品质。

家长可教孩子每天尽量抽出一点时间，或早晨或下午，因地制宜，选择一项自己喜欢的运动项目，持之以恒。这样，一方面可以锻炼身体，另一方

面还可以塑造良好的性格特征，这是一举两得的事情，何乐而不为呢?

选择什么项目锻炼好呢?对于中小学生来说，应该选择那些对场地要求不高、经济、效果好的项目，如慢跑、短跑等田径项目，如果有条件，还可以选择篮球、排球、足球、羽毛球、网球和乒乓球等。由于中小学生的学习十分紧张，所以，家长应建议孩子每天早晨进行慢跑。慢跑是一项既节省时间、不受场地限制、不需要多少经济投资同时又是效果较好的一个锻炼项目。无论选择哪个项目，最关键的问题是要能够持之以恒，切忌三天打鱼两天晒网和心血来潮式的锻炼。不然，就很难收到良好的效果。

有不少青少年朋友喜欢看各种体育比赛。观看高水平的比赛无疑是一种享受。国外有人将娱乐形式分成两种，一种是被动的娱乐方式，如看电视、电影等，在这种娱乐方式中，人们只是被动地接受外界的信息，而没有主动地参与到活动中去。另一种是主动的娱乐，如打球、下棋等，在这种娱乐方式中，人们积极地参与到活动中去。所以，**当孩子看比赛时，无论场上怎样精彩，但对他来讲，这毕竟是一种被动的娱乐方式。**如果孩子学习任务比较繁重，业余时间有限，最好教他利用这有限的时间去主动地活动，而不是被动地看别人的比赛。

帮助孩子培养健全的人格和性格

健全的人格和性格是心理健康的核心内容。根据诸多专家学者提出的心理健康标准，家长要帮助孩子培养如下几个方面的性格特征：

（1）悦纳自我

一个性格健康的人，能够体验到自己存在的价值。他了解自我，有自知之明，乐于接受自己。而心理不健康的人，缺乏自知之明，对自己总是不满意。由于所确定的目标和理想不切实际，主观和客观的距离相差太远，他总是自责、自怨、自卑。比如，有的人对自己生理方面的一些缺陷存在自卑，诸如自己的长相平平或长相丑陋，自己的身材过低、过胖、不苗条等等。

有的心理学家建议，悦纳自我应该从接受自己的身体开始。如果孩子对自己身体的某些方面不喜欢，那么，家长不妨引导他先将这些内容列出来，然后看哪些是可以改变的，哪些是不能够改变的。若身体过胖，就可以通过进食低脂肪、低热量食品，通过锻炼身体来改变。而对于那些不能改变的身体特征，如自己的长相、身高、说话声音，则要乐于接受，因为这些特征是先天的，无法改变的。

关于心理特征方面，自己要对自己的能力、气质和性格有客观的认识。一个人的智力水平、气质同先天遗传的关系较大，一般而言是不易改造的。但是，人的性格则是后天形成的，是可以通过自己的能力改变的。如果孩子是一个智力平平的学生，但是他可以通过形成刻苦勤奋的性格特征来取得成绩。**所以，家长要教孩子采取这样的态度，对那些能够改变的生理和心理特点，要尽量地去完善；对那些不能够改变的生理和心理特点，则要采取接**

受、悦纳的态度。

（2）悦纳他人，善与他人相处

性格健全的人，乐于与人交往，乐于接纳别人，人际关系和谐，能与集体融为一体，在与人相处时，积极的态度总是多于消极的态度；而性格不健全的人，则往往不合群，脱离集体，不能与人和谐地相处。

我国的心理学家经过研究，总结了有利于人际吸引与不利于人际吸引的个性特征，并进行了排序：

有利于人际吸引的个性特征排序：

——尊重他人，关心他人，对人一视同仁，富于同情心；

——热心班集体活动，对工作非常负责；

——持重，耐心，忠厚老实；

——热情，开朗，喜爱交往，待人真诚；

——聪颖，爱独立思考，乐于助人；

——重视自己的独立性和自制性，谦虚；

——有多方面的兴趣和爱好；

——有审美眼光和幽默感；

——温文尔雅，端庄，仪表美。

不利于人际吸引的个性特征的排序：

——自我中心，有极强的嫉妒心；

——对班集体工作缺乏责任感，敷衍了事或浮夸，不诚实或完全置身于集体之外；

——虚伪，固执，爱吹毛求疵；

——不尊重他人，操纵欲、支配欲强；

——对人淡漠，孤僻，不合群；

——有敌对、猜疑和报复的性格；

——行为古怪，喜怒无常，粗鲁，粗暴，神经质；

——狂妄自大，自命不凡；

——学习成绩好，但不肯帮助别人，甚至瞧不起别人；

——自我期望很高，气量狭小，对人际关系过分敏感；

——势利眼，想方设法巴结领导而不听取群众意见；

——学习不努力，无组织无纪律，不求上进；

——兴趣贫乏；

——生活无拘束。

通过这个排序表，我们可以清楚地看出：**要想使孩子与他人愉快相处，让别人喜欢他，就必须教他培养一些好的性格特征；同时，要克服改变不良的性格特征。**

（3）能正确地认识现实，接受现实

性格健全的人能够正确地认识现实，勇于面对现实，正视现实，接受现实，并主动地去适应现实，进一步改造现实，而不是逃避现实；同时，对生活、学习和工作中的各种困难和挑战都能妥善处理。

> 美国著名的成人教育学家戴尔·卡耐基曾经说过："对必然的事轻快地承受，就像杨柳承受风雨，水接受一切容器，我们也要承受一切事实。"身残志坚的海伦·凯勒面对自己身体残疾这个现实，没有采取消极逃避的态度，而是正视现实，接受现实，以惊人的毅力做出了令人瞩目的成绩。

性格不健全的人在遇到困难和挫折时，通常不敢面对现实，采取逃避现实的态度。我们经常看到这样的报道，某某因为没有考上重点中学或没有考上大学而轻生，某某因为炒股票赔本而跳楼……这些人就是无法接受现实而以自杀的办法逃避现实。

要让孩子懂得，**在现实生活中，每个人无疑都会遇到一些挫折和打击，要教他学会接受这些事实。**

(4) 热爱生活，享受生活，乐于工作和学习

性格健全的人应该是热爱生活，并在生活中享受人生乐趣的人。他们喜欢工作，乐于学习，在工作和学习中发挥自己最大潜能，通过自己的学习和工作成绩，可以充分体现自己的价值。

健康人格的人对职业有较浓的兴趣，至少不讨厌，他不仅把职业看作是生存的方式，同时也是能给他带来安全和充实感的东西，它有助于人们保持平衡协调的意识。

健康人格的人，对人、对事总抱有一种创造性的态度，能够用新的、与众不同的方法来完成任务、解决问题。他们对那种老是遵从平时习惯，老是机械地重复过去的方式没有兴趣。同时对生活提供的经验具有接受能力，而且可以把这些经验运用到新的生活途径上去。对经验敞开的胸怀，能够自由地分享这些经验，适应性比较强。他们能够自由选择自己的行动，感到有做自己想做的事的能力，对未来的视野是宽广的。在生活的各个领域，能以创造性产品与创造性生活表现他们自己。相信自己的存在，自己需要与他人建立关系，需要兴趣、爱和世界相一致。他们能够从各个方面表现出对生活的热爱和尊重，尤其是知识方面，在充满生气和活力的发展过程中获得幸福。

在日常生活中，家长要帮助孩子逐渐培养这些方面的性格特点。

(5) 具有良好的心境，能够控制自己的情绪

性格健康的人，能够经常保持乐观、愉快的主导心境，能够笑着面对生活。无论遇到高兴或悲伤的事情，他们能很好地控制自己的情绪，没有较大的情绪波动。

健康的人格既不表现出随时发泄情绪，也不长期抑制情绪，更确切地说，健康人格就是表现出在抑制与发泄之间做出合理选择的能力。在不涉及什么重要价值时，健康人格会自由自在地表达他们的情感，无论是纵声大笑，还是失声痛哭，或是勃然大怒或是悲痛欲绝，他们都毫不掩饰自己。但是，如果这种发作会使一些价值处于危急之中时，他们会抑制自己的情绪，仍然保持平时的行为方式。

作为家长，教会孩子学会控制自己的情绪也是非常必要的。

(6) 具有高尚的价值观，追求崇高的人生目标

性格健全的人能够正确地对待名利，不以追求名利为自己的生活目标。他们具有高尚的人生观和价值观。**拥有健康人格的人应该知道自己是为了什么而活着，而不是仅仅依靠本能的行为来维持自己的生活。**

动物可以依靠本能在地球上生存，但对人来说这几乎是不可能的，即使是还未开化的原始部落，它的生存也是为了自己能够享受更丰富的生活。

我的人生意义何在？我怎样生活？对这样的问题的不同回答，就构成了不同的人生态度。如果回答是令人振奋的，那么他的人生将充满了活力，他将感到自己是充实的。如果回答是令人沮丧的，甚至不知道怎样回答，他就会进入某种无所适从的状态。他不知自己从何处来，也不知道要往何处去，就好像在沙漠中迷了路，他胡乱地转了几圈，发觉又回到了原来的地方，于是他绝望了。人为什么会感到空虚？就因为他未能感觉到生活的意义。健康人格的人必须有坚定信念和明确的目标。

为了培养孩子良好的性格，就要培养他高尚的价值观，引导他追求崇高的人生目标。

帮助孩子学会努力矫正异常的性格

性格是表现人的态度和行为风格的心理特征。**一个人若是性格异常，将会影响个人的品行与进步，影响正常的人际关系，不能适应正常的工作、学习和社会活动。**专家指出，青少年中常见的异常性格有以下几种：

一是无力性格——无力性格的人精力体力不足，容易疲乏，常诉身体不好，有疑病现象，精神不振，情绪不佳，缺乏热情，意志脆弱，缺乏克服困难的精神。

二是不适应性格——对社会环境和人际适应能力差，不合群，对外界承受能力差，情绪不稳定，缺乏自制、自控能力，易受不良行为影响。

三是偏执性格——敏感多疑，固执，容易产生嫉妒心理，凡事以自我为中心，经常与人闹矛盾，遇事常责备他人，强词夺理，不易接受别人的正确意见。

四是分裂性格——性格内向，不合群，情感淡漠，喜欢独来独往，社会适应和人际关系差，少有激怒反应。

五是攻击型性格——外表看起来依顺服从，内心却具有攻击性和敌意，情绪高度不稳定，容易兴奋冲动，易对他人及社会表现敌意和破坏行为。

六是强迫性格——拘谨，犹豫不决，拘泥于细小事情，对人对事要求十全十美，有不同程度的强迫行为或强迫观念。

我们已知道，性格不仅有好坏之分，而且可以改变。一个人培养良好的性格，对自己、对集体都有重要的意义。一个有自制力、主动、果断、坚毅性格的人，能够很好地安排自己的生活和工作，能够正视现实、克服困难，在事业上取得成就。相反，如果缺乏良好的性格品质，就会影响工作、学习

和生活。

青少年的不良性格对个人生活、学习的影响是广泛、深刻而持久的。**人的性格不是生来就有，而是后天形成的，且会随着年龄、职业、地位、环境等因素的影响而变化。因此说，性格可以矫正且具可塑性。**那么，家长应该如何帮助孩子塑造良好的性格呢？

（1）教孩子改正认知偏差

由于受不良环境影响，或受存在不良性格人的教育和影响，就会使人产生错误的认知——如认为这个世界上坏人多、好人少；同人打交道，要防人三分；疑心重；以小人之心，度君子之腹等。这样的人一般心胸狭隘、嫉妒心强、疑心大、古怪、冷漠、缺乏责任感等。

要想帮助孩子改变这些不正确的认知，可鼓励他多参加有意义的集体活动，去充分体验感受生活，多看些进步的书籍和伟人、哲人传记，看看他们的成功史和为人处世之道，这对孩子性格的改变都会有帮助。

（2）教孩子不要总用阴暗的眼光去看待别人

上过当或受过挫折的人，对人总存在一种提防心理，对人总是往坏处想，这种人疑心重、心胸狭隘，办事优柔寡断。

要让孩子懂得，世界上既然有好事，就必然会有不如意的事；既然有好人，就有一些害群之马，但好人还是多数。因此，要引导孩子正确地看待别人，看待我们共同生活的社会。

（3）教孩子试着去帮助别人，从中体验乐趣

不良性格的人，往往以自我为中心，他们对人冷漠，一般不愿进行人际交往，生活在自我的小天地里。

要想教孩子改变这样的性格，可以提醒他，平常主动去帮助别人，不妨这样告诉孩子：“因为人人都需要关怀，你去帮助别人，同样，别人也会主动来帮助你。”同时，在这种帮助别人的过程中，孩子能体现自身的价值，心情改善了，对人的看法和态度也会随之改变，从而有利于人性格的改善。

(4) 教孩子有意识地进行自我锻炼，自我改造

人是一个自我调节的系统，一切客观的环境因素都要通过主观的自我调节起作用，每个人都在不同的程度上，以不同的速度和方式塑造着自我，包括塑造自己的性格。随着一个人的认识能力的发展和相对成熟，随着一个人独立性和自主性的发展，其性格的发展也从被动的外部控制逐渐向自我控制转化。如果家长能够帮助孩子意识到这一变化，促进这一变化，自觉地确立性格锻炼的目标，从而进行自我锻炼，就能使他对现实态度、意志、情绪、理智等性格特征不断完善。

首先，要教会孩子正确地评估和对待自己。比如以遗传素质而言，英俊、魁梧的男子和漂亮、苗条的女子，容易形成兴奋、乐观、活泼、爱交际的开放性格，而矮小、衰弱、丑陋者往往多是悲观、孤独、敏感的性格。人的体格及长相是先天和后天锻炼的“合金”，除了积极锻炼外，还要正确地对待自己的遗传素质。生理有残但心理健康，也能发展成完美、健全的性格，这本身就会给人以美的享受。因此，在塑造性格的过程中，一定要帮助孩子树立健康的自我意识。

其次，要教孩子正视现实，面对现实，凭进取心去适应环境。性格的积极和消极的因素都是对现实生活抱不同态度的结果。因此，要提醒孩子，无论是在家庭、学校，还是在社会等不同的环境中，都应采取积极进取的态度，在保持自己个性的同时，努力去适应环境。当身临逆境时，不要埋怨生不逢时，不要归罪于机遇不好，而应当正视现实，面对现实，先承认它，接受它，然后再想方设法去改变它，学会及时调整目标。只要孩子立志对自己积极地进行自我锻炼和自我改造，良好的性格就会逐步形成。

(5) 教孩子培养健康情绪，保持乐观的心境

一个人，偶尔心情不好，不至于影响性格，若长期心情不好，对性格就有影响了。如常年累月爱生气，为一点小事而激动的人，就容易形成暴躁、易怒、神经过敏、冲动、沮丧等特征，这是一种异常情绪性的性格。**因此，要教孩子学会乐观地生活，要胸怀开朗，始终保持愉快的生活体验。**当遇到挫折和失败时，要从好的方面去想，“塞翁失马，安知非福”？想得开，烦恼

就会自然消失。有时，心里实在苦恼，可以找一个崇拜的长者或知心朋友交谈或去看心理医生，不要让苦闷积压在心；否则，容易导致性格的畸形发展。

（6）鼓励孩子积极交往，与人和谐相处

兴趣广、爱交际的人会学到许多知识，训练出多种才能，有益于性格的形成和发展。但是，与品德不良的人交往，也会沾染不良的习气。因此，要教孩子学会正确识别和评价周围的人和事，不要与坏人混在一起，更不要加入不健康的小团体中。**要让孩子懂得，人与人之间要互敬、互爱、互谅、互让，善意地评价人，热情地帮助人，克己奉公，助人为乐，努力搞好人与人之间的关系。**长此以往，孩子的性格就能得到和谐发展。

（7）教孩子提高文化水平，加强道德修养，改造不良的性格

如果发现孩子已经形成了某种不良的性格特征，例如懒惰、孤僻、自卑、胆小等，就要鼓励他下决心进行“改型”。方法一是提高文化水平；二是加强道德修养。因为人的性格的形成是受人的文化水平和道德水平影响的。有文化、有道德的人，就有理智感，就能以正确的态度去对待现实生活，这就有助于形成良好的性格特征。

现代性格的塑造，离不开知识的熏陶。书的力量还在于能向我们提供性格锻炼的直接榜样。“学之径莫过于好其人”，指的是学习的捷径，莫过于拿模范人物作为学习的榜样。两千年前的荀况就已注意到这一点。早期革命家恽代英也深有体会，他说：“择小说如择友。盖阅小说时，无异以精神与书中人相接触，即交有之损益，不过因以精神相接触故也。世无品格完善之人，然如善作小说者，则描写一品格完善之人，以为读者最良之友，亦非难事。此所以果有好小说读之，有时较交友大有益，而离群索居，良小说之价值至少与良友等。”教孩子多读好书，丰富知识，对他的性格潜移默化的优化作用是非常有益的。

（8）教孩子学会取人之长，补己之短

“人海茫茫，风格各异”；“金无足赤，人无完人”。每个人的性格特征中

都有好的因素，也有不良的特征。因此，**要教孩子学会善于正确地自我评估，辩证地对待自己的优缺点，好的使之进一步巩固，不足的努力改造，取人长，补己短，有则改之，无则加勉。**久而久之，就能使孩子的不良性格特征得到克服和消除，良好性格特征得到培养和发展。

最后，还要鼓励孩子，每一个人只要善于下工夫，有意识地培养，都可以把自己塑造成为一个性格完善和高尚的人。

通过正面教育培养孩子敢于竞争的性格

今天的时代，是快节奏、高效率的时代，需要的是干脆利落、敢断敢行的作风。时间那么宝贵，人们忍受不了那种吞吞吐吐、羞羞答答的“谦逊”，不要听那种婆婆妈妈、“弯弯绕”式的“自谦之辞”。你行，就来干；不行，就让开。故作姿态的“谦虚”，完全没有必要。在现代社会，一个人应当学会实事求是地宣传自己：你有什么长处，有哪些才能，想做什么，能做什么。直来直去，使别人了解你。这样，反而容易使自己得到机会。

现代竞争在很大程度上就是机会的竞争，机会是至为宝贵的。我们一遇到机会，就应当紧紧地抓住它。

现代社会是一个充满竞争的世界，竞争在一定程度上使社会富有生命力。一个人只有在竞争中取胜，才能在事业上取得成功。因此，**让孩子“学会竞争”，培养孩子的竞争意识和竞争能力成为当前家庭教育的一项重要内容。**儿童竞争意识的培养必须通过正面教育来实现，在日常的生活、工作、学习中坚持训练，逐步养成良好的习惯，形成较好的竞争能力。

（1）改变传统的教育观念和评价孩子的标准

很多家长经常把“孩子真听话”、“真乖”作为“好孩子”的评价尺度。显然，这一观念已经陈旧。从孩子未来生存发展的需要来看，从小培养孩子具有独立自主意识，坚强的意志，敢想敢干，勇于创新、创造的精神及其勇于和敢于迎接挑战、挫折与艰辛的心理素质，才是科学的教育观念。家长要鼓励孩子勇敢地走出书斋，走出家庭和社区，放眼世界，放眼未来，树立雄心壮志。

(2) 在培养孩子具有创造性思维方面下工夫

一个具有创造性思维的人，就是一个具有竞争意识和竞争能力的人。在很大程度上，当前的应试教育既束缚了儿童创造性思维的发展，也决定了家长循规蹈矩的教育方式。所以，家长在教育孩子时，要善于激发儿童的求知欲望和求知兴趣，鼓励孩子勤动脑、动手、动眼、动口，不唯书，不唯上，善于发现问题，提出问题，并尝试用自己的思路去解决问题。**家长不能拘泥于书本、拘泥于现成的答案和传统的教育模式来限制孩子，束缚孩子的手脚。当孩子表现出其“新思想”有了“新发明”，家长应及时予以表扬，并鼓励孩子坚持探索。**

(3) 培养和发展孩子的个性

发展儿童个性是目前教育界的一个热点问题。这是因为人的个性品质中的能力、性格、气质、意志以及需要、动机、兴趣、爱好、信念、情感等，能反映人的能动作用和主体意识，是和一个人的创造力、竞争能力紧密地联系在一起的。

发展孩子的个性，应从儿童本身的需要、兴趣出发，让孩子不但有广阔的知识背景，更有几种特殊才能和本领，具有较完善的人格，从而在激烈竞争的社会中立于不败之地。

培养孩子的竞争意识应从小开始，从小事做起。在培养孩子竞争意识过程中，也应让孩子明白，竞争不应是狭隘的、自私的，竞争者应具有广阔的胸怀；竞争不应是阴险和狡诈，暗中算计人，而应是齐头并进，以实力超越；竞争不排除协作，没有良好的协作精神和集体信念，单枪匹马的强者是孤独的，也是不易成功的。

(4) 家长应鼓励孩子参与集体竞赛，为集体的取胜尽最大的努力

以班、组为单位的智力竞赛、体育比赛等，是一种集体竞争行动，要求每个人既要发挥最大的潜能，又要互相合作协调，使整体作战成功。目标是既要战胜对方，但又不能损害对方，孩子从中可学到许多竞争的方式方法：

公正、平等，促进孩子良好的竞争意识形成。**因此，家长应鼓励孩子参与集体竞赛，为集体的取胜尽最大的努力。**

（5）给孩子寻找对手，让他立志赶超

父母应该有意识地给孩子寻找一两个竞争对手，让孩子“暗中使劲”，与对手展开竞赛。但在选择对手时，应注意不要与自己的孩子差距太大。以免使他产生望而生畏、高不可攀的心理。最好是选择比自己的孩子水平略高一筹的，这样容易激起他赶超的信心和勇气。

（6）教育孩子正确对待竞争中的胜利与失败

竞争总是伴随着成功和失败的，怎样正确对待输赢将直接影响一个人的竞争行为。因此，竞争最终将是意志力的较量。家长要让孩子认识到：胜利时，要想到一山更有一山高的道理，终点永远在前面。失败时，也别以为世界末日到了，关键是找出失败的原因、努力的方向。**要让孩子懂得，胜利时洋洋得意，失败时垂头丧气都是缺乏良好竞争意识的体现。**

一般说来，一个人经受的考验越多，承受的困难和压力越大，意志就会磨炼得越坚强，也越不害怕竞争。家庭中我们常常看到父母与孩子玩竞争性游戏（下棋等），往往让孩子取胜来结束游戏。这对孩子体验一定量的成功是有必要的，但长期如此，容易产生负面效应，使孩子变得“输不起”。我们一方面要对孩子提出适度的期望和要求，使孩子从成功中树立自信，从而敢于面对竞争；另一方面又要让孩子有适当的挫折体验，以锻炼孩子的意志，让孩子感受到失败并不可怕，只要克服困难，就能进一步获得成功。

帮助孩子移除害怕冒险的心理障碍

在我们的传统民族性格中，对谨慎是十分推崇的。

在很大程度上，谨慎确实是我们办好事情的前提条件。“如临深渊，如履薄冰”，有了这种小心谨慎的态度，跌的跤就肯定要少一些。但是，在复杂多变的现代社会，未来的形势常常不是很明朗，过于强调小心谨慎，以至于处处谨小慎微，就会吓得我们不敢行动。因此，**现代人既要有谨慎的性格，也要敢于冒险。**

冒险，曾经是一个不怎么光彩的名词。头脑简单者，曾给这个词添上鲁莽的色彩。利欲熏心者，又曾给这个词添上投机的色彩。**其实，冒险和成功常常是相伴的，尤其是现代，冒险精神更为竞争所必需。**

敢于冒险，就要坚决摒弃甘居平庸的心理。**人生，应当如大海的波涛，既有高高的波峰，又有深深的波谷，在连绵不断的起伏跌宕中谱写激昂的人生之歌。**没有风浪，平静如一潭死水的生活，又有多少荡人心魄的力量，有多少可以引起自豪的成分呢？对于强者来说，“无险不足以言勇”。因此，一个真正的强者，厌恶平淡无奇的生活，他们渴望冒险，希望在生活中掀起巨浪，喜欢充满传奇色彩的浪漫生活。从这个意义上说，敢不敢冒险，正是区别强者和弱者的标志之一。

作为现代家长，应该让孩子尽力去学会移除害怕冒险的心理障碍，培养敢于冒险的精神。

(1) 要让孩子敢于积极尝试新事物

鲁迅是20世纪中国最伟大的文学家、思想家，他对许多问题的看法都入木三分。他对儿童教育尤其有许多闪光的见解，其中蕴含了“学会尝试”的呼唤。他以“小儿学步”为例，深刻揭示了尝试的意义。他说：“孩子初学步的第一步，在成人看来，的确是幼稚、危险，不成样子，或者简直是可笑的。但无论怎样的愚妇人，都是以急切的希望的心，看他跨出这第一步去，绝不会因为他的走法幼稚，怕要阻碍阔人的路线而逼死他，也绝不至于将他禁在床上，使他躺着研究能够飞跑时再下地。因为她知道：假如这么办，即使长到一百多岁也还是不会走路的。”

鲁迅指出，没有尝试的学习，永远不能学会学习。与此相适应，鲁迅对于长者提出了自己的要求：“长者必须是指导者、协商者，却不该是命令者。”

孩子天生就是积极的，勤快的，他一张开眼睛，就尝试到处看看，当他能控制自己的动作时，他喜欢到处爬，到处摸，什么都拿起来咬，大人做什么，他也模仿着做什么。当然，因为很多事情他是第一次做，所以很容易出错，如果每次尝试大人都报以厉声呵斥“不准……”或大惊小怪地惊呼“危险！不要……”时，孩子就好像被电击了一样，久而久之，孩子就学“乖”了，哪儿也不能碰，不准摸，不可以试，那就不碰、不摸、不试，他认为这样才是大人眼中的好孩子。再长大一点，孩子就渐渐地变成该做的事情也懒得去做了。

所以，如果要想不让孩子变得怯懦，想让他保持自信、积极进取，家长就应该记住：**当孩子做出某种尝试时，只要不是危险的和损害别人利益的，大人就应该鼓励，并且提供机会让他大胆尝试。**要让孩子明白，谁都有失败的时候。这样，孩子每次尝试做一件事情时，他得到的都是奖励而不是“电击”，他当然会很有自信，乐意一而再再而三地努力去做自己还不会做的事情了。长大之后，他很自然就会成为一个勇敢的、乐于尝试新事物的、敢于冒险、积极向上的孩子了！

（2）设置一些通道，激活孩子的冒险精神

儿童与成人对世界和社会的认知处于完全不同的两个层次。许多在成人看来是熟悉的东西，但在儿童的眼里却是新奇的。许多在成人看来是正常的事情，但在儿童的心目中却充满了刺激。因此，**父母在设置培养孩子冒险精神的通道时，应先琢磨清楚孩子的思维，站在孩子的立场上，即来一个换位思考，并循序渐进。**比如：孩子1岁左右刚学走路时，就要鼓励他独立前行，即使摔倒了，也要鼓励他自己爬起来继续独立前行；孩子3岁左右上幼儿园时，就要鼓励他识路，要帮助他懂得一些交通规则，并在交通情况不很复杂的情况下，采取尾随的方式，让他独立上幼儿园或到一定的目的地。与此同时，在安全有保障的前提下，鼓励孩子玩秋千、玩滑板。在孩子五六岁时，在确保安全的前提下，鼓励孩子学游泳、学骑自行车，还可以鼓励孩子去防空洞里玩游戏。当然，在家庭经济条件、社会条件和环境条件以及孩子身体条件允许的情况下，也不妨让孩子坐坐过山车，参加滑雪、登山、高台跳水和漂流等活动，让孩子玩玩“心跳”，让孩子在这种“玩心跳”的过程中，品格更坚强、更勇敢、更富冒险和探索的精神。

（3）给孩子适当冒险的机会

敢于冒险的教育不能在口头说教，而需将教育贯穿在日常生活中，使孩子在活生生的生活事件中得到锻炼和考验。只有这种潜移默化的教育才能影响孩子的一生。对此，专家有两条建议：

一是放手。我们的家长常常是对孩子放手较少，总希望孩子生活在自己的庇护下，认为只有这样孩子才能健康长大，才能在一个合理而安全的环境里成长为有用的人。这种观点是不对的。如果家长能够大胆放手，多让孩子去体验，去锻炼，去实践，孩子的能力就能够得到增长，并更加愿意去尝试，去探索。反之，如果家长老是不敢放开紧握着孩子的手，久而久之，孩子会变得胆怯、内向，从而无法尝试新事物。

二是鼓励。要冒险就有可能遇到困难、危险、失败，这些自然是家长们不愿意看到的东西，如果家长因为孩子的某些冒险做法而责备他们，训斥他们，孩子就渐渐地变得不敢去探索。也许孩子的一些行为看起来有些单纯、简单，甚至有些“愚蠢”，这些都没关系，只要家长经常给孩子鼓励，多赞扬他们的行为，就能使孩子得到鼓舞，并逐渐增加冒险精神。

帮助孩子培养顽强执著的意志品质

要让孩子懂得，只有成功，不会失败，这是不可能的事。本领再高的人也会遇到失败的时候，何况是平凡之辈？所以，**希望获得成功，就先得不怕失败。**只有胆小怕事的人担心失败，因害怕失败，所以他们认为多一事不如少一事；害怕多做事，失败的机会也多。

多一事不如少一事，这是胆小怕事的人逃避现实的想法。这种想法十分幼稚可笑，因为不做固然可以避免失败，但却也一定没有成就。这种不敢面对现实的想法，是不可取的。

其实，人生在世不可能万事如意，失败不只不可避免，而且会随时遇上。**但是失败并不可怕，俗语说："失败是成功之母。"没有失败的经验，又怎能会达到成功？**一试就成，只能算是一种侥幸的成功，只能带来短暂欣慰，一瞬即逝的好处；因为得来容易，失去也快！

在生活上，在事业上，在工作上，在竞技场上，谁没有遭遇过失败，谁能永远保持不败的纪录？

"胜败是兵家常事"，最伟大的拳击家也曾经给人揍个半死，倒地不起。

没有一个推销员能够做成每一桩生意，但只要一天做上一桩生意，就不错了，甚至于有在一生中只做成一桩生意便成巨富的例子呢！

又比如广告吧，报章上每天都有商家们出钱刊登的广告，五花八门，琳琅满目，但是，到底有多少读者认真地去阅读这些广告呢？大概不到10%！在10%读广告的读者中，又有多少真的去购买广告上所介绍的商品呢？当然也不多，不过只要有1%的读者看了广告去购物，商家的广告就不会白登了。

因此，不要叫孩子过分担心失败。要让孩子懂得，为了怕失败便裹足不

前，是懦夫的所为，不值得我们效法！

有一位化学家曾讲过：“科学成果是一个很懒的女神，你敲几下门停止了，她就懒得来开门；你不停地敲下去，她就不得不来开门了。”

成功的路上并没有撒满鲜花与阳光，相反却总要经历坎坷与磨难。只有做到如著名画家郑板桥诗中所云：“千磨万击还坚劲，任尔东西南北风。”顽强执著地沿着目标去奋斗，才能最后享受成功的喜悦。

获得诺贝尔文学奖的美国作家海明威曾经当过拳击手、猎手、渔夫和记者。他学拳击，时常被打得鼻青眼肿、血流满面；他上战场，被炮弹击中，身上留下 200 多块弹片，并安上金属膝盖；他学写作，四个月的辛苦只换来“退稿”二字。但他说：“拳击教会了我绝对不能躺下不动，要随时准备冲锋，要像公牛那样又快又狠地冲。”他就是凭着这顽强的性格与毅力，赢得了成功，写出了《老人与海》等传世杰作，登上世界文坛的高峰。

获得诺贝尔化学奖的瑞典科学家阿仑尼乌斯创立电离理论的过程中充满了障碍，他经过千百次测量获得的结论被一些保守的教授斥为胡说八道，“纯粹的空想”，论文也只得“三级”评语。三年后他通过了论文答辩，但是依然遭到激烈的反对，直到十年后才改变了厄运，被聘为教授，成为斯德哥尔摩大学校长。

“锲而不舍，金石可镂”这句名言，意思是说，如果我们坚持不懈地努力，即使是金石也能够被打穿。**养成了顽强执著的习惯，就能够战胜前进道路上的诸多困难，一步步向成功的人生目标靠拢。**

人的意志不是天生就有的，而是在后天的生活与实践中，在教育的作用下，通过自己的努力而逐步发展起来的。有心理学家曾经对这个问题进行长时间的追踪研究。研究的对象是 100 名经过训练具有坚持性的幼儿和 100 名没有训练过的、缺乏坚持性的幼儿。从幼儿期开始观察研究直到青年期。研究结果表明：前者当中 84 人有主见，意志坚强；后者当中仅有 26 人意志比较坚强。这说明，**良好的意志品质可以通过有效的培养而得到加强。**那么，作为家长，该怎样帮助孩子培养良好的意志品质呢？

（1）教孩子立大志

高尔基有这样一句名言：“我常常重复这样一句话，一个人追求的目标越高，他的才力就发展得越快，对社会就越有益，我确信这也是一个真理。”

一个人爬楼梯，分别以6层为目标和以12层为目标，其疲劳状态出现的早晚是不一样的。一位美国成功学大师总结了人们生活中的经验，认为：把目标定在12层，疲劳状态就会晚出些，当爬到6层时，我们的潜意识便会暗示自己：还有一半呢，现在可不能累。于是就鼓起勇气继续上行……在这里，目标高低带来的自我暗示几乎直接决定了我们行为动力的大小。

其实，在孩子的成长过程中，几乎无时无刻不在“爬楼”，家长应该教孩子认识到，其中起作用的不只是生理因素，心理因素的作用将占极大的比重。再往深些说，就是要引导孩子把期望放在实现自我激励上。

提高需要层次和强化优势动机必须有具体的方法。清醒地意识到激励因素在自己心理活动中的作用，并尝试运用自我激励的手段，便是有效的方法之一。人的需要结构和动机体系都是在一定的社会环境中建立起来的，环境对人们心态的影响常常表现为一种刺激，如果这种刺激是一种良性刺激，不论是来自内部或外部，都会对需要结构的调节和需要层次的提高产生良好作用，这便是激励。不满足于现状，是人的心理常态。**当别人向我们指出，或是通过学习思考发现，我们有可能改变现状、干得更好、获得更大的成功时，激励便有了立足之地。**

追求需要无止境，激励在各个层次上发挥作用的机会便也层出不穷。因此，要让孩子认识到：他定的目标越高，他的动力会越足。

（2）教孩子从小事锻炼自己的意志

有人认为，只有在惊天动地的大事业中才能锻炼意志，这是片面的。其实，从一点一滴的小事做起，同样能培养一个人的意志。就拿按时起床、坚持跑步这样一些小事来说吧，如果孩子能不管自己和天气的主客观情况如何，都从不间断，一贯做到，他的意志必然会得到很好的锻炼。相反的，如果老是原谅自己，老是“明月复明月”，那他就容易成为意志薄弱的人。

在人生的旅途上，我们每时每刻都会遇到意志的考验。以戒烟为例，美

国作家马克·吐温曾幽默地说："戒烟是世界上最容易的事，我已经戒了几百次了。"在生活中立誓戒烟的人可谓多矣，但真正戒掉的人又微乎其微，这里就是意志因素在起作用。

为了培养良好的性格，教孩子从小事锻炼自己的意志是非常必要的。

（3）教孩子坚持参加锻炼

古代罗马的民谚说："健康的精神寓于健全的体魄。"**一般说来，身体健康、体魄强健的人，容易养成坚强的意志。**

日本学者德永等人曾对一些大学生进行跟踪观察，结果表明，体力差的学生相对来说自卑感强，神经脆弱，主观固执，不爱活动，服从性、意志比较薄弱；而体力好的学生大多表现出相反的倾向。这都说明，坚强的意志与健康的身体有比较密切的关系。

体育锻炼不仅为坚强的意志力提供了必要的体力和充沛的精力，它还是锻炼意志的极好手段。例如，长跑有培养一个人吃苦耐劳的精神，登山能锻炼一个人锲而不舍的毅力，球类运动也可以培养一个人果断、勇敢的品质。通过各种体育锻炼培养起来的意志品质又可以迁移到学习活动中去，推动学习的进行。

因此，在日常生活中，要教孩子坚持参加锻炼，这对培养良好的性格是非常有益的。

教孩子养成活泼开朗、乐观快乐的性格

让孩子有一个活泼开朗的性格，是为人父母者共同的心愿。活泼的孩子做事积极主动，思维活跃，勇于探索，能够通过自己的活动获得新知识和新信息。开朗的孩子适应性强，对周围的事情能够保持一种乐观的态度，对人非常热情，也乐于与人交往。**活泼开朗的性格能使孩子保持愉快的情绪、健康的心理，有利于孩子想象力与创造力的发展；能使孩子更容易得到同伴和社会的欢迎，使孩子的个人生活充满欢乐和情趣；还能使孩子较好地对待挫折和烦恼，有较强的心理承受能力。**

那么，家长该如何培养孩子快乐的性格呢?

(1) 健康的身体是活泼开朗性格的体质基础

如果您注意观察，不难发现，孩子在健康的时候情绪通常是非常好，而如果生病了，就会使他的情绪和活动受到影响。有的家长反映，孩子平时很好，做什么事情都按照规律去做，可是得了一场病之后情况全变了，这是因为生病容易打破他原来已经养成的好习惯。因此，**家长要重视培养孩子健康的身体，让孩子有好的营养、充足的睡眠、足够的运动，以培养孩子健康的体魄。**

(2) 密切同孩子之间的感情

在培养快乐性格的过程中，友谊起着重要作用，所以，父母要加深与孩子的感情，鼓励孩子与同龄人一起玩耍，让他们学会愉快融洽地与人交往。

（3）教孩子调整心理状态

要使孩子明白，有些人一生快乐，其秘诀在于具有适应力很强的心理状态，这使他们很快地从失望中振作起来。在孩子受到挫折时，可为他指出前途总是光明的，使他在恢复快乐心情的环境中寻找安慰。

（4）限制孩子的物质占有欲

因为给孩子东西太多会使其产生“获得就是得到幸福的源泉”这样一种错觉。应使孩子懂得，人生的快乐不能仅与物质财富的占有画等号。

另外，有自制能力的孩子，比那些需要家长不断提醒和反复要求的孩子要幸福。自我约束是能让孩子一生快乐的基本因素，它能让孩子更容易交到朋友。

（5）培养孩子广泛的兴趣

开朗乐观的孩子心中的快乐源自各个方面，一个孩子如果仅有一种爱好，他就很难保持长久快乐。培养多种爱好可使孩子的生活变得更为丰富多彩，由此他也必然更为快乐。这以孩子自愿为前提，强压孩子进入各种兴趣班学习并不能真正达到目的。

家长平时要注意孩子的爱好，为孩子提供各种兴趣的选择，并给予必要的引导。**孩子的业余爱好广泛，自然就拥有了快乐的性格。**

（6）让孩子掌握新的技能

比如，你可以教他切面包片，打开鸡蛋放进烤箱里，然后，让他把自己做的早餐端到餐桌上，他会觉得非常自豪和幸福。这时不需要你的表扬，他的自我感觉就非常好了。

（7）利用游戏来培养孩子良好的情绪

游戏时是培养乐观孩子的好时机。父母应让孩子多和热情大方的小伙伴接触，在愉快的创造活动中建立友谊，如小伙伴们一起在玩耍中互相熟识，这对孩子生活处理能力的大小、自我表现能力强弱有很大关系。在建立了朋友关系后，就具备了朋友的共同目标，从而也为结成快乐的小伙伴和愉快的集体创造了条件。孩子在玩耍中可能会弄脏衣物，父母可温和提示，不要因此在孩子玩兴很浓时无理地训斥、责骂孩子，也不要强行责令孩子停止游戏，甚至禁止小伙伴间的往来；否则会使孩子产生不满、压抑的情绪。

对适应性差和有逃避性的孩子，要先让孩子接触较安全的陌生环境和态度友善的陌生人，以后逐步接触较复杂的环境和各种态度的人，接触的时间和次数也应逐步增加。经过一个阶段的训练后，可让孩子单独接触新的环境，让他们学会与不同的人融洽相处，培养他独立生活的能力，并要不断鼓励他如此坚持下去，孩子开朗乐观的素质就会逐渐形成。

（8）及时帮助孩子摆脱不良情绪

家长要认真倾听孩子的倾诉，引导孩子摆脱困境。当孩子内心感到不安，希望向你诉说时，不要置之不理。应该放下手头的工作，坐下来认真地听他诉说。假如孩子表示对某一些事情感到不安或不高兴，可以告诉他，此种感受是正常的，任何人在生活中都可能会经历这些事情。让孩子知道，你的反应和他一样。**用讲故事的办法告诉孩子，即使天性乐观的人，也不可能万事称心如意，但他们大多能很快从失意中重新奋起，并把一时的沮丧丢在脑后。**

孩子往往有时因为一点小事不高兴，或哭或闹或闷在心里，整天情绪低落。这时家长应注意引导孩子，教会他当心情不好的时候出去活动，转移注意力，调整自己的情绪。同时，也要多鼓励孩子自己去克服困难。比如，家长可以：

鼓励孩子从事体能运动，如跑步、爬山、跳绳等。

鼓励孩子将心中的不悦或委屈用画表现出来，并可以在画中做任何处置。

鼓励孩子用唱歌的方式排解心中的不悦。

（9）给他一些发呆和闲逛的时间

能够获得成功的孩子通常也就能得到快乐。然而，在帮助你的孩子准备应付未来的种种挑战的同时，你一定要克制自己，不要用各种各样的活动把

孩子的时间填得太满。在大人们都高喊减压的年代，小孩子也需要同样没有压力的空间，在各种训练班和课程之间得以喘息。

给他们一些望着天空的云发呆的时间，这种你看来是无聊的活动其实是孩子的想象力充分活动的时间。让他们可以不受约束地去抓小昆虫，堆个样子奇怪的雪人或者是看蜘蛛结网。这些活动都将给你的孩子一个自己去探索世界和追求快乐的机会。

作为家长，也可以试着在自己拥挤的日程中抽出个小空隙，加入到孩子们欢乐的队伍中去。从帮儿子洗个澡，到全家人在院子里数星星，其实快乐到处都有。

（10）教会孩子帮助周围的人

快乐的一个重要原则就是让孩子感觉到自己在家庭中，在周围的大环境中都是一个有价值的成员，自己的行为是非常有意义的，可以影响到其他人的生活。要让孩子产生这种感觉，你就需要多为他制造一些给予别人帮助的机会。比如，和孩子一起整理那些他已经不再需要的玩具，捐给福利院，或者其他有需要的孩子。

即使是非常小的孩子，也能够感受到帮助他人的乐趣。在国外有很多专门为孩子设立的福利机构，这些机构中最受欢迎的活动，就是教小孩子用家里的废旧布条填充玩具熊。即使是只有 2、3 岁的小孩子，也会兴高采烈地帮忙给小熊粘上眼睛和嘴，然后送给福利院的小朋友。

（11）发掘他内心的艺术世界

关于音乐的好处，你一定听过不少，比如：古典音乐有助于孩子的大脑发育等等。其实，**让孩子接触包括音乐、舞蹈在内的任何一种艺术形式都是有好处的，能够丰富孩子的内心世界，帮助他发现自身的价值。**

此外，艺术还能带给孩子成就感，当他们完成一幅画或者学会弹一支曲子，都能从中感受快乐和更多自信。

（12）保持家庭生活的美满和谐

家庭和睦，也是培养孩子快乐性格的一个主要因素。有资料表明，在和睦家庭中成长起来的孩子，成年后能愉快生活、健康成长的，比不幸家庭成长起来的孩子要多得多。

家庭应保持民主、和睦、宽松的气氛，不盲目按照自己的意愿去安排孩子的活动，保留孩子对合理要求的选择权。孩子在这样的环境中心情轻松愉快，言行无拘无束，有什么想法都敢于、乐于和家长交流，容易养成活泼开朗的性格。家长要注意把孩子看作是“平等”的人，尊重孩子的“自西半球心”，关心他们的成功与失败，切勿用粗暴简单的方式对待孩子。建议您每天抽出 15～20 分钟时间和孩子聊天，内容可以是孩子喜欢的事、图书、游戏、活动等。另外，家长应注意自己的情绪、性格以及为人处世对孩子潜移默化的影响，做到乐观豁达，不把自己的坏情绪传递给孩子。

把培养孩子的幽默感当作素质教育的一项重要内容

幽默是一种特殊的情绪表现，是一种高层次的精神享受。它是人们适应环境的工具，是人类面临困境时减轻精神和心理压力的方法之一。俄国文学家契诃夫说过：“不懂得开玩笑的人，是没有希望的人。”幽默感是情商的重要组成部分。**培养孩子幽默感是素质教育的一个有机组成部分。给孩子幽默的特质，实际上就相当于给了孩子健康快乐的人生。**

（1）充分认识培养孩子幽默感的好处

对于现代的孩子来说，培养幽默感至少具有如下几个方面的好处：

①改善孩子的人际关系。

心理学家保尔·麦基认为，幽默感在人的社交能力发展过程中起着举足轻重的作用。幽默性格一旦形成，对孩子一生都将产生重要的影响。具有幽默感的孩子，大多开朗活泼，往往更讨人喜欢。因此，具有幽默感的孩子更容易溶入周围的环境，为周围的人群所接受。

②淡化孩子的消极情绪。

具有幽默感的孩子往往比较乐天，他们比较容易从各种消极情绪中摆脱出来，不会长久地沉溺于各种不良情绪中不能自拔，将来也就有更多可能拥有快乐积极的人生。

③幽默使孩子更聪明。

据研究，许多世界知名的科学家、艺术家、文学家都具有非常好的幽默特质。幽默其实是一种人生智慧。幽默最大的特性是出人意料。幽默依赖于一些别出心裁的思维模式，往往有剑出偏锋的效果。**幽默带给孩子一些积极**

的心理暗示，同时也可以潜移默化地影响孩子的思维模式，这对孩子大脑发育会起到良性的促进作用。

④幽默有助于亲子沟通。

中国传统的教育严肃多于宽容，这种教育方式直接带来的是父母与孩子的对立。幽默是父母与孩子沟通的最有效的方式，它既可以化解孩子与父母之间的对立情绪，让孩子愉快地接受父母的意见，又可以增进父母与孩子之间的亲密关系。

（2）了解发展幽默感的3个条件

①语言认知能力。

虽然孩子很小的时候就已经具备幽默感，但是更高层次的幽默的发展还是需要依赖孩子语言认知能力的发展。只有当孩子的认知与语言能力发展达到一定的程度，他才能理解更复杂更深层次的幽默。比如，孩子听到某一句带有幽默性质的话语，他首先得经过自已的判断与分析，在他真正理解这句话的含义之后才会做出相应的反应。所以，**认知与语言能力的发展直接影响到孩子幽默的能力。**

②幽默的环境与氛围。

如果孩子在一个轻松愉快的环境与氛围生活，孩子的身心就会比较放松。当孩子身心放松，坦然面对周围环境的时候，他的幽默才能得到释放。另外，一个幽默的环境与氛围也会对孩子产生潜移默化的影响，养成孩子幽默的特性。

③轻松愉快的亲子关系。

研究表明，更多得到父母关爱的孩子长大后通常表现出较强的幽默感。幽默是快乐的，快乐则是幽默的源泉。孩子3岁前经历的一切，或许在他将来漫长的人生历程中会被逐渐淡忘，但是这一切带给他的影响却是终生的。

（3）在日常生活中发展孩子的幽默感。

研究表明，人的幽默感大约30％与生俱来，其余的70％则须靠后天培养。在育儿专家倡导下，许多美国父母甚至在婴儿刚出世6周便开始对其进行独特的“早期幽默感训练”。美国人之所以天性乐观幽默，并凭借他们的这一特点感染他们周围的每一个人，看来与这种独特的教养方式不无关系。

幽默并不完全依赖语言，它还涵盖了很多别的内容在里面。**幽默的本质是一种达观的人生态度。它首先发自内心，然后才可以通过行为、语言等外在的形式来体现。**

培养孩子的幽默感，最重要的就是要培养孩子乐观快乐的性格。父母不妨让孩子在日常生活中学会以不同的眼光来看待周围的事物，挖掘那些看起来很平常的事物中最有趣的一面。

①呵护孩子与生俱来的幽默感。

其实，孩子天生就有“幽默细胞”，只不过不同的家庭环境和生活阅历或者扼杀了孩子的幽默感，或者让孩子的幽默感得到发扬光大。所以成人后，有的人会比较幽默；另一些人则始终都很严肃。从几个月开始，孩子就以他的方式逗父母发笑，并且十分热衷于这种游戏；再大些，孩子的幽默更加丰富多彩，如果父母以孩子并不能理解的方式打压他的幽默感，那么孩子与生俱来的幽默感就会逐渐泯灭。

②积极回应孩子的幽默感。

幽默的表现形式多种多样，既可以是表情与动作，也可以是语言。幽默的发展依赖于语言，但并不完全取决于语言。研究表明，幽默感从孩子出生后第一个月便开始了，如：小孩子在父母逗弄下会呵呵地笑个不停；几个月大的孩子已经懂得在亲近的人面前通过“使坏”来逗你发笑；当你逗弄他时，他也能明确地分辨出你是在逗弄他，从而积极地与父母的幽默应和……随着孩子年龄的增长，孩子的幽默感日益增强。如果父母能更好地配合，对于孩子这些小小的幽默给予积极的回应，那么一个具有良好幽默特质的孩子就很容易培养出来了。

③积极营造幽默的氛围。

2 岁以后，孩子的语言表达能力飞速发展，他对语言的理解能力会有大幅度的提高。这个年龄段的孩子对身体语言依然兴趣浓厚，对语言与概念的不和谐性也会十分敏感。比如，看到孩子在吃棒棒糖，爸爸可以假装像个孩子一样往孩子身上赖：“嗯哼，我也要吃棒棒糖。”这个不像爸爸的爸爸一定会让孩子觉得十分有趣。随着孩子语言表达能力的提高，父母还可以通过经常给孩子讲一些幽默的小故事、小笑话来增强孩子的幽默感。

④给孩子更多体验幽默的机会。

不管孩子乖巧还是顽劣，作为父母都要以一个良好的姿态来面对，给孩子更多体验幽默的机会。尤其在孩子做错什么事情的时候，父母最好不要斥责孩子，这个时候给孩子来点小幽默，可能会获得意想不到的好效果。比如孩子正在不停地哭闹，妈妈不妨将孩子拥在怀里，然后以夸张的神态与语气对孩子说："嘘，快别哭了！你照照镜子看看，都快哭成小花猫了。"听到这样好玩的话，孩子一定破涕而笑。

⑤学会以童心诠释童心。

孩子的思维与成人的思维肯定大相径庭。我们认为有趣的事物，他们可能觉得索然寡味。因此，**父母不要以成人的眼光来衡量孩子的幽默。**与孩子说笑话或表演滑稽的动作时，要考虑孩子的年龄。只要孩子认为可笑的语言或动作，父母不妨也陪孩子一起尽情地开怀大笑一番。这样，孩子就很容易养成幽默、快乐的性格，并从中受益终生。

三

教孩子学会持之以恒地培养好习惯

教育的核心是学会做人，培养一个真正的人，即重在培养孩子的健康人格；培养孩子的健康人格，则需要从培养习惯开始。日本明治维新教育家福泽谕吉有一句名言："家庭是习惯的学校，父母是习惯的教师。"著名儿童心理学家林崇德教授指出："习惯是在生活过程和教育过程中形成与培养起来的。习惯的形成方式主要是靠简单的重复和有意识的练习。"在培养孩子良好习惯的过程中，要特别重视环境的作用，既要为孩子营造良好的物质和生活环境，同时也要为孩子营造良好的人文环境，使孩子在耳闻目染中，熏陶、体验，不断规范和调整自己的行为，从而在成长中逐渐养成一些良好的习惯。

采取科学的方法教孩子养成良好的习惯

几年前，当几十位诺贝尔奖得主聚会之时，记者问一位荣获诺贝尔奖的科学家：“请问您在哪所大学学到您认为最重要的东西？”这位科学家平静地说：“在幼儿园。”“在幼儿园学到什么？”“学到把自己的东西分一半给小伙伴；不是自己的东西不要拿；东西要放整齐；吃饭前要洗手；做错事要表示歉意；午饭后要休息；要仔细观察大自然。”

这位科学家出人意料的回答，直接明了地讲明了儿时养成良好习惯对人一生具有决定性意义。因此，家长要注重培养孩子良好的习惯。

（1）儿时养成良好习惯对人一生具有决定性意义

中国著名的教育家、儿童心理学家陈鹤琴说：**“人之动作十分之八九是习惯，而这种习惯有大部分是在幼年时养成的，所以在幼年时代，应该特别注意习惯的养成。但是习惯不是一律的，有好有坏。习惯养得好，终生受其福，习惯养得不好，则终生受其累。”**

孔子说：“少成若天性，习惯如自然。”意思就是小时候形成的良好行为习惯和天生的一样牢固。近代英国教育家洛克在其《教育漫话》中说道：“儿童不是用规则教育就可以教育好的，规则总是被他们忘掉。你觉得他们有什么必须做的事，你便应该利用一切时机，给他们一种不可缺少的练习，使它们在他们身上固定起来。这就使他们养成一种习惯，这种习惯一旦养成以后，便不用借助记忆，很容易地、很自然地发生作用了。”

孩子从小培养一些好的习惯，将会给他带来终生的无穷受益。古希腊哲学家亚里士多德早在公元前350年便宣称：“正是一些长期的好习惯加上临时的行动，才构成了美德。”俄罗斯教育家乌申斯基说：“好习惯是人在神经系统中存放的资本，这个资本会不断地增长，一个人毕生都可以享用它的利息。而坏习惯是道德上无法偿清的债务，这种债务能以不断增长的利息折磨人，使他最好的创举失败，并把他引到道德破产的地步。”记住：**播下一种心态，收获一种思想；播下一种思想，收获一种行为；播下一种行为，收获一种习惯；播下一种习惯，收获一种性格；播下一种性格，收获一种命运。**

怎样才能让孩子养成良好的习惯呢？良好的习惯要从小养成，中国有句古话“慎之于始”，就是这个意思。如婴儿初生的时候，假使大人不放他在床上而抱在怀里睡的话，不消一个星期，就会养成要睡在怀里的习惯。又如小孩子的大便，假使没有养成定时大便的习惯的话，将会影响他的身心健康。要养成这种定时大便的习惯必定要天天使他这样做，久而久之习惯便养成了。不过，在这种习惯没有养成之前，不能够有例外，即使大人在那时候有了别的事故，也不要忽略这种事情。还有一点尤其需要注意是教育的环境，一个好的习惯养成，父母是负有很大责任的，像父母的言行、暗示，对于儿女的习惯形成有极大的影响，因为父母与小孩在一起的时间长久，一举一动都很容易使小孩子模仿的，其他在小孩子周围的人，也要影响到小孩子的习惯。所以，环境的教育对于习惯的养成，是有密切关系的。

总之，习惯与人生有很重要的关系。我们必须培养小孩子有良好的习惯，不只是生理上的习惯，而且是心理上的习惯。要养成生理和心理上的习惯，不但要“慎在其始”，而且要“慎之于终”。有恒的继续下去，不要间断，同时必须注意到养成此种良好习惯的教育环境。

（2）培养孩子良好习惯的几个主要原则

①关键期原则。

孩子的发展是指身心的生长和变化。这种发展主要受遗传、环境、教育等因素的影响，孩子良好习惯的养成主要是后天教育的结果。关键期又称敏感期，是指个体在发展过程有一段特殊时期，其成熟程度最适宜于学习某种行为。**就习惯而言，幼儿期是培养孩子良好习惯的关键期。**从生理上讲，7

岁孩子的脑重约 1280 克，基本上已经接近于成人的脑重量（平均为 1400 克）；大脑皮层结构也日趋复杂化。神经纤维的髓鞘化也逐渐完成，这使得神经兴奋的传导更加精确、迅速。总之，幼儿期对习惯的培养来说，基本上已具备了生理基础。从心理上讲，进入幼儿期，游戏成为幼儿的主导活动。孩子不论是在探索未知、和伙伴玩耍、还是在初步参与社会实践的过程中，都需要伴随其行为，在行为中对幼儿来说都有无数个第一次。从行为习惯来说，首先建立适合孩子健康成长的条件，这是非常重要的。

②差异性原则。

每个人的遗传基因和后天的家庭、环境、教育都有所不同，这就造就了人与人之间个体差异的客观存在。具体来说，**人与人之间在气质类型、个性结构、认知风格、智力水平等方面均有差异，所以在孩子良好行为习惯培养过程中一定要关注个体的特点，不能使行为习惯的训练成为机械的固定模式。**

③一致性原则。

习惯的形成需要一定时间，不是一天两天就能形成的。在一个阶段内父母对孩子的要求和学校是否一致，家庭成员对孩子的要求是否一致，都会影响孩子良好习惯的形成。**因为孩子还缺乏判断力，成年人对他要求不一致，会让孩子不知该怎么做，难以形成良好的习惯。**

④整体性原则。

整体性原则一方面可以是人的心理过程的知、情、意、行的整体性。知可以看作为一种认识，情是情感，意是意志，行是行为。另一方面是从孩子生活、学习的整体性，也就是要把对孩子行为习惯的培养放在正常的生活中来进行。

(3) 培养孩子良好习惯的主要教育方式。

①潜移默化的榜样教育。

孩子最早接受的教育是对生活环境中接触最多的人的模仿。**模仿是孩子最早的学习方式，父母如何待人、如何做事、如何学习等行为，对孩子来说，就是一本没有字的生动教材。**所以父母的良好习惯是培养孩子良好习惯的主要前提，父母对人热情、诚恳、文明礼貌，孩子就不会对人冷漠、粗鲁；父母爱读书，经常看书，逛书店，孩子也会爱看书。

> 有位母亲平时说话声音很大，一次她女儿和她说话声音也特别大。母亲说：“跟我说话，嗓门为什么这样大。”女儿的回答是：“跟您学的。”一位刚上幼儿园小班的男孩，中午午睡时总把脱下的外衣叠得很整齐。当老师表扬他时，他说：“我妈妈每次睡觉时总把衣服一件件叠得很整齐，放在一边。”

可见，父母的言行在无形中构成了孩子学习的榜样，这就是无声胜有声。

②主动参与的体验教育。

孩子年龄小，很多道理不能理解，因此我们要在创设的情境和活动中让他亲自去体验。例如，要让孩子养成遵守规则的习惯，可以组织一些游戏，不遵守游戏规则就不能很好地玩，或者不能取胜，让孩子在玩的过程中体验遵守规则的重要性。又如，可以让不同年龄的孩子在一起玩，在这过程中，让大孩子学会帮助比他小的孩子，养成互相帮助、学会分享等良好的行为习惯。孩子只有在亲自参与中才能体验，而这种体验也会影响他的行为。

③目标明确的训练教育。

每个人的良好习惯，除了先天的无条件反射行为外，极大部分的行为均是后天习得的。所以，在孩子的生活、学习、做事中，根据各个年龄段的特点，父母对孩子进行必要的训练，也是孩子养成良好习惯所必需的。孩子一开始有不少行为是在成人的要求下才做的，如饭前洗手，不断地对孩子提出这个要求，孩子就会逐渐变被动为主动，最后使其行为变成自动，这样就形成了习惯。在训练过程中，父母对孩子良好行为的正强化非常重要，也就是说，当孩子按要求做时，父母一定要对他的行为进行表扬或奖励。这种强化会加速良好行为从被动转入主动再到自动，从而形成习惯的过程。

④日常生活中的细节教育。

生活、学习中看似很细节的行为，往往反映了一个人的想法或者理念。如微笑待人，看书、涂鸦时拿笔及看电视时正确的姿势，在公共场合不大声喧嚷，过马路看红绿灯、走斑马线，都是孩子日常生活中一些小事。父母如果能抓住身边的这些小事，就能让孩子自小养成良好的行为习惯。

总之，**培养孩子的良好习惯，要从今天做起，从我做起，从细节做起。**

找到合适的突破口培养孩子的好习惯

在培养孩子好习惯的时候，一定要注意循序渐进，不要着急，更不能一味地唠叨或者强制，而要想点儿聪明的办法。比如，有的父母使用激将法，有的父母使用体验法，有的父母使用比较法，等等。不管什么方法，重要的是这种方法是温和的，是能够真正引导孩子的精神和心灵的。

要找到合适的突破口，父母要注意下面几点：

(1) 充分了解孩子，要有针对性

这是寻找突破口最重要的一点。**正因为孩子千差万别，各有不同，因此，父母在寻找适合孩子的方法时，才需要考虑孩子的年龄、环境、心理特点、性格等。**这样，才能找到适合孩子的办法。只有适合的才是最好的。比如，有的孩子不爱洗手，不讲究卫生，父母怎么说可能都没有用。可是，这个孩子特别喜欢看科幻故事，这时父母就可以利用这个特点，帮孩子找一些和卫生知识有关的科幻故事，让孩子在满足需要的同时获得知识。

(2) 用孩子的特长作为突破点。

有个中学生，特别爱玩游戏机，曾经因为玩游戏而和父母吵过很多架。母亲吓得不敢回家，只要她一回家，孩子就逼着她给钱，不给钱儿子就要哭闹。后来，这位母亲在心理医生的帮助下，开始和儿子一起玩游戏，在玩的过程中悄悄引导孩子和高手比赛。当儿子有不懂的知识时，母亲为儿子买来电脑书籍。久而久之，儿子转了方向，游戏已经不是他的最爱，设计游戏程序反而成了他的爱

好。不仅如此，儿子还慢慢成为一个电脑软件高手。

因此，父母要寻找突破口，就要仔细观察一下，孩子的热点是什么？兴奋点在哪里？

（3）父母一定要放下架子

引导孩子的关键，在于父母和孩子心灵上的平等。如果父母一直摆出教育孩子的姿势，即使你找到了突破口，也无济于事。因为在孩子看来，你还是要教训他，要把他这样或那样。因此，**父母要先放下架子，不妨和孩子一起做一些他喜欢的事情。**在做的过程中，默默引导孩子。父母可以把自己的教育意图隐藏起来，让孩子在不知不觉中受教育。如果父母告诉孩子："我知道你的突破口在哪里了，今后我们要改变办法，要这样做……"那么，你的教育就如同白开水，无滋无味，而孩子还会在心中生出些敌意和警觉来。

（4）把引导和训练结合起来

习惯培养毕竟是具体行为的体现，因此，的确需要父母对孩子进行必要的训练和强制。在一定时期，光引导孩子是不够的，看到孩子出现某些不良行为习惯时，还是要及时进行强制改正。父母要把这两种方法结合起来进行，必要的强化训练不能少，巧妙的引导教育也很需要。

教孩子及早下决心改变不良的行为习惯

由于父母的疏忽，有的孩子在社会、学校等不良环境的影响下，容易沾染一些不良的行为习惯。例如：在学习方面，厌学、旷课、逃学；在日常生活方面，偏食、挑食、吃零食、说谎、顶撞父母、不讲卫生、爱睡懒觉、作息无规律等等。

这些不良的行为习惯一旦养成，积习较深，纠正起来就很困难，轻者影响身心健康；重的会失足堕落，危害社会。因此，**家长一定要教孩子及早下决心改变不良的行为习惯，培养良好的行为习惯。**具体说，至少注意以下几点：

(1) 提醒孩子慎重结交朋友

交友不慎，受到不良伙伴的影响、唆使，以及黄色书刊、音像制品、网络的毒害，是青少年养成不良行为的重要社会环境因素。对此，家长应该予以高度重视，一定要教孩子慎重结交朋友——应交哪些朋友，不应交哪些朋友，一定要认真辨别，慎重选择。

(2) 教孩子培养正确的生活态度

社会实践证明，凡文化素质低，缺乏正确的价值观和人生观，生活态度不严肃，以吃吃喝喝为乐趣，以哥们义气、打架斗殴为荣的青少年，都极易沾染不良习气。因此，家长一定要教孩子培养正确的生活态度。

(3) 教孩子防微杜渐

“冰冻三尺，非一日之寒。”不好的行为习惯往往不是一朝一夕形成的，而是潜移默化的、日积月累逐渐养成的。因此，平时要经常提醒自己，事事认真，处处严谨，坚持高标准、严要求，从一点一滴做起，有意识地改掉坏毛病，养成好习惯。

(4) 教孩子加强意志力的锻炼

人往往有较大惰性，要养成良好的行为习惯，必须有决心、有恒心、有毅力，坚持与惰性作斗争。而坚强的意志是靠刻苦磨炼、培养而来的。特别是对于有不好行为习惯的孩子，更应培养他“明知山有虎，偏向虎山行”的精神和勇气，通过顽强的意志与恶习作坚决的斗争。例如，对于染上吸烟不良嗜好的孩子，凭一般决心戒烟并非容易，必须有高度、坚强的意志和毅力才能改掉恶习。再如，养成早起锻炼的好习惯，也须靠坚强意志，如果对自己稍一放松和迁就，就会“三天打鱼，两天晒网”，良好习惯就难以养成。

(5) 帮助孩子制订切实可行的制度

帮助孩子订立制度，有章可循，便于对照落实，严格遵守，好的行为习惯就容易养成。若无制度，无约法三章，孩子的日常行为就容易陷入盲目性。

帮助孩子培养认真仔细的良好习惯

儿童时期是人格形成的基础阶段，对于儿童教育的目标，西方家长认为是“快乐”，以中国为代表的东方家长认为是“成功”。受这种因素的影响，人们往往将升学率视为衡量学校教育质量的唯一标准，为了追求升学率，教师往往偏重于知识的传授，忽视培养学生多方面的能力和智力，压抑了学生的个性，影响了学生身心和谐发展，导致一些学生学习压力过大，造成注意力不集中，而“粗心”是不少学生，特别是低中年级学生在学习上的“常见病”。

常听到家长说这样的话：“我的孩子太粗心，每次数学考试就是计算题过不了关，应用题总是读题或审题不清。”长期以来，由于孩子年龄小，心智发育不健全，学习、生活中经常有粗心的现象，家长和老师都很头疼。粗心大意属于非智力因素的范畴。非智力因素一般指孩子的兴趣、注意、情感、动机和意志等，表现在小学生身上差异很大。一个人的成功，更需要有超越常人的非智力因素。**教育家赞可夫说：“教学法一旦触及学生的情绪和意志领域，触及学生的精神需要，这种教学法就能发挥高效作用。”**

在某种程度上，造成孩子们“粗心”的一个原因，是有些家长重智力开发、轻习惯养成的教育所致。家长不注重培养孩子的责任心，在独立面对问题时常会出现不知所措或浅尝辄止，使孩子缺乏一种良好的行为习惯。

帮助孩子矫治粗心的行为，不仅可以培养孩子良好的学习习惯，而且也能发展孩子的思维方式，改善他的心理品质。因此，**从低年级开始，就应培养孩子认真仔细的习惯，多渠道、多方位地帮助他克服粗心问题。**具体要注意如下几点：

（1）首先，要教孩子养成认真仔细的习惯

要让孩子懂得，世界做什么事都要讲认真，要细心耐心。比如做作业时，字要写得端端正正；题目要仔仔细细看，问题要认认真真想；做作业先不能讲速度讲数量，而是先要讲效果讲质量。不能把作业看成是老师加给自己的，“要我做”，我不得不去完成。要把作业当巩固知识培养自己能力的重要手段，“我要做”。有了自觉的认真的态度，仔细的习惯就会很快养成，“粗心”的错误很快就会改掉。有的孩子说：“想是这样想了，但做的时候却又糊里糊涂了。”这是因为不严格要求自己的结果。**要告诫孩子，万事起头难，下决心，做一个良好的开端吧。**

（2）其次，要培养孩子自我教育的能力

父母和老师对孩子的帮助教育不可能是终生的，人长大后，总要离开自己的父母和老师的。所以从小培养孩子自我教育的能力是非常必要的。第一步是要教孩子学会了解自己；第二步是指导他定出方向；第三步要教他进行自我检查。另外，还要教孩子学会每次作业和测验考试以后，回过头去认认真真进行检查，看看有没有错误和遗漏的地方。检查可以用多种方式。如果时间允许，那么，就从头到尾或从尾到头仔细检查一遍，以便及时改正错误和补足遗漏之处。如果时间不够，可以进行重点检查自己最容易疏忽和经常做错的地方。这些对培养孩子认真仔细的好习惯都是很有帮助的。

（3）教孩子设计好方案之后再动手去做

接到一项任务后，很多孩子往往习惯于立即动手去做，遇到困难才会停下来想一想，此时却发现已经做过的却并不需要。为了避免陷于这种被动局面，要教孩子学会先想后做，就是要先想想要做什么，需要什么，应该怎么做，设计好方案之后再动手去做。比如，晚上做完作业整理书包，应该先想想明天需要用到哪些东西，再考虑怎么放置比较合适，然后再装书包。而不是拿着书包见到什么装什么——这样很容易造成物品的丢失或损坏。

（4）教孩子通过检查避免错误

认真检查是做好事情的关键环节。有时，孩子为了追求速度往往会忽略这一步，从而发生了一些本可以避免的错误。比如，做数学题目时，可以教他抄完一组数字立即对照一遍，以免抄错。除了每一步都检查以外，整个题目完成后也应该检查一遍，看看有没有遗漏的地方，这样做是否恰当，确认无误后方可放心，从而养成做事认真的良好习惯。

（5）让孩子准备一本错题集

为了教孩子了解哪些地方最容易疏忽，哪些地方经常做错，以便找到规律，就要把每次作业、测验、考试中做错的地方，统统登记下来，并做订正。这样坚持不懈，定期查看整理，一方面，孩子可以摸到规律，根据规律进行练习，改正缺点；另一方面，也容易养成严格要求自己、一丝不苟的好习惯。

教孩子养成爱劳动和经常参加劳动的习惯

所谓劳动习惯，就是习惯于劳动，适应于劳动，能自觉自愿地劳动，甚至把劳动当作生活的需要。**有良好的劳动习惯的人，不管从事什么样的工作，不管在什么情况下，都有一股奋斗不息的热情，有勤勤恳恳地埋头苦干的作风，有不畏艰苦，奋发向上的精神，因而更容易取得杰出的成就。**为了教孩子养成经常参加劳动的习惯，可参考如下建议：

（1）了解青少年应该经常参加的劳动

青少年要经常参加一些必要的劳动，也就是要培养良好的劳动习惯。

①家务劳动。

家务劳动与自我服务劳动在不少项目上是交叉的。在家庭这个小的组合中，每个人既要为自己服务，又要为这个小集体服务。所以，家务劳动也包含着自我服务的因素。反过来讲，每个人做好自我服务，家务劳动也就基本完成了，二者相辅相成。可以说家务劳动是扩大范围的自我服务劳动。如：房间整理、厨房的设置与卫生、洗刷灶具与餐具、摘菜、洗菜、买菜、淘米、使用炉具、烧开水、做简单的饭菜等。

家务劳动重在适应家庭生活的需要，培养孩子独立生活的能力，为以后从事更复杂的社会劳动打下了基础。

②公益劳动。

公益劳动是直接服务于社会公益事业的无偿劳动，是对青少年进行教育的有力手段。公益劳动与服务性劳动、生产劳动是相互交叉的，一个是从有无报酬命名的，一个是从劳动性质命名的。如修补图书，为个人修补图书的就属于自我服务劳动，无偿为学校图书馆修补图书就属于公益劳动。学生公益劳动的内容，如擦黑板、扫地、擦玻璃、抹桌椅、开关门窗、绿化校园、美化环境、做公益活动的志愿者等。

通过公益劳动，培养一个人热爱人民、热爱集体、爱护公物、助人为乐等优良品质，它有其他劳动所难以取代的特殊意义。

③教孩子掌握一些生产劳动技能。

简单的生产劳动，主要包括对部分生产工具的认识和使用，以及工艺制作方面的内容，农业种植和饲养，以及最基本的工业生产方面的内容。

青少年应该学会一部分工业方面的项目，如认识常用的木工、金工、电工工具，懂得这些工具的用途和维护方法，会使用这些工具维修课桌椅，修理和制作小玩具、简易的教具等。

工艺制作属于生产劳动的范畴，从造型艺术的角度，又属于美术课的内容。在劳动课上可以利用美术课学过的知识，进行如折纸、剪纸、泥塑、缝纫、纺织或利用废旧材料制作简单的工艺品等。从事这方面的劳动，可以培养勇于实践，勇于创新的精神，培养孩子热爱劳动、热爱科学的精神，手脑并用，发展智力和能力。

(2) 教孩子树立正确的劳动态度

为了培养孩子良好的劳动习惯，首先必须要教孩子树立正确的劳动态度。

那么什么是正确的劳动态度呢？正确的劳动态度应该是自觉自愿地参加劳动，不用别人督促，更不用强迫，满腔热忱地努力完成本职工作；在劳动中，勇于克服困难，充分发挥自己的主观能动性，不分分内分外，任劳任怨，不计较个人的得失。它不仅包括对劳动——体力劳动和脑力劳动的热爱及劳动人民的热爱，包括劳动中主人翁的责任感和无私的献身精神，而且包括高度的劳动纪律性。

对于每个孩子来说，都面临着树立正确劳动态度的问题，这对孩子的健康成长至关重要。**只有热爱劳动，树立了正确的劳动态度，才有助于孩子提高思想道德素质、科学文化素质、劳动技能素质和身体心理素质。**

为了帮助孩子树立正确的劳动态度，应该从以下几个方面加以教育和

引导。

①教孩子热爱劳动和劳动人民。

现代人应该把把热爱劳动，热爱劳动人民看做是整个社会的美德。要教孩子把那些好逸恶劳、不劳而获、投机取巧、损人利已的人视为“社会的寄生虫”、“社会渣滓”；而对那些自觉地为社会，为人类的幸福而忘我献身的劳动者，予以极高的荣誉与评价。

②培养孩子忘我的劳动精神。

一个人生存的价值是看他给别人和社会创造的价值，而不是看他从社会上索取了什么。要让孩子懂得，古今中外有所成就的人，获得劳动硕果的人无不具有忘我的劳动精神。

李时珍为了人们的健康，踏遍千山万水，每次采集草药、尝试草药时都可能遭到不测；为了研制炸药，诺贝尔多少次几乎被炸死……

在我们的社会里，评价一个人的思想品德崇高与否，不是看他的能力，也不是看他的职位，而是看他是否具有为公共利益而忘我劳动的精神。一个人有了这种精神，在劳动中才有自觉性，积极性，才可能作出更大的贡献和成绩。

③培养孩子创造性的劳动态度。

我们现在享有的一切物质文明和精神文明都是历代人前赴后继，不断通过辛勤劳动换来的结果。历史赋予我们的使命不是在前人栽种的大树下乘凉，而要继续探索奋斗，超过前人，为自己和后代创造更高度的物质文明和精神文明。

在劳动实践中若要发挥创造性，就必须下一番苦干和巧干的功夫。苦干和巧干，是相互联系、相互促进的两个方面。苦干是巧干的基础，如果没有演算几尺厚的纸，陈景润不可能在“哥德巴赫猜想”上获得巨大的成就。当然，有勇无谋，只讲苦干不讲巧干也是不行的。

无论干什么，都要教孩子不怕困难；在平时，要努力提高科学文化知识水平，敢想敢干，刻苦钻研，才能真正地做到有所创造。孩子有了爱劳动的好习惯，就为做到这一切奠定了良好的基础。

（3）培养孩子爱劳动的习惯

要把培养孩子爱劳动的习惯作为促进孩子全面发展的一种重要手段。让孩子从小就“自己能做的事情自己做”，这样才能增强他动手做事、克服困难的能力和信心；有助于培养他的独立意识。**随着孩子年龄的增长，还应培养他为大家做事的良好意识，这样可以促使孩子骨骼、肌肉、神经系统及各部分器官都得到锻炼，同时培养他良好的社会公德。**

那么，家长怎样培养孩子爱劳动的习惯呢？

①培养孩子劳动的兴趣。根据孩子好动、好模仿的特点，培养劳动观念。他们常常喜欢为爸爸妈妈做一些小事，在得到表扬后显得异常兴奋，家长应加以鼓励，使孩子感到自己做得对，高兴地坚持下去，由无意识的模仿动作变成有意识的自觉行为。**家长一定要耐心鼓励和帮助孩子独立做这些事，切莫为图省事而包办代替，使孩子对劳动产生愉快的情绪体验。**

②让孩子量力而行。要根据孩子的年龄特点，为他安排力所能及的劳动内容和时间。如让三四岁的孩子学会照料自己的生活，自己吃饭、漱口、洗脸、穿脱衣服等；让五六岁的孩子学做一些简单的家务劳动，如擦桌椅、扫地、洗手帕等；让七八岁的孩子参加一些社会公益劳动，如打扫环境卫生等等。孩子劳动的时间不宜过长，一般每次在20分钟以内。

③教会孩子一些简单的劳动知识和技能。孩子开始学习劳动时，家长必须言传身教，一步步给孩子做示范，手把手地教，以后再逐步让他自己干。并要注意安全、卫生，防止伤害事故的发生。

④经常鼓励和表扬。对孩子的劳动成果，家长应及时地表扬和鼓励，还要鼓励孩子不怕困难，敢于实践，动脑筋想办法，使劳动进行得又快又好。

孩子的劳动与成人不同，不应以他们为社会创造物质财富为目的，而是为了培养他们良好的行为习惯。

在生活中培养孩子俭朴节约的好习惯

古人说：“勤以立志，俭可养德。”《左传》中说：“俭，德之共也；侈，恶之大也。”这就是说，俭是道德要求，是道德根本，侈是万恶之首，是万恶之源。勤俭朴素是中华民族的优良传统。然而，随着生活水平日益提高，有些现代年轻人根本不知“俭朴”为何物，若是一提“勤俭朴素”，他们就会皱起眉头，甚至不屑一顾。**其实，不论是从国家角度，还是从青少年个人成长的角度，勤俭朴素的生活习惯都是必要的，值得大讲特讲。**

教子节俭是我们中华民族的优良传统。改革开放以来，人们的生活水平普遍有了较大提高，由此，有些年轻父母就忽视了“教子节俭”的传家宝。对子女娇生惯养，百依百顺，有求必应，也从不考虑这些要求是否合理。有些家庭目前经济尚不太富裕，也硬着头皮跟着潮流走，人家孩子买什么、穿什么、吃什么，也尽量照样满足孩子要求，不是设法去进行引导、指点，加以纠正，而是盲目任奢侈思想滋长、蔓延和发展。

不可否认，父母手头钱多了，让孩子吃好点，穿美点，玩得痛快点，这是理所当然、无可非议的；但对孩子的过高要求，要啥给啥，溺爱有加，这就不利孩子健康成长。因为，孩子年龄小，尚不懂得父母挣钱是不容易的。从小衣来伸手，饭来开口，不思进取，缺乏理想和向往，则不利今后走上社会。因此，**作为家长要重视教子节俭，从小就培养和教育孩子有强烈的求知欲，坚强的事业心和无私奉献、节俭为荣的美德。**

为了培养孩子勤俭节约的习惯，父母们可以参考以下的建议。

（1）充分认识到培养孩子勤俭节约的意识是塑造良好品德的开端

美学大师朱光潜曾经说过：“有钱难买幼时贫。”这并不是让孩子去过“苦行僧”的生活，而是为孩子创造俭朴的家庭环境，让孩子继承中华民族的俭朴美德。

（2）让孩子从小事做起，养成节约的习惯

首先，要在生活细节上养成节约的习惯，比如爱惜粮食、人走灯灭、一水多用、爱护衣物等；其次，在使用学习用品上要讲节约，不要因为写错一两个字就撕掉一大张纸，不要老是碰断铅笔芯等。

（3）适当对孩子进行金钱与消费的教育

在家庭教育中，要不要对孩子进行金钱和消费的教育，家长的看法各不相同。

有部分家长是反对进行这类教育的。中国传统教育明确主张：“君子喻于义，小人喻于利。”追逐名利是小人行为，让孩子小小年纪接触金钱，学习理财，会染一身铜臭，孩子哪里还有心思学习呢？所以，虽然家长为孩子买吃买穿，给缴学费、培训费，花钱游乐，买保险等，日常生活经济生活无处不在，但家长不让孩子知道这一切。

有的家长认为，要培养孩子勤俭节约的良好品质，小小年纪就让孩子接触金钱、消费，会染上好吃懒做、浪费等坏习气。他们觉得孩子不懂花钱才好。

也有家长直截了当地教育孩子，有钱如何如何好，放手让孩子花钱。他们认为，孩子养成了高消费的习惯，长大了就会想方法设法去赚大钱。

看法和做法尽管不同，但是，家长已经用自己的言行对孩子进行金钱与消费方面的教育，只是他们的观念不同，因而教育的方法和所取得的效果也就不同。

其实，要不要对孩子进行金钱与消费的启蒙教育，并不难回答。当前，我国正提倡和推行素质教育，其中一项基本内容是：学会生存。孩子要学会

生存，就是学会在现代社会中生存，对孩子进行金钱和消费教育的必要性是不言而喻的。关键是教什么、怎么教，也即教育的科学性问题。

对孩子的金钱与消费教育应在日常生活中进行，让孩子通过感受切实可见的生活细节接受教育。幼儿期的金钱与消费启蒙教育的重点在观念教育，以及最初级的消费行为指导。

（4）让孩子初步懂得金钱的作用和合理的消费

钱与购物之间的关系，在认识钱币的过程中，孩子已经明白。正确地说，钱的作用在于通过购物、缴费等活动达到其他目的，如购买吃穿物品，使人得以生存；用钱缴学费，让孩子能受到一定的教育，而得以发展；花钱娱乐，能让我们在体育、休闲中使身体能够健康发展；通过捐款助人而得到精神上的满足。

我们自然不能奢望幼儿完全理解金钱的作用，但在孩子认识金钱的时候，要注意让孩子树立起“钱是有用的，但钱也不是万能的”意识。这是教给孩子如何选择、如何做出正确决定的依据。

让孩子在实际生活中，初步懂得合理的消费，并学习选择。如外出要乘车时，可和孩子商量选择途中风景较好的一段路下车，徒步前往。途中一边欣赏风景，认识各种花草树木，一边说说唱唱，或玩玩成语接龙，说反义词等游戏，让孩子体会徒步前往的乐趣。事后再与孩子算笔账，通过步行，少坐了一段路的车，省了多少车钱，可以转做什么用途。同样，改去儿童游乐场为去野外爬山；改去肯德基吃饭为买点烤白薯，改去影院为去公园……尽量让孩子明白，日常生活离不开金钱；但生活中的许多乐趣，并不是用金钱都能换来的。

（5）应该让孩子了解家庭收入和支出

一部分家长、特别是独生子女的家长，常常在家庭经济紧张的情况下，千方百计地满足孩子的各种消费需求，造成家庭经济紧张。

让孩子了解家庭的收支情况，理解家长在开销上的节省和限制，有助于孩子树立良好的理财观念，还有助于孩子克服攀比心理和乱花钱的毛病。

（6）树立“适度消费”的观念

家庭条件较好的孩子，也需树立节俭观念，不可超前消费。要使孩子认识到，自己还没有真正通过劳动为社会、为家庭创造财富，衣食住行和接受教育要靠父母和国家承担，所以没有理由在生活消费上提出过高的要求。

父母要有正确的消费观念、消费行为，引导孩子不攀比，不追求时髦，不追名牌。

有一些孩子喜欢用父母的劳动所得大方地“献爱心”、“帮助别人”，这是不值得提倡的。应当教育孩子：靠自己的力量帮助别人才有意义。

让孩子知道帮助别人的方式有多种多样，可以是物质的、也可以是精神的，在自己还没有创造财富、不能以金钱来帮助别人时，可以选择其他的帮助方式。

对于孩子的不适当要求，家长要敢于说“不”。

（7）在孩子的零花钱这种“小事”上也不能疏于管理

父母有必要教育孩子从小养成勤俭朴素、自立自强的好品格。金钱买不来成绩，换不来成功，养不成孝子，做父母的一定要教会孩子花应该花的钱，绝不能花不该花的钱。

我们有些家长缺少这样的理念，他们尽管自己经济不富有，但对孩子却大把给零用钱，且不去问这些钱的用途。殊不知，这恰恰是害了孩子，要教会孩子如何用好零用钱，告诉孩子少把零用钱花在吃、喝、玩、乐上，并告诉他这笔钱可以用在什么地方，最好用在哪些方面，使零用钱用得其所，发挥它的最好效益。比如，可以引导孩子把零用钱用在购买学习用品、图书资料上，或者用在集邮或养花、养草上。还可以引导孩子把部分零用钱用在捐助给灾区人民等有益的活动上，以培养孩子社会责任感和良好的品行，使孩子既开阔了视野，又陶冶了性情。

父母要结合对孩子使用零用钱的教育，培养孩子初步的自我管理钱财的能力。零用钱对大人来说虽然不多，但对孩子来说可能是一笔可观的财富。因此教育孩子用好零用钱的同时，也要培养孩子以后的理财能力，教会孩子有计划，有选择地花钱。

总之，父母在孩子的零花钱这种“小事”上千万不能疏于管理，放任自流。否则，不利于孩子的健康成长，甚至可能会铸成难以挽回的大错。

（8）允许孩子在一定条件下自己计划花钱

单纯限制不是解决孩子乱花钱的好办法。对于初中以上的孩子，家长可以考虑在家庭经济条件允许的范围内，由孩子掌握自己的日常开支，这有助于帮助孩子学会计划花钱。

在指导孩子自主消费的过程中，家长可以给孩子提出建议：量入为出，避免攀比；学会计划，适当存款；比较价格，科学购物；明智选择，自我保护。

（9）让孩子以生活的强者为榜样

科学巨匠爱因斯坦认为：“每一件财产都是一块绊脚石。”他的一生是勤俭朴素的一生。有个朋友见爱因斯坦总是穿着旧大衣，就劝他添件新的。爱因斯坦说：“这有什么关系？反正纽约谁也不认识我。”爱因斯坦成名后，仍穿那件旧大衣，那位朋友又劝他添件新大衣，爱因斯坦又说：“何必呢？反正这儿谁都认识我了。”正是爱因斯坦这种一心扑在科学上、从不讲究吃穿的精神，才使他成为伟大的科学家。

青少年正处在长知识阶段，更需要把吃穿放在很轻的位置上，像爱因斯坦那样，养成勤俭朴素的生活习惯，一心扑在学习上，才能够掌握好立足社会所需要的科学文化知识，从而在竞争日益激烈的社会中立于不败之地。

教孩子正确对待错误，养成自我反省的习惯

《论语》中说：“君子的过错就像日食月食一样：有过错时，人人都看得见；改正的时候，人人都仰望着。”正所谓“瑕不掩瑜”，日食月食，太阳月亮暂时好像被黑影遮住了一样，但最终却掩不了太阳月亮的光辉。一个人的过错也是同样的道理。有过错时，就像日食月食，暂时有污点，有阴影；一旦承认错误并改正错误，你原本的人格光辉又焕发了出来，仍然不失为君子的风度。

孔子曰：“吾日三省吾身。为人谋而不忠乎？与朋交而不信乎？师传而不习乎？”意思是：我每天都要反省，为人做事是不是忠实？与朋友交往是不是讲信用？老师传授我的学业是不是复习了？**一个人通过自省，进行自责，能够及时检查并发现自己的每一个细小过失，进一步有目的地严格要求和提高自己，防微杜渐，不断鞭策自己前进。**

一般来说，能够时时反省自己的人，是非常了解自己的人。他们会时时考虑：我到底有多少力量？我能干些什么事？我的缺点在哪里？我有没有做错什么？……这样一来，他们能够轻而易举地找出自己的优点和缺点，为以后采取正确得体的行动打下良好的基础。

我们每个人都要经常跳出自身反省自己，一再地检视自己的内心，这样才能真正了解自己。古今中外许多伟人和智者，就是通过反省来战胜自己内在的敌人，打扫自己思想灵魂深处的污垢尘埃，减轻精神痛苦，从而净化自己的精神境界。

自我反省是青少年健康成长的一个秘诀。学会了自我反省的孩子，就等于掌握了自我完善和健康成长的秘方。在生活中，家长该怎样来培养孩子自

我反省的习惯呢？

（1）教孩子学会接受批评

一位法国心理学家通过一项专题研究证实，那些难以接受批评的孩子长大后，大多会对批评持“避而远之”或干脆“拒之门外”的态度。因此，家长应该教孩子从小学会接受批评，这不仅能够塑造孩子完整的人格，而且可以帮助他在其他方面取得成功。

要提醒孩子，在接受他人批评的时候要认真倾听，要持有平和的心态，有则改之，无则加勉。

（2）教孩子学会总结经验教训

总结经验教训事实上就是对自我行为的一种反省。例如，一个孩子用打架来解决与同学之间的矛盾，如果他在打架上吃了亏，他会想：“上次我感到生气的时候，是用打架来表达我的愤怒的，结果我被别人打了。那么下次发生这样的情况时，我该怎么办呢？我不用打架可以吗？是不是有更好的解决方法呢？”

当我们直接感受到行动与结果之间有某种关系后，我们往往会先想一想再采取行动。我们可能会对自己的行为有一个预先的评价，看是否会出现自己所预料的结果。如果结果正如你所想的，那么你会继续这么做。如果结果与你想的不一样，你就会总结经验教训，调整自己的想法。

如果孩子学会了经常总结经验和教训，他就已经学会自觉地进行反省，这对他的人生会有很大的帮助。

（3）教孩子预见事物的后果

古人强调做事情要三思而后行。要提醒孩子，做一件事情的时候，不能凭一时冲动，根本就不考虑后果。通过这种预见做事后果的过程，孩子就学会反省自己的行为了。

（4）让孩子自己承担做错事的后果

孩子做错了事让父母承担后果，这种行为是非常不对的。这不仅会让孩子失去了责任心，更使自己不会反省自己的错误，从而一而再、再而三地犯相同的错误。因此，为了培养孩子的好习惯，要让孩子自己来承担做错事的后果。

（5）教孩子通过反省不断地突破自我的局限

反省是认识自我、发展自我、完善自我和实现自我价值的最佳方法。家长不妨教孩子在每天结束时好好问问自己下面的问题：今天我到底学到些什么？我有什么样的改进？我是否对所做的一切感到满意？

如果孩子每天都能改进自己的能力并且过得很快乐，必然能够促使自己不断进步，直至获得理想而丰富的人生。

教孩子养成每天坚持写日记的习惯

日记，就是把自己每天所做的事情以及所见、所闻，或对这些事情的感受都逐日真实地记录下来。记日记可以帮助人们记忆，积累素材，培养思维能力，练习和提高文字水平。日记内容丰富、形式不拘，生动活泼。

古今中外都有人认真记日记的习惯。正因为日记是真实的记录，因此往往具有珍贵的史料价值，特别是重要人物的日记。例如中国清末的《张謇日记》、法西斯意大利的《齐亚诺日记》、纳粹德国的《戈培尔日记》、美国的《福莱斯特尔日记》等等，都是非常珍贵的史料。

不要以为写日记是一件很简单容易之事。世界上万事万物，包括我们人的本身，时刻都在运动着，变化着。在一千天中，从来没有两天的活动是完全一样的。即使同一天，一千个人去观察它，记下来会成为一千则互不相同的日记。这是因为每一个人的经历、性格、爱好、文化程度、认识水平各不相同。

大家对同一件事情，可以有不同的、甚至截然相反的感触，用文学表达出来自然会各有千秋。日记是生活的白描、文学的速写。**每天写日记，就是每天训练自己观察事物形象的本领，也是训练孩子能够随心所欲地状物抒情的本领，使他的大脑经常处在开动之中。**一天、两天、一月、两月地记日记，可能感觉不到它有什么好处，但十个月、八个月，甚至三年五年地记，一个人便会明显地看到它的好处了。它会使孩子养成敏于观察、善于动脑、勤于动笔等各种良好习惯，并且会把写作当作一种乐趣。

> 作家同日记的关系十分密切。在中外文学史上，不少作家都勤于日记。作家的日记，可以成为他的素材仓库，成为他的记事簿，可以构成他的历史，成为他经验的总结，智慧的结晶。鲁迅、郭沫若给我们留下了不少日记；文学家阿英（钱杏邨）生前留下了他在新四军时期用蝇头小楷工整地记录下来的《敌后日记》；长篇小说《昨天的战争》的作者孟伟哉，1951 年赴朝鲜前线，在团政治部工作时，坚持每天写日记，把日常见闻和感受，详细地记载在日记里，为他以后的创作做了充分的准备。他在一封信中说过：“写日记的结果，一是锻炼了我的语言、文字表达能力；二是锻炼了我的观察能力和习惯；三是丰富了我的语汇；四是养成了我拿起笔就写的习惯（写后再改）。我参加革命时，是一个小学毕业生，文字能力很差，写了几年日记后（现在亦还断断续续地写），自己也觉得在语言文字的运用上有点儿进步。我确实亲自尝到了写日记的甜头。写日记，对我搞文学创作极有益处。”这些话，可能会对广大青少年有所启发。

日记是自己生活的纪实。把自己每天所遇、所见、所闻、所做都记下来，实际上等于为进行文艺创作积累材料。用这些材料，将来可以加工成各种体裁的文艺作品。还可以用日记体裁写小说、散文，也可以写报告文学、诗歌。

> 如果我们涉猎一下中外文学作品，便会看到，鲁迅的《狂人日记》、列夫·托尔斯泰的《疏森》、马克·吐温的《夏娃日记》、郭沫若的《苏联纪行》、茅盾的《腐蚀》、蒋子龙的《一个工厂秘书的日记》等等，采用的都是日记体。用日记体裁进行文艺创作有不少好处。拿写小说来说，采用日记体格式，有利于直接刻画人物的心理活动。采用第一人称的写法，还便于抒发“我”的真情实感，使读者受到强烈的精神感染。

列·托尔斯泰是俄国文学家，他的作品在世界各国广为流传。列宁称赞他的小说是“俄国革命的镜子”，给予了他很高的评价。列·托尔斯泰的小说为什么写得那么好呢？原因是多方面的。他坚持写日记，是其中一个重要的因素。从19岁到82岁逝世，除中间间断了一段以外，托尔斯泰写了51年的日记。每天深夜，临睡前，他总是以写日记结束一天的生活。日记，是托尔斯泰积累素材、训练语言的有效工具。

写日记，不只是对文学家有益，就是对中小学生提高写作水平，也大有好处。老教育家叶圣陶主张：“从小学高年级起，就使学生养成写日记的习惯。”他认为，写日记可以培养“实事求是说老实话”的文风，是提高写作能力的好办法。因此，最好教孩子从小就养成记日记的习惯。

家长可提醒孩子，由于日记是留给自己看的，也是记录自己的经历、思想感情的，一般不给别人看，所以不必追求文字生动活泼、形象感人。它只根据个人的需要，写什么、不写什么，什么多写，什么少写，怎么写才便于自己理解、记忆，这些都由自己决定。

很多孩子写日记最头疼的是没事可写。有的孩子可能会说：“今天我什么事也没做呀！就是上课、回家、做作业、玩，有什么可写的？”

要让孩子认识到，日记内容从哪里来的呢？日记的内容就在我们的生活中。**生活就像万花筒，五彩缤纷；生活就像海边的贝壳，五光十色，千姿百态，只要他稍加留心，就会发现它的，随手捡来就是很好的日记材料。**

（1）日记材料在学习生活中

学习是广大青少年生活中很重要的部分。**在学习中有乐趣、苦恼和困难，有成功和失败，这些都是很好的日记材料。**

孩子的学习科目不少，那里面有很多营养，有很多使孩子感兴趣的事。比如，家长可以引导孩子想一想：

①在学习中，你在思想上受到什么教育？学习了英雄人物和革命领袖的一些故事，一定使你受到感染和教育，使你懂得很多道理；你学到了哪些新知识？提高了什么能力？老师在课上讲授很多各方面知识，当你学到一些历

史知识时你有哪些想法？当你学地理知识，了解到祖国的山脉河川，物产资源，你产生了什么感情？体育课、手工课都掌握了哪些技能技巧？在各种课上你们动脑、动手、动口的能力有哪些新的提高？所有这些，都会有很多体会和收获，这就是写日记的内容。

②在学习中，你遇到了哪些困难？你是怎样克服的？在克服学习中的困难时，你一定有不少办法，或者得到了老师、家长、同学的指点，而悟出了很多道理，这些也可以写进日记。

③在学习中，你的学习态度怎样？你是怎样认真地对待作业的？对你喜欢的科目或不喜欢的课，你是怎样学的？这当中一定有体会，有教训，有新的认识。在学习中你经常和同学讨论些什么问题？讨论的结果怎样？在这当中你一定受到了启发。

总之，以上各方面都有很多内容可写，都有心里话可说，都有经验、教训可总结。

(2) 日记材料在课外活动中

孩子的课外生活是丰富多彩的。他平时所参加的各种活动，如家庭、或个人搞的活动，都有很精彩的镜头，有意思的场面，每项活动各有特色。活动的形式多种多样，规模大小各异，给孩子的启迪也不尽相同。课外他接触的生活面是广阔的：参观游览、书报影视、游戏娱乐、体育卫生、科技常识、探亲访友、制作绘画、家庭琐事……都有丰富的内容，有待他去挖掘，去发现，这样还愁日记没的可写吗？

(3) 日记的材料在人与人之间的交往中

人与人之间的交往中会有各种各样的关系。这些关系都是通过许多具体的事表现出来的。仔细想想，同学之间形成团结友爱的关系，也是有波折和变化的，同学之间也会产生很多矛盾的。同学们是怎样发扬小主人的精神，互相帮助，互相谅解，增强团结，获得友谊的？这些都可以写成很生动的日记。在和同学相处中，有孩子亲密的小伙伴，有他佩服的好朋友，可能也有曾经使他讨厌的，后来又转变看法的那些后进同学，以及他敬爱的老师、校工等各种各样的人。这些人都可以写进自己的日记中，写出他们的性格和特

点，写出他们动人的事迹，写出你对他们的感情。这就是人物素描日记。

最后要强调的是，家长一定要提醒孩子，写日记，要持之以恒。日记，顾名思义，每日必记，而一些孩子却是三天打鱼，两天晒网，日记变成了周记，周记变成了月记，有的甚至开学初记几天，从此便再也不摸日记本了，这样写日记有什么用呢？

要让孩子认识到，写日记，贵在坚持。养成了习惯，坚持写下去，才能受益一生。

让孩子养成随时随地地进行运动健身的习惯

英国现代杰出的现实主义戏剧家萧伯纳不仅才思敏锐，有着“当代人中最清楚的头脑”，而且有一副可与著名运动家相比拟的体格。

萧伯纳小时候，他父亲对他说：“孩子，以我为前车之鉴吧！我干的事，你都不要学呀！”原来，他父亲喜欢乱吃，一顿吃大量的肉，喝酒很凶，整天抽烟，而又不做运动。他听了父亲的话，一方面在生活上非常有规律，不吸烟，不喝酒，不吃肉，连茶和咖啡也不喝，而以粗面包和蔬菜为主。另一方面，他一生都坚持体育锻炼。

他每天很早就起身，天天洗冷水浴、游泳、长跑、散步。他还喜欢骑自行车、打拳。七十几岁的萧伯纳曾和当时世界著名的运动家、美国人丹尼同住在波欧尼岛上的一家旅馆里，每天他俩的生活表是一样的：起床后洗冷水澡，接着是一段数里的长途游泳，然后躺在海边上日光浴，还要一起长途散步。

萧伯纳晚年成为一个热烈的太阳崇拜者。他整个冬天差不多都在法国的里维拉或意大利度过，在那里进行日光浴。他故乡的花园里，有一间可以旋转的茅屋，使他每天都可以得到充足的阳光。他常说：“大夫不能治病，只能帮助有理性的人避免得病而已。人们倘若正规地生活，正当地饮食，就不会有病。”他能够活到 94 岁高龄，就是一个证明。

其实，在生活中，养成良好的运动锻炼习惯，随时随地地进行运动健身是非常简单方便的事情。家长应该教孩子把握下面的几点原则：

（1）不要忽视日常生活中的锻炼

要让孩子认识到，锻炼身体，不一定要到运动场上才有效。**只要在日常生活中注意锻炼，随时随地锻炼自己的身体，都能收到很好的效果。**

比如，早晨一醒来，可以教孩子先揉揉眼、搓搓脸，这是一种很好的面部保健按摩。它能使脸上的血液循环得到改善，皮肤的弹性增强，脑神经兴奋起来。然后，再向肩上伸直双臂，躺在床上伸个懒腰，把腰部向上挺几挺，活动活动腰部。如果能爬起来，用手扶住床，用力拱拱腰，使胳膊、腰腿的关节尽量伸展一下，这就是一节很好的伸展运动，它能活动筋骨，使自己感到轻快舒适。

上学时，如果学校离家近，最好步行去，远点骑自行车，很远时才乘坐汽车。在公共汽车上，也不要急于找座位，刚吃过饭就坐下，会影响肠胃的蠕动，站一会儿反而对身体有好处。

如果教室在楼上，上楼梯也是一项很好的运动，对肌肉、关节和心肺都有较强的锻炼作用。

一到课间，要到室外散散步或做做体操，不要坐在教室不动。课间坐着休息，不仅不会恢复精力，还能使自己的体力日渐下降。

晚上回到家里，如果不是过于饥饿，先不要急忙吃饭，要作点家务活，轻微的体力劳动，能够转移孩子的注意力，使一天的紧张情绪得到放松，舒舒服服地吃顿晚饭。

晚饭后，不要急于看书和写作业，要放松一下；睡觉前，用热水洗洗脚或洗洗澡。

最后，要让孩子记住这样的格言：坐着比躺着好，站着比坐着好，走比站着好，跑比走好。

（2）抽空经常伸个懒腰

科学证明：伸懒腰时，两手上举，肋骨上拉，胸腔扩大，使膈肌活动加强，引起深呼吸。这既可减少内脏对心肺的挤压，有利于心脏的充分活动，

又能促进全身血液循环，从而改善睡眠和紧张学习后的血液分布。尤其是人脑组织，虽其重量仅占体重的2%，但需氧量却占全身需氧量的25%。可以说，伸懒腰是消除疲劳、焕发精神、促进体力和健康的一种积极活动。

（3）教孩子制订良好的锻炼计划

一个好的锻炼计划是能在自己家里执行的计划，这种锻炼能在耐力、韧力和体力这三个方面增强孩子的身体。

①耐力锻炼。

耐力锻炼来自吸氧锻炼，来自我们的心血管的效率——即我们的心脏能把血液泵到我们全身去的能力。虽然心脏是肌肉，然而它不能直接进行锻炼。它只能通过大的肌肉群来锻炼，尤其是通过腿的肌肉来锻炼。这就是为什么像快步走、跑步、骑车、游泳、越野滑雪和慢步走等运动是有益的。

②韧力锻炼。

韧力锻炼来自伸展肢体。大多数专家推荐在做吸氧锻炼前先做准备动作，在吸氧锻炼后做整理伸展动作。锻炼前做准备动作有助于放松而使肌肉暖和，以便为做更强烈的锻炼做准备。锻炼后做整理动作有助于消散乳酸，从而使我们不感觉到疼痛和僵硬。

③体力锻炼。

体力锻炼来自肌肉耐力的锻炼——如简单的健美操、俯卧撑、引体向上和仰卧起坐和搬运重物等。

需要特别注意的是：不要做过头。养成良好的运动锻炼习惯，就是经常锻炼我们的身体，使之在某种程度上维持和提高我们的工作能力、适应能力和享受生活的能力。在教孩子开展锻炼计划时需要明智。一定要把握住适度的原则，千万不可做得过头，在以前从来也没有进行过锻炼的情况下尤其如此。过头的锻炼会产生不必要的疼痛、受伤、甚至落个永久的损伤。**最好的办法养成习惯，慢慢地进行，并持之以恒地坚持下去。**

四

教孩子学会求知，掌握科学的学习方法

一位著名的西方学者说：“未来的文盲不再是不识字的人，而是没有学会怎样学习的人。”在信息时代悄悄来临的时刻，知识的更新和产生都非常快，因此，我们的学习方法和学习观念也应该进行适当的调整，才不致使自己成为落伍的人。未来的世纪需要的不仅是掌握知识的人，更需要那种能灵活运用所学知识，并能够不断学习、不断探索的新“知识人”。这时能够打破常规、能够有自己独特的求知方式就显得极其重要。掌握科学的学习方法是提高学习效果的需要，也是孩子顺利成才的需要。只有学会了求知，才能始终处于积极进取状态，不断地充实提高自己，不断地更新自己的知识和技能，适应时代的需要。

一定要让孩子掌握的最基本的学习技能

许多教育学家指出：**现代社会的发展对“学会学习”提出了越来越高的要求。未来的文盲不再是不识字的人，而是没有学会怎样学习的人。**这绝不是危言耸听。因此，现代家长一定要注意让自己的孩子学会学习。

“学会学习”，在这里意味着把握 4 项最基本的学习技能：读、说、写、作。

（1）学会读书

读书多少为宜？杜甫说：“读书破万卷，下笔如有神。”可赵普却说：“半部《论语》打天下，半部《论语》治天下。”实际上，读书的数量以适当为界，以人的读书能力为限。对于青少年来说，读书宜多不宜滥。就是说读书要有个数量界限。**有的学者就认为，作为中学生，应以教材 3 倍数量读书比较合理些。**

读书除去把握读书的数量外，还应该把握读书的技能。有的学者把读书的技能概括为三个相结合：

第一、读与思的结合。读书唯有经过思考、观察和实践，才能“读到糊涂是明白”。鲁迅先生说：“倘只看书，便变成书橱，即使自己觉得有趣，而那趣味其实是已在逐渐硬化，逐渐死去了。”因此，为防止读书硬化，甚至逐渐死去，第一要则就是思索。

第二、读与问的结合。提问是解决问题的一半。凡有创造者，无不从发问开始，创造者，必然精审细密，却又眼光锐利，他能够看出问题，于是发而问之，无论什么权威，不明白的就要问，问不倒的权威才是真权威，问清

楚的答案才是真理解。

第三、读与做的结合。读书应与实干相结合。读而不做，时间长了，就会有点呆头呆脑，自己看别人不明白，别人看你也有点奇怪。现代的年轻人，不但要有知识、有文化，而且要有技术、有实际工作能力。如此这般，才能学海无涯，书山有路，将古往今来的优秀书籍化为人生丰富的营养。

（2）学会语言

学会语言就是要学会和掌握说话的三要素：立论正确，言之成理；感情真挚，以情动人；讲究技巧。技巧很难一言而尽，从最低的标准讲大致包括：语言完整，晓畅明达，逻辑清楚，首尾相顾，结构合理，节奏适宜，手势得当，声音清楚，还要能够进行即兴发挥以及可以比较顺利地回答问题。

（3）学会写作

我国的学校教育，从小学到大学都设有写作课，就可见其重要。那么，如何学会写作呢？有学者将其概括为：

其一，勤写。

其二，要有较高的标准。

其三，多读名著，精研范文。

其四，善于改写文章。人说文章是改出来的，古人把它概括为“语不惊人死不休”。现在看来，这仍然是锤炼文字的座右铭。

（4）学会操作

操作技能对现代社会生活影响日益显著。对现代青少年来说，掌握一些必要的操作技能是十分必要的。

①学会计算机。计算机与我们的日常生活已须臾不可分离，已成为完成日常工作的一个重要组成部分。不会计算机，将很难在现代社会中立住脚。

②学会掌握资料。掌握资料，就能掌握社会的最新发展动态，这对于

寻找成才机会将是十分重要的。资料的整理和积累是一门学问。资料本身是客观的，但掌握哪些资料，利用哪些资料，如何整理和编排资料，却体现了一个人对自己专业方向的把握，对掌握有用信息的灵敏以及对资料的综合运用能力。

③学会调查研究。在现代社会中，无论是决策还是管理，无论是制定计划，还是处理各类问题，都需要了解情况。了解情况就是调查。因此，调查研究是青少年制定学习、生活计划不可缺少的基本功。

帮助孩子培养有助于取得优异成绩的特质

几年前，中国科学院心理研究所曾对进入北大念书的31名高考状元进行为期一个多月的调查研究，调查内容涉及高考状元的学习态度、学习方式、家庭教育方式、考试心态、班主任作用，包括智力结构特征、情绪稳定性、意志坚定性、兴趣爱好、人际关系、自学能力等因素在内的个人心理特点等等。

这些高考状元有不少都来自偏僻的农村，甚至他们的家人都没有什么文化。专家通过调查得出结论，他们之所以成功，是因为他们普遍具有以下6种素质——而这些特质，也是每个希望自己的孩子在学习方面取得优异成绩的家长应该了解和着力培养孩子的：

（1）积极的学习心态

成绩优秀者对待学习的态度，不是把它看作是一种负担、一种包袱和苦差事，而是把学习看作是一种追求、兴趣和责任。一位几年前黑龙江省的文科状元说：“我把学习看成是一种追求、一种愿望。学知识是为使人生更快乐，如果把它当成是一种包袱，学习就没有任何意义了。学习是从愚昧走向智慧的道路。”

一位几年前的北京文科状元把学习的范围看得很宽泛，课内、课外、社会活动等等都被纳入在学习的范围之列。她说：“我自告奋勇地参加了学校广播站活动，并编辑刊物，我认为这也是学习，是发展能力的方式。”

虽然有的状元表示有时也感到累和压力，但最终压力还是变成了动力。有了这样的态度，就能调动这些状元们的思维、记忆力、想象力等等，从而

使他们学得更好。

(2) 勤奋刻苦的精神

被调查的高考状元中大部分人认为自己的智力水平一般，成功靠的是勤奋。

大部分状元表示自己的智力水平一般；个别状元表示是中等偏上的水平；有的状元甚至表示班里脑子比他们快的同学有的是，因为这些人在解答时要比他们快，但他们往往不用功。状元们成功的一大秘诀就是勤奋。

(3) 牢固的知识基础与全面的知识结构

一位江西省的文科状元在谈及高考成功体会时就表示，自己学科发展比较全面，学科结构完整，各科基础都比较好，没有什么缺陷。其他一些状元也指出：**要想取得好成绩就不能出现一些学科缺胳膊短腿的现象。**

(4) 得当有效的学习方法

高考状元们表示，他们每人都有自己的一套适于自己的学习方法。在做题这一问题上，多数状元认为题不用做太多，同一类型题做几道找出规律即可。

一位贵州省理科状元说："我在课堂上很用功，课后做完作业就不用功了，也看电视，讲究劳逸结合。对于习题只要掌握每种题型的解题方法就够了，不用大量做题。"

学习方法是多种多样的，每个孩子都应根据自己的特点，逐步摸索出一套适合自己的好的学习方法。

(5) 优秀的自学能力

一位天津市的理科状元，高中期间就经历了两次骨折，住院时间达到三四个月之久。但他不仅没耽误功课，还完全靠自学把功课补上了，最后又取得了如此高分。他认为自己自学的技巧就是抓重点，即平时注意把弱点、不懂的地方都记下来，然后重点花时间去考虑它。

自学本身是一件艰苦的事，全靠自我监督，自我努力。所以，一定要耐

得住寂寞，要坐得住。**有些学习内容不是看上一遍两遍就能记得住的。不要因记不住而苦恼，要坚持沉下心去一遍一遍地看，一遍一遍地复习，只要做到经常复习，就能掌握住学习的知识。**

(6) 稳定的心理素质

有人曾对影响考试成功的因素进行过调查，结果发现，排在第一位的是考试中的心态，第二位的是考前状况，第三位的是学习方法，而我们最重视的记忆力却排在第 17 位。事实上，侧重对考生素质和能力的考核已经是国家高考改革和各类考试改革的大趋势。在这一趋势下，考试中的心态对考试的成功将日趋重要。

研究表明，具有良好心理状态的考生，可较好地预防考试中出现的焦虑现象，并能有效地防止疲劳，能建立良好的人际关系，克服考试中遇到或出现的挫折，并能积极地改进学习方法和应试技能，较好地统筹时间，减少应试中的心理损伤。他们不会为一时的得失而扰乱心智，不会在老师的题海战术中随波逐流，他们视压力为挑战，在有压力的环境中沉着冷静，心灵舒展，保持自己的个性，充分地发挥自己的潜能。他们善于反思、善于探讨学习的捷径，不断地改善自己的学习方法和应试技能。

有意识地培养和激发孩子爱好学习的兴趣

孔子说：“知之者不如好之者，好之者不如乐之者。”（孔子说：“知道它的人不如喜好它的人，喜好它的人不如以它为乐的人。”）无论是学习还是进德修业等等，都有三种不同的境界：知道——喜好——乐在其中。

为了使孩子拥有巨大的学习动力，为了取得良好的学习效果，要有意识地去培养孩子学习上的兴趣。

所谓“兴趣”，指人们积极探究某种事物或进行某种活动的倾向。人，作为一个生物体，每时每刻都在探究着，活动着。但人的探究和活动的情形是很不相同的，有的人是主动的，有的人是被动的。有的人任何事都不想做，感到太累，这是一种被动的活动倾向；而有的人什么都想做一做，把活动当成享受，这是一种主动的活动倾向。前者是无兴趣状态，而后者就是兴趣状态。

兴趣最重要的品格就是思维和活动的积极主动性。正因为兴趣有积极主动的品格，因此它能为生活增添色彩。生活的历程如水上行舟：有时风平浪静；有时狂风巨澜；有时顺流而下，一泻千里；有时狂澜如山，迂回曲折。兴趣是以热爱为前提的，它使一个人更加热烈地拥抱生活，更加深刻地理解生活。一个有着浓郁兴趣爱好的人，他的生活道路再曲折，再坎坷，也不会被生活的逆境所征服，相反，他能以自己热烈的情感去征服生活，成为生活真正的主人。

爱因斯坦说过：“对一切人来说，只有‘热爱’才是最好的老师。”在某种意义上，热爱和兴趣同义。只有感兴趣的事物，人们才会去热爱它，而所热爱的东西，总是对它感兴趣的。因此，我们完全可以说，兴趣是最好的

老师。

大凡在学习创造上做出突出成就者，都是本人先有明确的兴趣爱好，然后再穷追猛打、深化拓展而做出突破性贡献的。可以说，这差不多是所有成功者的必经之路。兴趣的动力是最自觉最持久的动力。**有了浓烈的兴趣，不用任何人推波助澜，也能自主地调动自己的精力才华，自觉地、全身心地投入创造。**

历史上，许多科学大师、文坛巨擘、实业巨子和在各领域中获得成功的人才，都是从兴趣爱好起步的。

好奇，是开发能力的起点；兴趣，是开发能力的动力；爱好，是开发能力的导师。兴趣爱好能激发工作的快乐感，能给人带来无穷的力量。正如郭沫若所言：“兴趣爱好也有助于天才的形成。爱好出勤奋，勤奋出天才。兴趣能使我们的注意力高度集中，从而使得人们能完善地完成自己的工作。”兴趣，有时比理想、抱负更容易焕发人的积极性和创造热忱，更容易凝聚人的意志、毅力。它具有化苦为乐的奇功。它是一种威力无比的潜能，是创造的激发器，是学习的第一的、持恒的动力。兴趣，是人才成长的起点，能引导人向知识的纵深领域进军，将奋斗者推向事业的瑰丽彼岸。

对某一领域兴趣盎然的人，是不会感到奋搏之苦的。

科学家杨振宁曾谈到自己的体会：“上海一家杂志写了一篇文章，介绍我的生平。文章有一个小标题叫做‘终日计算，沉思苦想’。没有征求我的意见，我不同意，尤其不同意这个‘苦’字，什么叫‘苦’？自己不愿意做，又因为外界压力非做不可，这才叫苦。做物理学的研究没有苦的观念。物理学是非常引人入胜的，它对你的吸引力是不可抗拒的。如果一个人觉得搞得很苦，他应该考虑他是否应该选择这个方向？是否应该再搞下去？”

一个人做起自己所感兴趣的事来，往往不易感到劳累，它能使人在心理上始终保持着一种昂奋状态。他绝不会感到工作是受苦、是折磨。因此，对身心发展极为有利。兴趣，能使人不知疲倦地连续工作，甚至可使人将毕生的精力都献给它。

有一种使孩子对学习发生兴趣的办法，就是拓宽他的知识面，让他尽量广泛阅读。大脑是一个巨大的互相联系的网络，而且这个网络越是复杂，其中相互联系越多，它的工作越有成效，学习者获得的兴趣也越多。并且，你对某个科目学到的越多，它就变得越容易。

实践活动可不断地使孩子体会到知识的实践意义，深感自己知识的不足，从而激发新的学习需要，增强学习动机，满足学习者的学习兴趣并进一步激发更大的兴趣。例如在航空模型小组、船舰模型小组、无线电爱好者小组、数学小组、乒乓球小组等活动中，学生运用所学的知识，获得了某些新的知识，培养了求知欲，发展了学习的兴趣。参加这些小组的条件之一是各门功课的学习都较好，因而争取参加小组也就成为鼓舞学生学习的重要动机。这些小组活动中培养起来的专业兴趣，又可成为未来职业选择的重要依据。

需要指出的是，我们既要培养孩子较广泛的兴趣，同时又要帮孩子确定一个中心兴趣，并使这一兴趣保持持久、稳定的状态。坚持发展中心兴趣，能使人在某一领域贪婪地、大容量地吸纳知识，在某一方面发展特殊的才能，不断产生新的成绩。许多成功者的实践证明，他们几乎无一不是在中心兴趣的领域结出创造之果的。自中心兴趣导向成功，是人才成长的一条法则。

教孩子克服没有毅力、没有恒心的弱点

学习是一个漫长的过程，不可能一蹴而就，其中必然要经历许多挫折，遭遇许多困难。只有持之以恒，才能成功。**伟人之所以成为伟人，就是因为能不屈不挠地实现自己的预定目标，即使遇到再大的困难也绝不放弃。**

达·芬奇因为热爱学习新知，且持续不懈，因而得以横跨多种领域，同时是建筑师、解剖学者、雕刻家、工程师、发明家、数学家、音乐家；而他无穷的好奇心与创意，使得他成为文艺复兴时期艺术家代表之一，同时也是世界上最伟大的画家之一。王羲之经年累月苦练书法，成就“天下第一行书”的盛名；钱钟书坚持每天进阅览室，才有“横扫清华图书馆”的豪言壮语，成为学贯中西的大学者；因为坚持，登山者才能登上世界第一高峰。假如他们都半途而废，没有坚持到底，恐怕若干年后，历史上又会少了几页辉煌的篇章。

一个执著的人，一定会比一个因心急而半途而废的人拥有更多的机会。如果遇到一点挫折，就放弃，一定不会成功。我们知道，伟人之所以是伟人，就是因为能不屈不挠地实现自己的预定目标，即使遇到最大的困难也绝不放弃。

烧开水的时候，即使温度到达 99℃，水还是不会沸腾；但如果继续加热，只要温度再增高 1℃，水就会冒气沸腾。可是如果每次在烧开水时，中途停顿下来，让它冷却，那么无论重烧几百几千次，水也永远不会沸腾，只

是在浪费燃料和时间而已。

因此，要让孩子懂得一个道理：学习任何一种文化知识都应像烧开水那样，不断加热，一次就把水烧开。不然，即使你学多少次，也难以产生从未知到已知的质变，真正地克服学习的难关，把知识掌握在手里。

有的孩子会说，因为他天生对学习不感兴趣，所以不能在学习过程中做到持之以恒。其实，世上根本就不存在天生爱学习和天生不爱学习的人。

我们可以把学习比喻成一个吃核桃的过程，核桃肉十分美味，但如果不把坚硬的外壳打开，永远也尝不到它的美味。有的孩子在学习过程中始终保持着努力不懈的精神，经过刻苦的学习，靠自己的意志和努力终于打开了核桃壳，尝到了核桃的美味，体验到了成功的乐趣，也建立了对学习的兴趣。因此对学习的兴趣，要经过刻苦的付出，才会苦尽甘来。

而那些对学习不感兴趣的孩子，仍徘徊在“核桃壳”外，由于在学习过程中缺乏持之以恒的毅力，没有努力付出，以致无法品尝“核桃肉”的美味，也就体验不到学习成功的乐趣了。时间久了，失败的次数多了，学习自然成了令人烦恼的事。**不够坚强、没有不为外界干扰所摇动的意志和毅力，就很难坚持学习之路。**

学习也是一项艰苦的劳动，就如同做好任何一件事都需要付出艰苦的努力甚至巨大的牺牲，有时还要克服电视节目、游戏、足球、小说等的诱惑。所以，那些成绩较差、对学习不太感兴趣的孩子，还需要继续磨炼意志和毅力。从答对一道题目、听好一节课开始，锲而不舍地投入学习，一旦那层“核桃壳”被打破，品尝到成功的滋味和乐趣，便能逐步建立起学习的信心和兴趣了。**要在学习方面做到持之以恒，说起来简单，做起来是很不容易的。**

在日常生活中，我们常看到有些孩子尤其是独生子女在学习过程中没有恒心，不是虎头蛇尾，就是半途而废，不能持久，无法有始有终。有的孩子在每一个新学期开始时，为自己制定一个学习计划。最初几天还能完全按照计划学习，到后来却渐渐松懈，最后甚至完全舍弃了原定的学习计划。在课堂上听课，只能在前 20 分钟专心，后 20 分钟就无法继续坚持。写作文的时候，通常前几段文字书写得非常工整，到后面就渐渐变得潦草凌乱，以致成了无人能识的“天书”；做作业一遇到不会做的问题就打退堂鼓；原本计划

在每天早自习时读一个小时的英语单词，刚开始还能坚持，等到再过一段时间就放弃了。**学习过程中的半途而废对学习效果影响极为严重，同时，更对培养孩子健康、规范、严谨的学习作风不利，它所造成的后果不仅严重，而且后患无穷。**因此，每位父母都要重视孩子的这个坏习惯，不能掉以轻心、视而不见或迁就放任。

针对孩子没有毅力，做事没有恒心的特点，父母应该在以下几方面加以注意。

（1）培养孩子持之以恒的意志力

对于意志力薄弱的孩子，父母要经常激励他们，锻炼他们的意志力。当孩子遇到困难准备放弃时，父母要及时给他们打气，鼓励他们想办法继续坚持下去。

无论遇到任何困难，都不能轻言放弃，要坚持到底。**孩子有较强的意志力，有不甘落后的决心，那么在学习过程中就有强大的动力，也就能够坚持不懈，一气呵成。**

（2）给孩子制订的学习目标要符合孩子的能力

许多孩子学习过程中之所以半途而废，有一个很重要的因素，就是父母、老师给他们出的题目太难，定的目标太高。孩子即使尽了全力也无法顺利完成，这会一再打击孩子的自信心。失去了自信心，孩子又怎能坚持学习、毫不懈怠呢？

（3）父母要减轻对孩子的期望

每位父母都有“望子成龙，望女成凤”的心情，都对孩子寄予厚望，希望他们将来能够大有作为。父母的期望虽然很好，但这会造成孩子沉重的心理负担，影响他们的积极性，孩子因而产生消极、逃避的心理，最后也会导致在学习过程中半途而废。

因此，父母要根据孩子的实际情况，调整自己对孩子的期望，减轻他们身心上的压力，让孩子有一种“跳一跳，就可摘到果实”的感觉。**让孩子在一个宽松的环境中学习，这样才能将学业学得透彻，得知个中精髓。**

（4）父母要监督、引导、鼓励孩子学习

任何孩子都有惰性，在学习的过程中，免不了因偷懒而停下来，或者在学习过程中遇到解决不了的问题而沮丧、颓废，以致放弃。

因此，父母应该在孩子学习的过程中扮演监督的角色，并适时给予指导与鼓励，帮助他们克服软弱、惰性，增强他们的信心，保持学习的连续性。长期坚持下去，孩子就会养成持之以恒的习惯，也就不会半途而废了。

帮助孩子改变在课堂听讲中的不良习惯

为什么有的孩子学习总是落后于别的同学呢？经过研究，教育专家发现，**很多孩子学习落后的主要原因有时不是能力问题，而多数是因为他们没有良好的听课习惯，上课不专心听讲所致。**

为了教孩子取得良好的学习效果，在上课的时候认真注意听讲，必须要帮助孩子克服哪些课堂听讲中的不良习惯呢？

(1) 专注于挑剔讲课者的不是

有些学生一旦认为某堂课不够生动，便立刻分散注意力，不去聆听，把老师的话当成了耳旁风。这种举动是不理智的。一个成绩好的学生，即使面对着看来十分沉闷的一堂课，也会细心聆听，以找出重要的资料及思想。

有些人喜欢挑剔讲课者的不是，如衣着落伍、声调呆板、乡音未改等，从而推断：这样一个老师，讲课的水平一定有限。抱着这种偏见去听课，不可能取得良好效果。要教孩子懂得，一个好的聆听者，知道授课不同于时装表演，知道人无完人。**要提醒这样的孩子，应该仔细地寻找知识，而不是把注意力放在挑老师的毛病上。**

(2) 只听热闹，不想门道

有些人只听事例，而认为原理、概念等只不过是其他人的看法罢了。一个好的聆听者，希望看到事实怎样印证原理，例子怎样印证概念，论据怎样印证论点等。因为事实的重要性只在于它能联系原理、概念等。

还有些人懒于理解讲课者的复杂概念及论证，认为太过麻烦及辛苦。这些人想要的是娱乐，而不是学习。

要告诉孩子，**一个好的聆听者，充满求知欲，渴望知道讲课者证明论点的方法，而不会害怕复杂、艰深的概念。**

(3) 舍本逐末，因小失大

有些孩子一听到敏感的字眼，如“早熟”、“赌博”、“网恋”等，便反应过敏，血压上升，甚至想入非非，而聆听也会结束。一个良好的聆听者，即使听到一些敏感的字眼，仍会留心听下去，以便理解讲课者的意念和论据。

有些人由于不同意讲课者的某点说法，以致错过了其余的课堂内容。一个好的聆听者，会用理智而不是情绪去聆听。**要提醒孩子，不同观点暂且记下，待有适当机会才发问，不能影响听课。**

(4) 只顾笔记的外观，忽略了笔记的内容

有些人尝试将每堂课用同一个笔记形式记录。他们只顾笔记的外观，忽略了笔记的内容。要提醒孩子，一个好的聆听者，会因科目及授课形式的不同，来调节笔记方式。

(5) 三心二意，浪费思想速度

思想的速度，比讲话的速度要快 4 倍以上。有些人就是因这个事实，在听课的空隙胡思乱想或解决个人问题，结果打乱了听讲的思路，以致再也跟不上讲课者的速度，只好将余下的课堂内容放弃。

一个好的聆听者，会利用他的思想速度及课堂上的停顿，去区分重要观点及有关的支持论据，将重点快速总结，并预测讲课者的下一个要点。

有些人眼睛在望着讲课者，而心早已飞出了课堂。他们认为回家看教科书完全可以代替课堂听讲。

要提醒孩子，一个好的聆听者，知道每一堂课都很珍贵；知道每一堂课，都是讲课者花数小时精心准备的，其中有些东西在教科书里是找不到的。

（6）心浮气躁，易受干扰

有些学生经常把附近的小骚扰作为借口，而不去听课，如脚步声、咳嗽声、开门声、邻近球场打球声等。要教孩子学会自律，不受外界的干扰，专心听课。

教孩子学会掌握做好课堂笔记的要领

俗话说："好记性不如烂笔头。""最淡的墨水胜过最强的记忆。"这两句话都是说笔记的重要性。**听课时，结合做课堂笔记，由于耳、眼、脑、手并用，多种感觉器官参加识记，能增强记忆，不仅如此，还便于日后复习。**这是许多读书人乐此不疲的原因。家长要告诉孩子，为了取得良好的学习效果，做课堂笔记也是要掌握一些方法和技巧的。

（1）不要把老师的话全部都记下来

有一位老师曾这样说过："这年头的学生做起事情来真是全力以赴，他们之中就有人把老师上课所讲的内容一字不漏地记下来。"

这样做的效果如何呢？

说得极端一点吧，如果笔记是对老师上课内容的完全照录，那么在复习时不得不花和听老师讲课同样多的时间。这样做不是效率太低了吗？

像这种笔记，和一般的会议记录没什么差别。这种笔记与其说是"做"出来，不如就是"写"出来的，实在没什么意义。

做笔记并不是越详细越好，而是把经过专心听讲、认真思考并透彻理解的内容以自己的语言重新写出来，这样的笔记才是有价值的。

所以，笔记的内容必须简明扼要，做到只需瞄一眼，就完全知道那一堂课讲了哪些内容。为了达到这种程度，你就得动一番脑筋，做些知识的消化和整理工作。

(2) 把笔记做成一本“超级辞典”

要知道，仅仅对老师的上课内容进行一番整理，列出重点，是不能使笔记本做到像“超级辞典”一样的。

这儿要介绍的，是像百货公司卖的商品必须一应俱全一样的综合式笔记法。就自然科学的笔记而言，它必须包括：

①预习时发现的疑问。

②老师讲课的重点。

③参考书列出的资料。

④从报纸上找来的剪贴资料。

⑤例题、练习问题、自己容易犯错的地方、同学的另一种解答方法等等。

把上面这些内容都包罗在自己的笔记本上，这时，它才能像一本“超级辞典”一样，发挥其应有的作用。

又如一般人的英文笔记本总是和单词本分开，其实，如果想使笔记本像“超级辞典”一样的话，就要将二者合一。因为单词必须放在文章这个特定的语言环境中记忆，才能记得又快又牢。**单纯的单词本对记单词没什么用处，除非使用单词卡，才能收到事半功倍的效果。**

(3)“编辑”好综合性笔记

综合性的笔记本内容庞杂，如果有什么就记什么，不会取舍的话，那同样谈不上很高的学习效率。

这里列出几种编辑技巧供同学们参考，你也可以开动脑筋，想出更好的办法来。

①使用二分法。把笔记本分为单页、双页、或是上段、下段，或是左、右两边。像这样分割成两个区域，一边专记自己调查过的资料、注意事项、剪贴、标准解答、其他解答等等；另一边则专记老师讲课的内容、练习问题等等。

②尽量把每一项内容记录在同一个页码里，如果跨页记载，考前复习时就不太方便。

③笔记本上可以不仅有文字，还可以有与之相关的地图、图解、比较表等，使之看起来一目了然。文章也以简洁为妙，不要废话连篇。

（4）做目录、索引

笔记本也要做目录和索引，这对充分利用这种综合性的笔记本来说，是十分重要的。

笔记本上的每一页都要编页码，头两三页要留出空白，供做目录之用（目录要给出主要项目）。

索引要分为几大类，比如“重要公式集”、“重要文句集”、“应背事项一览表”之类。根据学科的不同，列出不同的项目，整理后附录在笔记本上的最后几页。如果出现新事项就立即添加进去。

要是笔记本已用完了，就另用纸张写下需设的目录和索引，折叠后贴上去。这样编成的目录和索引，肯定会对考试前复习大有帮助。

（5）可与同学分工合作记笔记

课堂上，无论是老师对重要问题的解释，还是英文翻译的技巧，都需要做笔记。但边听边抄笔记，往往会因为抄笔记分心而忽略了听老师的讲解。所以，可以和同学做好分工合作，每人负责一部分，没有轮到自己抄时，可以专心听讲，然后将抄录的笔记与同组的同学共同切磋，这样就不会两头耽误了。

（6）选购笔记本时要有长远考虑

学生时代辛苦编写的笔记本，不仅对考试复习有很大作用，而且极具保存价值，有时甚至可以成为伴随自己终身的“知识之友”。

有些人说进入社会后，再翻翻这些学生时代的笔记本，总感到收获颇多，比读新书还要好，这确实可以说是经验之谈了。

这样看来，为了便于长期保存，笔记本应该选用纸质较好、开数较大的。

买的时候，也许觉得有些奢侈。但以长远的眼光来看，这是值得的。

买了个好的笔记本，在编写时一定会兴趣倍增，保存起来也格外小心。

还有，与其用几本薄薄的笔记本分开来记载，不如用厚厚的一本来整理，这样在用时也会方便得多。

引导孩子进行创造性的学习，快速地获取知识

只有注重方法，才能取得良好的学习效果。为了快速地获取知识，家长可以引导孩子进行创造性的学习，下面的几点经验值得借鉴：

（1）打破常规

每个人都知道钢铁的密度比水大，因此推测钢铁在水上必然下沉就是顺理成章的了，甚至我们可以很容易地用实验来验证这一点。然而，如果这个常识占据我们的头脑，并阻碍我们的思维的话，恐怕到今天我们也只能划几只木船来做些短程的航行。

对于绝大多数的人们来说，在没有什么利害相关的事情相通时，很容易陷入一种惰性思维模式之中。常识和前人的经验是这种惰性思维模式遵循的金科玉律，是它得以维持的原因。我们常常容易犯的一个错误是：躲在前人的绿荫底下，不敢越雷池半步。在知识快速更新的今天，这种学习方式显然要被淘汰。

创造性的学习，就是在学习和解决问题的过程中，不能拘泥于前人的经验和常识，必须开辟新的道路、寻找新的突破点，必须打破常规、抛弃曾奉为金科玉律的一切，换一个角度来思考。正如歇洛克·福尔摩斯的名言所说：“排除了一切不可能的，不管多么荒诞，剩下的就是可能的。”解决问题或达到目标的途径不止一种。爱迪生在发明电灯时经历了1000多次失败，但对此他只是淡淡地说：“我发现了一千多种不能做成电灯的方法。”

创造性需要的正是这种态度。**这条路不行，没有关系，换条路试试，总有一条路行得通。**古时人们认为人类绝无可能飞起来，因为我们没有像鸟一

样的翅膀。但为什么一定要有翅膀才能飞呢？换个角度考虑，飞机终于实现了人类想飞的梦想。

不过，需要提醒孩子的是，换角度思考和开辟新道路去解决问题绝不是不需付出代价的。爱迪生发明电灯就试验了上千次，布鲁诺因为提倡日心说被火烧死，有更多的人终其一生也许都没有找到最终的答案从而抱憾终生。为什么创造性学习如此艰难？道理很简单，在平时的学习中，孩子只是在做只有一个或有限个答案的选择题，而且答案常常都是现成的，他只需要良好的或足够的耐心就可以完成。**创造性学习则要求要在无限的可能中找出一个答案来。而且，在寻找答案的过程中，可能会对传统知识体系及其权威们提出挑战，而这种挑战是需要一定的勇气的。**

（2）舍繁就简

你以为400多年前哥白尼提出日心说时，他观察到了地球是在绕着太阳转的吗？不是。他只是觉得地心说太复杂了：有80个圆球整天在地球的周围绕来绕去，既不和谐，更不美丽。哥白尼坚信大自然绝不做任何多余的事情，因此他将那些复杂的圆球统统简化掉，并创造出一个假想的“哥白尼宇宙”：地球自转着，并绕着太阳转。这样，那些看似复杂的绕着地球的圆球骤然变得明朗起来。它们的轨迹也变得分外清晰。哥白尼这一简化，居然简化出了近代科学的开端。

哥白尼的这一简化无疑具有空前绝后的意义，因为这一简化揭示了宇宙间唯一可以长存的一条规律，只有最优才能存在。

在知识经济时代，个人所获得的信息量大得惊人。这为我们进行创造提供了充足的信息积累，但往往也容易使我们陷入无穷无尽的故纸堆里走不出来。**如果不想被复杂化的狂涛所淹没，那么简化就是第一步。**事实上，最复杂的事情往往是由最简单的成分所构成的。现代分析学的理论表明，任何看似复杂的图形，其实都是由几个非常简单的几何图形经过若干次的叠加而成。

“最简单的，也就是最有效的”，这一大自然的法则在蜜蜂采蜜时也得以巧妙的运用。蜜蜂采蜜时所采取的行动路线，如果用几何图来表示是最普通的放射状圆。然而在这简单的路线上，蜜蜂不会漏掉任何一个可能的采集点，同时又走了最短路线。相对论作为一种复杂的近现代物理学理论，很多人可能都认为其推断过程必定经过了天书式的演算和实验。事实上，爱因斯坦仅靠单纯的演绎法建立了它，而其表现形式更是归纳为人所共知的一个简单的公式。难道还有比这更富于说服力的吗？

因此，要提醒孩子，当他在处理一件复杂的事情时，首先是不要被其庞杂繁琐的外在表象所吓倒，更不要踽踽停滞在复杂外表的圈套中，要大胆地去简化。在大胆的简化之后，也许一个崭新的世界就在面前。

（3）自由的联想和幻想

在传统的学院式知识传播体系中，自由的联想和幻想很容易与“无稽”、“不务正业”等贬义甚浓的字词联系起来。然而，这正是学院式的知识传播体系不能适应新时代之处。学院式的教育只是在培养一代又一代传播知识的工具，而不是可以改变世界的真正人才。在电脑未曾诞生，知识积累尚不甚丰富之际，这些传播知识的“工具”也是必需的。但在一个一张手掌大小的光盘上就可以存放人类几十年甚至上百年知识的时代里，将会显得太滑稽可笑了。为什么要做“自由”的联想和幻想呢？这是因为在无限制的情形下，人脑的活力将得到最大的加强，也最容易闪现出新的火花。正如我们在谋求简化时所说的，大自然绝不做多余的事。因此，事物之间各种看似相当复杂的相互关系，基本质的联系其实非常简单。联想和幻想的目的就是去找到这种简单的联系。**但普通的联想和幻想很容易被惯常的思维定势所禁锢，而无限的联想和幻想却使得我们能在更大的空间里去找寻答案。**

比如，如果我们看到一条菜青虫卷曲身子从斜面滚下去，普通的联想顶多认为菜青虫找到了一个很好的逃避的方式。但放开一步联想，我们很快就能想到轮子，再放开一步，也许我们会联想到人类可以利用一个球形的充气囊从悬崖上往下跳；如果做无限制的联想，我们甚至可以去想菜青虫滚动的轨迹可能与某一个行星的公转轨迹相似，或者气候的变迁使得菜青虫采取了这种姿势的卷曲与滚动。当然，想象力可以无边无垠，但最终都要回复到正在学习的内容或正待解决的问题上来。你需要记住的是，无论你的想象多么荒诞不可理喻，如果有助于解决问题或者使你产生绝妙的创意，那么你就采取了正确的做法。当爱因斯坦思考相对论时，他正在做着白日梦，幻想着自

已正骑在一束光上，做着太空旅行，然后思考：如果这时在出发地有一座钟，从我坐的位置看，它的时间会怎样流逝呢？这样做并不复杂，家长也可以引导孩子尝试着做一做。

（4）动用全部感官

创造性学习是一种大脑的活动，而大脑与外界信息的直接联系站却是各类感官。由于各类感官收集信息的渠道不一，反馈强度相左。因此，它们替大脑收集的信息不但不会相互干扰，反而由于相互间的补充而得到整体的加强。看恐怖片可以很好地说明我们大脑在综合各类感官收集的信息时是如何以乘数的翻番效应加深恐怖印象的，如果没有声音，光看恐怖的画面，我们中大多数也许会无动于衷，至多表示出一些普通的惊讶。一旦配合画面的恐怖音乐或声音传入我们耳中，我们将开始出现恐惧的反应，这时如果谁再在我们的耳上稍微拍一下，恐怕我们要恐怖得尖声怪叫。

我们那分作两半的大脑就是这样处理信息的：它绝不作简单的累加，它总是将能引起最多脑细胞活动的各类信息的联结点找到，然后有点类似于核子爆炸的链式反应般引发大脑的活动。**很明显，寻找到的联结点越多，大脑的活动越强烈，产生全新创意的机会也越多。**

必须注意的是，联结点是引发链式反应的关键，多种感官的参与只是外在表现而已。假使一个孩子以为一边看着书，一边听着摇滚乐队的摇滚音乐，一边又要忙着品尝刚出笼的曲奇饼干，就可以使自己更深刻地理解书的内容，并产生出几个绝妙的主意的话，那就大错特错了。没有联结点的多感官收集的信息将不可避免地产生相互干扰，导致大脑接收到信息的质量甚至比单感官收集的还要差。

帮助孩子根据自身特点“定做”学习方法

古人说：“工欲善其事，必先利其器。”**好的学习方法能够使学习取得事半功倍的效果。人的性格是千差万别的，家长应该根据孩子的性格特点，帮助他选择合适自己的学习方法。**以下是有关专家针对不同性格的孩子推荐的学习方法。

（1）一丝不苟的孩子，可采用“全盘整理式”

“一丝不苟型”的孩子的特点是：品行优良、学习勤奋，多年如一日地坚持预习；笔记做得相当整洁、清晰，任何细小的东西都记得清清楚楚。这类孩子的长处在于：十分有恒心、耐心；对细节的知识了解多；工作有计划，做来清晰、整齐。

他们的缺点是：掌握不住问题的纲要；容易忽略重点；没有应用能力。也就是说缺乏一种对全局的把握能力，而拘泥于细节。

一丝不苟的孩子，该采用怎样的学习方法才有效呢？

最重要的是，要是能把学到的知识按照一定的法则把它整理妥善，输入脑中，再多的知识也装得进去，而且，要用的时候也能随时取出，真是活用自如，美妙无比。

把各种知识整理成这样的容易牢记的方法“全盘整理式读书法”。

怎样整理呢？只要运用“系统树分类法”就可以了。

比如，要把动物分类，就把它分成“脊椎动物”和“无脊椎动物”。这是主干。然后，从脊椎动物这个主干，再分出“哺乳类”、“鸟类”等支干。再以“哺乳类”这个支干，再分出“人类”、“狗”……如此这般，将生物有

系统地组织，拿树木的形状来表示的方法，就是“系统树分类法”。

并不是每个学科的知识都能整理成这种形态，但至少要使其系统化、条理化，看起来一目了然。

最快速的整理方法是利用孩子的教科书，把目录抄在笔记本上，它就成了那门学科“系统树”的原型。如果将目录作为“系统树”太概要、太笼统，可以把每天所学知识的要点整理出来附加在“系统树”上，细小的知识也会印在脑海，直到完全记住为止。

(2)“倔强型”的孩子，可采用“进攻式”

“倔强型”的孩子的特点是：好强，容不得失败；总担心别人会超过自己。

这类孩子性格倔强，而且不肯服输。性格倔强的人，通常对周围环境很敏感，而且还会采取行动，和别人竞争到底，不分胜负绝不罢休。因此，性格倔强的人常常陷入焦虑不安的状态，有的人甚至对自己的学习方法失去信心。

这类性格倔强的孩子有他们特有的长处：充满斗志；专心致志，非彻底追究出结果不可；可以忍受严格的训练。

倔强的孩子可以利用这些长处，采用如下的“攻击性读书法”。

这个方法简单地说就是和难题较量，并把它征服，这样可重新对读书充满信心。

只要信心充足，别人再有什么读书妙计，自己也不会耿耿于怀了。

所谓和难题较量，并不是要孩子没头没脑地“胡乱找出难题向它挑战”。这样做，绝不是聪明的方法。

他要按部就班地一步一步前进，像跳高一样，开始从简单的练起，然后慢慢地加高，最后在力所能及的最大界限，决定胜负。

也就是说，和难题较量要遵循循序渐进的原则，不可操之过急。

如果孩子在某个阶段的问题上受阻，表明那个问题是他的薄弱环节，他得找出几种类似的问题，多练习几次。

一直到把那些问题完全弄懂了，才可上升到更高的层次。

不要在一个问题上花太多时间。

在向难题进攻的时候，如果想了十分钟、二十分钟还解答不出来，千万不要执意要马上解答出来，对同一个问题花费太多的时间，是学习上的一个大忌。当对一个问题百思不得其解的时候，不妨将它且放在一边，让它冷却一段时间再思考，这时往往就有灵感闪现，很快解答出难题。

个性倔强的孩子有个特点——容易在一个问题上花太多的时间，解答不出来又不肯放弃，结果越来越乱。此时，不妨试一下“适时转换”的原则，说不定会对你有帮助。

在解答难题的时候，如果对基本知识还不是十分了解和熟练，一定要重新温习教科书。

要知道，对自己的能力没有事先的估计而去攀登山峰，遭遇困难和阻碍只是时间的问题而已。

同样的，对一时解答不出的难题，最好以退为进，不要一直在前猛冲。

(3) 没定性的孩子，可采用短时间计回转式

“没定性”的孩子的特点是：读一会儿书就感到厌烦，不知怎么办才好，一会听音乐，一会跟别人玩，或看报纸，把读书完全抛到一边去了。

这种类型的孩子的缺点是：无法长时间做有效率的工作；注意力不能集中，无法专心于一件事。

所谓没定性，不同于“发呆”、“心不在焉”。他们有集中精力于某一件事，但时间不能长久。

他们做做这个，做做那个，虽然时间不长，但做这些事情的时候还是挺专心的。

当他们对一件事感到厌烦的时候，马上对另一件事产生了很浓的兴趣，如此不停地做各种事情，倒也兴致勃勃。

家长不妨告诉孩子：当他读书感到厌烦的时候，说明读书效率在开始下降。效率一下降，再逼迫自己去读书，只会使自己更厌烦，实在是没什么用处。

怎样转变呢？

暂时放弃感到厌烦的学科，改做另一种科目，这比拖拖拉拉地在一个学科上磨掉许多时间要好得多。

没定性的人，其实也就是不甘单调，喜欢变化，所以，要尽量避免“一路硬干到底”，应采取一些更有效的补救措施。

犯这个毛病的孩子可以把各种学科分成不同的组别：

A组（语文、英语之类每天必须不间断地花短时间温习的学科）；

B组（数理、自然学科、社会学科之类每天必须花较长时间温习的学科）。

然后，采取“短时间计回转式”的读书法，接着花30～60分钟做B组的功课，之后，又回到A组，复习刚读过的内容要点，接着又整理B组的内容，然后，才进入其他的学科。

除了在学科的组别上做回转，对每一门学科，也要分为“读”、“看”、“写”、“查辞典”、“作业练习”等多种方式，这样学习的内容和方式不断转变，就不易感到厌烦了。

当然，学科或组别转换的时候也可以休息一下，调剂身心。

（4）个性谨慎的孩子，可进行“重点式的预习”

个性谨慎的孩子的最大特点是“不够积极”。这样的孩子做什么事情都小心翼翼的，老师讲课的内容他连最细小的部分都想牢记下来，可是，就是不愿意再进一步去思考。

他很少做课前预习，但是对复习工作却做得相当完备和详细，不敢有任何遗漏。老师讲的内容，从来不怀疑其正确性，不管能否理解，全都一股脑儿灌进脑子里，记了下来。这种毅力，是值得肯定的。这种读书方法，若用于基础知识的汲取和积累方面，是很适用的。但是，缺点在于，要他跨出这个范围一步，他就会茫然无措。

像这种凡事小心谨慎的孩子的长处在于：基本性的知识掌握牢固；不会误入“自以为是”的歧途；成绩不会太差。

他们的缺点是：过分小心，束缚了自己的手脚，学习效率低；考试很难获取出类拔萃的成绩。

采用重点预习的方法，培养积极用功的习惯，化胆小为胆大，打破困于一隅的局面，这对个性谨慎的人来说，是个很有用的方法。

这个方法的好处就是不再拘泥于细节，对自己的信心也大大地增加。

重视对孩子在新的问题情境中对知识的应用能力的培养

学校要举行数学考试。和其他家长一样，哲哲的爸爸妈妈在家督促孩子复习功课。在哲哲临睡觉前，他妈妈问哲哲：“概念都掌握了吗?”

哲哲回答说：“书上的概念我已经全部能够背出来了。不信的话，我背给您听听!”

“题目都会做了?”妈妈不放心地问道。

“都会做了！课本上的例题、习题和老师讲过的一些题目我都会做。就是参考资料上的那些难题，您给我讲了以后，现在我也会做了。”

第二天，哲哲放学回家后，妈妈第一句话就是：“今天考得怎么样?”

“不理想。”哲哲无精打采地回答妈妈的问话。

“是概念错误？还是题目不会做。”妈妈接着问道。

“概念部分没错，就是最后的一道题目我没有做出来。”哲哲如实地把情况对妈妈说。

“你昨天不是说，题目都会做了吗？怎么会出现这种情况呢?”妈妈显得有点不高兴。

哲哲委屈地说：“课本和参考书的例题、习题，以及老师在课上补充讲的题目我确实是都会做的。可是试卷上最后的那道题目我从来没有见过。我在考试的时候，在这道题目上足足花了一刻钟的时间进行思考，但就是不知道怎样做。其实，那道试题并不难，只

要经过一个转换，就可以变成一个与课本上的例题相仿的题目。而我在考试的过程中就是没有想出来。出了考场，经同学提醒后我才知道应该怎样做。”

“这说明你做的题目还是不多，今后还是要多做一些。”妈妈严肃地对哲哲说。

……

从哲哲妈妈的话中，我们不难看出，她认为哲哲出现这种“出了考场才知题目应该怎么做”现象的原因是题目做得太少。也许大多数家长也是这么认为的。于是乎，就给孩子买大量的习题集，让他们大量地做题。若孩子有题目不会，家长不厌其烦地讲给他听。可是，一段时间后发现效果并不理想，类似哲哲的那种现象还是屡屡发生。这究竟又是为什么呢?

要回答这个问题，就要从题目本身谈起。对于学生来讲，他们在学习的过程中，一般会遇到两种类型的题目：一类是与课本或参考书例题、老师或家长讲解过的题目相仿的问题；另一类是知识性内容在掌握的范围之内，但题型是以前没有见过的题目。在平时的学习中，他们遇到的题目，大多数是属于第一种类型。做这种类型题目的基本要点是模仿例题和老师或家长所讲解方法。类型见得多了，模仿到位了，学生对于这类题目的解答是不会出现问题的。第二种类型的题目，实际上是知识在新的问题情境中的应用。这类题目在考试中是经常出现的。做这类题目的关键所在是运用已经掌握的知识，将问题作适当的变换，将它转化为第一类题目。这种变换和转化是问题解决能力的表现。

应该说，哲哲妈妈和其他的家长的想法，对于孩子解答第一类题目是有益的。但是，这对第二种类型的题目，基本上没有什么大的作用。为何这么说呢?其原因是，**能力的形成和发展不能简单地通过模仿来实现，必须要通过自己的亲身体验才能形成和发展。**像哲哲这样的孩子，经常背概念、大量做题目，应该说，他们在学习上是努力的。从学习效果看，对于解答第一类题目也是不成问题的。他们的毛病主要是在新的问题情境中，不能把已经掌握的知识进行合理地应用。

毫无疑问，前面所讲的两类问题是有联系的。会解决第一类问题的解决，是解决第二类问题的必要条件，但不是充分条件。之所以这么说，是因为第一类问题通常来讲是过于“标准”的，而第二类问题的特点就是“不标准”。“不标准”的问题，必须运用一定的知识，通过变换和转化以后，才能实现“标准化”。例如，在认识图形时，如果将长方形横着或竖着放置，孩子很快就知道这些图形是长方形，因为这种放置是“标准”的。但如果将长方形斜着放，它显得不那么“标准”了，而这种“不标准”，只要通过旋转一下，就能将其转化为“标准”的形式。在大多数情况下，孩子做不出考试题，并不是因为他没有掌握解决问题所需要的知识，而是他们不会将那些题目变换和转化成为与例题、老师或家长讲解过的相类似的问题。因此，要避免类似于哲哲在考试过程中那种现象出现，学校老师的教学方法当然需要改进；但是，家庭教育的效果也许更为明显。

家长在对孩子进行学业辅导时，应该注意知识在新的问题情境中的应用能力的培养。而培养的重点应该放在将“不标准”的情形向“标准”转化的过程方面。例如，孩子会模仿例题解决一些简单的问题之后，家长不妨让孩子做一些“变式”题。另一方面，在孩子的游戏和生活的过程中，也可以培养这方面的能力。例如，孩子在搭积木的时候，给他们布置与说明书上不尽相同的“任务”，让他们自己根据积木的特点来完成“任务”；让孩子自己处理自己的一些生活问题等，都是培养他们将知识应用到新的问题情境中去的行之有效的方法。

帮助孩子掌握科学的方法和技巧，增强记忆力

为了巩固所学的知识，教孩子努力增强记忆力是绝对必要的。一位心理学教授总结了下面的几点增强记忆力的方法和技巧，非常值得每个孩子学习和借鉴。

（1）心情平静，树立信心

心情平静容易记住来自外部的信息。我们知道，向微波荡漾的湖水中投掷石子，荡起的波纹会立刻消失。但是，向平静如镜的湖水中投掷石子，荡起的波纹则很难消失。这是日常生活中的一种自然现象。在我们的头脑里也同样具有这种情况。当我们心身舒畅、心情平静的时候，我们的记忆装置——大脑皮层就会安静下来，这时传递给大脑的信息就会被牢牢记住。

同时，要让孩子懂得，树立信心会使头脑灵活，增强记忆力。道理很简单，就像学外语一样，如果他觉得“我一定能学好它”，通过刻苦学习，他会记得更多、学得更好的。

（2）注意休息，消除疲劳

消除疲劳可增强头脑的活动能力，疲劳会降低头脑的活动能力。因此，即使是经常进行激烈比赛的运动员，在比赛前也要进行充分休息，消除身体的疲劳以后，再投入比赛。这是因为，疲劳会显著地降低脑细胞的活动能力，记忆力也会随着这种降低而减弱下来。**所以，要想提高记忆力，就必须经常调整自己的身心状况，使脑细胞处于良好状态。**

心理学家在试验中证明，在记忆新的事物和单词时，每记忆30分钟以后中间休息5分钟，其效果远远超过长时间连续记忆。很多孩子都遇到过这样的情况，头一天晚上怎么也解不开的问题，第二天早晨，一演算就迎刃而解了。可见，“注意休息”对记忆来说，非常重要。

（3）寻求方法，寻找刺激

寻求好的方法可提高记忆效率。记忆的方法，因人而异。有的人在第二天早晨把前一天学习的内容看一遍，就能牢牢地记下来；有的人边听边写就能很好地记住；还有的人边听音乐边学习，比在万籁俱寂的环境中记忆得更好，等等。你自己最擅长的记忆方法是什么呢？如果清楚的话，一定要注意运用和发挥它；如果还不清楚的话，要注意观察、分析和总结，它会使你的记忆力如虎添翼。

刺激可使脑细胞变得年轻而敏锐，提高记忆的生命力。要使我们的脑细胞永葆青春，关键在于要经常给予刺激。观察一下我们的日常生活，这种观点是很好理解的。一些高级领导人，七八十岁了，仍然朝气蓬勃，机智敏锐，原因虽是多方面的，但他们“经常处于接受新刺激的环境中”，这一条是极为重要的。

（4）明确目的，提高兴趣

目的明确可集中精力，从而促进记忆。去朋友家时，自己走路和跟着别人走，情况完全不同。只要自己走一趟，几乎就把路线完全记住了，可是，由别人带着，自己尽管也走了一趟，也很难记住路线。这就是目的性强弱的差别，它同记忆的差别密切相关。

提高兴趣是提高记忆力的促进剂。例如，如果问：“你第一次和女朋友约会时，对方穿的是什么衣服？”几乎所有的人都能清楚地回忆起来。但是，如果问：“你还记得入学的那天，老师穿的是什么衣服？”几乎所有的人都回答不出。由此可见，兴趣这个“促进剂”，对提高记忆非常重要。

世界著名的心理学家弗洛伊德曾说过：“人只记感兴趣的东西。”确实，我们往往对于自己所关心的事物能够很轻松地记住。生活中有很多这样的例

子。小学生上学时，沿途要经过好几个玩具店，他能把玩具店的店名记得一清二楚；相反的，一个每天赶公共汽车上下班的人，对于窗外的街景却没有丝毫的印象，这是因为他没有抱着有趣、好奇的心情去欣赏。

对于背英文单词也是如此，有许多学生很讨厌英文单词，记住一个英文单词不知要花多大的力气，但是却很喜欢外国歌曲，所以能很流利地唱出英文流行歌曲。

因此，记忆的先决条件就在于兴趣。你对所从事的工作抱有强烈的兴趣，会使你的记忆效果迅速提高。

在记英文单词的过程中，与其为应付考试才去死拼烂打地背单词，不如想一想，有一天我遇到一位外国人时，如何和他交流。把记忆当作一大乐趣，就会越来越能背单词，记忆力就会随之提高。

（5）心境愉快，仔细观察

心境愉快能把事情牢牢记住。学习前先想想愉快的事情，看看令人愉快的东西，听听令人愉快的音乐，会有助于心情的平静，从而提高记忆力。还有，把学习与自己的抱负联系起来，把学习与想象中的成功的喜悦联系起来，也会大大提高记忆力。

仔细观察可增强对事物的印象，提高记忆力。比如，经过辛苦的查询和一番周折而拜访了一次朋友后，往往比看地图或听人告诉更不容易忘记地址。这是因为，亲临现场观察比耳闻更能清楚地记住目的地。

（6）学习记忆的窍门

> 据说世界闻名的记忆大师哈利·罗莱因先生能在招待会上把在座的500多人的姓名、脸型，一下子全都记住。他让大家用各种语言按顺序说出从1～20个多位数数字（20位以上），他当场就能全部记住，当人们任意提问第几个是什么数时，他能按指定语言流利地脱口而出。

其实，罗莱因先生绝不是什么天才、奇才。他只不过掌握了记忆的要

领，训练有素而已。记忆方法是任何人都完全能掌握的。记忆力的强弱并非天生的，它是可以随着训练和掌握好的记忆技巧和方法而提高的。美国哥伦比亚大学的心理学教授伍德华司曾在一篇文章中指出：只要学得正确的记忆方法，就能够提高记忆力。他做过一个实验，把一些人分成记忆力相仿的两组，他让第一组的人只依赖简单的背诵方式去完成一个记忆任务，而让另一组人先接受记忆方法的培训、训练，再完成与第一组人同样的记忆任务，背诵的时间也一致，结果掌握正确记忆方法的一组，成果远比另一组好。

所以，在记忆中，既要花工夫苦干，又要找窍门、摸规律，做到事半功倍。

(7) 理解意义，强化形象

俗话说："强记不如善语。"真正理解一些知识后，你就能很轻松地记下这些知识。

> 德国的心理学家艾宾浩斯曾做过一个有名的有关记忆力的实验。在这个实验中，艾宾浩斯让同一组人分别记忆两组不同的记忆材料。一组是 12 个无意义的音节，一组是含有 480 个音节的诗。实验结果表明，在记忆 12 个无意义音节时，人们平均需要复习 16.5 次就能完全默写正确，而对于含有 480 个音节的诗，平均只需要复习 8 次就能背诵。这个实验表明，理解有助于记忆，记忆无意义的或不理解的材料比记忆有意义的或理解了的材料困难得多。

理解是记忆的基础，是克服遗忘的有利手段。张载曾说过："书多阅而好忘者，只是理未精耳，理精则须记了无去处也。"意思是指要彻底在"理解"上用力气，透彻的理解能使自己牢固的"记得"。宋朝时福州有个读书人叫陈正之，他开始求学时，每拿到一本书，就匆匆忙忙地读完。他虽然读书很多，却收获很小，记住的东西不多，认为自己的记忆力天生不好，常常为此而感到苦恼。后来，他遇到了理学大师朱嘉，朱嘉对他说："你以后读书，每次只读 50 个字，一连读它两三百遍。"陈正之回家以后，按照这种方

法读书，每次只读一小段，务求读懂、记牢，然后再往下读。这样，他开始感到读过的书经久不忘。后来，他知识大进，成为真正有学问的人。

只有深刻理解了所学的东西，才能加深记忆。有的人不这样，总是不求甚解地读自己喜欢的书，或者养成一种挑着书读的坏习惯，不去深刻理解其意义，这样只能是读一本忘一本，到头来什么也记不住。著名作家林肯就不是这样，他是一个贫苦的拓荒者的儿子，难得有钱买一本书，因此，只要得到一本书，就反复地读了又读。由于他孜孜不倦地反复阅读，既能深刻地理解其意义，又能有条有理地把内容记在头脑之中。

把要记忆的东西变换成具体的事物形象化，加以考虑，就能迅速地记忆在头脑之中。比如，有的外语单词很难记，你根据词的发音变换成日常生活中常遇到的某些东西去记忆，这样就不难了。记住这种东西，就会记住那个单词。

(8) 善用联想，不断反复

善于运用联想去记忆，既牢固又好发挥。希腊和罗马时代的西塞罗和塞涅卡等雄辩家，所以能够记住长篇的演说内容，就是由于善于运用联想。日常生活中也有很多事可以说明联想有助于记忆。如青年人一到和女友分手的地方，就会想起她的音容笑貌。

有效的不断反复，是保持记忆的有效途径。根据一些心理学家的分析，遗忘有着自己的规律，一开始，它衰减迅速，最初的 20 分钟内，会忘掉 20%；3 个小时后，忘掉了一半；此后，遗忘的速度减慢了，一个月后，忘掉了大约 80%。

这就是说，学习就是记忆和遗忘的一场比赛。如果你赶在遗忘之前再记忆——复习，效果就比晚复习好得多。比如说，在遗忘最快的前 20 分钟抓紧复习，记忆得到了强化，遗忘的东西就会少得多；如果在 3 小时内再复习一次，记忆又二次得到了强化，遗忘的内容就更少；如果在第二天再进行一次复习，你就会记得相当牢固；此后，在一周后再记忆一次，在一个月后再复习一次，你就能牢牢记住所学的知识，甚至可以做到终生不忘。

中国古代教育学家孔子说过："学而时习之。"；德国哲学家狄慈根也说

过：“重复是学习的母亲。”这些伟人的名言是有一定道理的。著名科学家茅以升在他年过八旬时仍然有着相当惊人的记忆力，他还可背出圆周率小数点以下一百位精确的数值。在一次宴会上，有人询问到：“您是怎样记住的呢?”茅以升回答说：“说起来很简单。重复！重复！再重复!”

(9) 把记忆的内容条理化、系统化

在一堆珍珠面前，我们无法用一只手抓住这些零散的珍珠。但一旦我们把这些珍珠用一根线串起来，这样，就是有无数的珍珠也可以用一只手把它们提起来。在记忆知识时，我们会面对很多表面零散的知识，为了便于记忆，我们必须把这些知识整理、概括、系统化形成网络，再进行记忆，这样就容易多了。所以，**在记忆之前，应该先对记忆材料进行一定的加工。**

在记忆前进行的知识加工，就是要把记忆的内容条理化、系统化。我们要记一篇课文，一定要把课文每段的大意搞清楚，通过对文章结构的理解来增强记忆。通过这番加工，你就能同时记住一大类内容，而且能记得很牢。

(10) 巧妙地把记忆的难点分开

人的注意力是有限的，很难一下子记住很多内容，因此，应该采取一些技巧，把大量的需要记忆的材料“化整为零”，减小记忆的难度。具体可采用以下几种方法：

①累进分记法。把记忆材料按 ABCDE……的顺序分开，先记 A 部分，到完全能够记住时，再一起记 A 和 B 两部分。A、B 两部分都记住了，再把 ABC 三部分合在一起记，以此类推。这种记忆方法叫做累进分记法。

累进分记法在记忆材料不是很多的情况下非常有效。它可以避免分步记忆时容易出现的各部分之间衔接不上、记了后边忘了前边的缺点。例如，记忆不止一段的歌词、外语中的长句子、文章的精彩段落时，都可以采用这种方法。

②分类记忆法。把记忆对象加以分门别类，然后分别记忆，这种方法叫做分类记忆法。在记忆对象的数量较多、又不同属一类事物的情况下，采用分类记忆法往往容易取得较好的效果。

③首尾记忆法。在记忆的过程中，存在着识记材料的相互影响和抑制现象。先识记的记忆材料对后识记材料的识记和回忆起的干扰作用，叫前摄抑制；后识记的材料对先识记材料的识记和回忆起的干扰作用，叫倒摄抑制。例如，我们在学习时，往往对开头和结尾的内容记得清楚，而对中间则记得模糊。这是由于开头部分的学习内容没有前摄抑制的影响，结尾部分的学习内容没有倒摄抑制的影响，所以它们比中间部分记忆印象要深刻而持久。

教孩子掌握进行有效阅读的基本步骤

学会进行有效阅读，才能在最短的时间内学到尽可能多的知识，并且便于记忆和以后复习。为此，在阅读的时候，要教孩子学会尝试如下几点建议：

（1）标出重点

研究表明，如果读者是在知晓了一章学习内容的要点之后开始阅读，并由此深入到各部细节的话，会取得相对较好的阅读效果。因此，**在阅读时，最好先看看每一章的内容提要，许多好的教科书都有这种提要。**然后，可以浏览一下内容，特别留心作者和出版者的思路线索。标题字体的不同大小和不同形状，会告诉读者哪一点应该看作要点，哪一点是次要点，哪些是又次的要点。

在一张纸的一边写下整章的提纲，把它裁成书本大小，然后装在这一章的开头，这样做对你来说是会很有好处的。做提纲能帮助你对一章的内容有个概括性的了解，并且迫使你去了解作者思路的逻辑性（或者逻辑性的不足）。你做的提纲将来可以用来进行复习。

要想改进做提纲的技巧，你一定得找出一章中每节、每小节甚至每一段落中的关键性句子。写得好的教科书，通常都把这种关键性句子放在一个段落开头的地方。如果你能找出说明段落主题的句子，你应该以能够使你在将来方便地查找的方式把它们做成笔记。要注意书中的图片和图表。由于在教科书中印上插图的费用是很高的，因此作者和出版者加入的插图都是有一定重要性的。对于这些插图的作用应该有充分了解。现在，如果你已经对某一

章所论述的主要问题有了一个总认识的话，那你就可以开始细细地读下去了。

(2) 手拿铅笔开始第一遍通读

在开始这一任务以前，你应牢记住一点：这一次深入阅读对于你将来快速地复习这一章内容来说是个黄金般的好机会。因此，你应手执铅笔，随时圈划，不要考虑你书籍的干净漂亮。一本书的价钱比起优秀的学习成绩来说是微不足道的。当然，图书馆的书或借来的书是不能涂划的。如果你读的书不是你自己的，可以用笔记本把要点内容记录下来，同时这些要点所在的页数也要记下来。

你读书的时候，通常的目的是找寻你所需要的知识和材料。因此每一段的重要句子下面都要划上横线（用铅笔），突出重要的地方除了画线，在旁边还可以加上一个星号；最好把每个生字或技术性字词圈起来；提到一个重要人物时，在他或她名字旁加个星号；如果重点内容是列表的形式，如一个事件发生的三点原因，一场社会变革的七点进步标志等等，可在书页边的空白地上标注一个自己喜欢的标志，以提起你的注意。

(3) 手拿红笔进行第二遍阅读

在对你所读的内容有了一个总认识之后，应该再读一遍，把你现在认为的确重要的内容用红笔标出来。你可以把提示重要人物的星号用红笔圈起来；你可以把划在专业词汇外面的圈涂红，使之更加醒目突出；可以用红笔标出最重要的表格、图表和照片。这样做的目的在于突出真正重要的部分，并且使每一页书尽量地与另一页书有所区别。这种区别对于一个在考试时回忆以前学过些什么的学生来说，经常是有很大帮助的。

(4) 进行目的明确的复习

你应该能够明了每个画了圈的词的词义，并且能给出例子，引用加上星号的人的名言，说明每幅图表和图片的重要性；瞥一眼标题，你应该能叙述出标题下每一节的内容。**作为自我测验，你可以看着章节提纲，回忆每一节讲的都是什么。**

（5）和别人进行讨论

学习的真谛并不是仅仅把课本的各个细节背诵下来，而是汲取可以致用的事实材料和思想观点。要想掌握一本书中最有价值的内容，最好的方法莫过于同别人一起进行复习和讨论了。两个或者两个以上在读同一本书的人互相提问关键性名词的词义，提问一章教科书的主题，或者就书上的结论展开争论，能使大家都有所收益。这样的活动可以迫使你把思想理出头绪，以便清楚、简明地表达你的观点。

帮助孩子掌握要领，提高阅读速度

在竞争日益激烈、崇尚效率的现代社会，在不削弱理解和记忆效果的前提下，提高阅读速度无疑具有十分重要的意义。那么，该怎样教孩子提高阅读速度呢？如下建议可供参考：

（1）培养“默读”能力，改变“朗读”习惯

阅读中的认知有两种不同的方式。一种是：文字以光波的形式落在人眼视网膜上，然后由视神经传到大脑的言语视觉中枢，引起大脑内部的言语活动和思维活动，从而理解了文字所表示的意义。整个活动是在人脑内部默默进行的。这种认知方式就是默读。另一种是：文字以光波的形式落在视网膜上，又由视神经传至大脑的言语视觉中枢。言语视觉中枢又把信号传至言语运动中枢，言语运动中枢再把信号传至人的发音器官，引起喉、舌、唇的运动，发出文字的声音。声音通过耳朵的听觉神经传至言语听觉中枢。3个言语中枢协同动作，从而理解文字的意义。这种认知方式就是朗读或低声诵读。

由于默读不必经过声音的转化和输入，直接由视觉吸收信号，过程简单，所以速度比朗读和低诵快得多。就一般读者来说，汉语朗读每分钟平均150～200字，默读每分钟可达400～600字。默读的速度是朗读的3倍左右。要想提高阅读速度，就要采用默读的形式。

有人认为朗读和低诵有助于理解，而默读影响理解。这种认识其实是没有根据的。据语言心理学家的实验，默读在加深理解方面，同样优于朗读。这是因为默读不发出声音，可以从容地沉思默想，而朗读则易受发音的干

扰。**朗读的优势仅在识记和背诵方面，对于理解没有明显的促进作用。**

默读习惯可以采用以下方法加以培养。

首先检查一下自己在阅读中，有没有发出声音或虽不明显发出声音，但发音器官（嘴和喉部）仍然做出轻微动作的不良习惯。如有这种习惯，阅读时，可以用手指按住喉部，或将一个瓜子仁含在双唇间，以制止它们做出发音发动。

也可以采用限定时间阅读文章的方法，眼睛加快扫视页面的速度，集中全部注意力理解读物的内容，使发音器官来不及动作。久而久之，就能克服诵读的毛病，养成默读的习惯。

（2）扩大视距，整体认知

据观察，在阅读活动中，人的眼球并不是连续不断地向下移动的。而是时停时动地向下跳动。眼停的时候认知文字，眼动的时候转向下面的文字。眼停一次的时间大约是0.3秒左右。每次眼停认知的字数最多可以达3到6～7个，最少只有1个。眼停时认知的字数叫“视距”。一个阅读过程，眼停的时间约占95%，眼动的时间只占5%。由此我们可以知道，**阅读速度取决于一次眼停认知字数的多少。如果一次眼停认知的字数多，视距大，阅读速度就快；如果一次眼停认知的字数少，视距小，阅读速度就慢。**

在阅读活动中有两种认知方法。

一种是合成式认知。即一次眼停只认知一个字或一个词，一字一顿或一词一顿，而后合起来理解其意义。这种认知方法有两个缺点：一是眼停的次数多，花费时间长；二是字和词都不表示一个完整的意思，影响理解。这两个缺点都明显地影响阅读速度。

另一种是整体认知。即一次眼停认知一个短语或一个短句，整体地理解它的意思。这种认知方式减少了眼停的次数，也加快了理解，可以大幅度地提高阅读速度。

有人对这两种认知方式做过比较试验。逐个辨认不成词句的汉字，每分钟最多辨认100个左右；整体辨认组成词句的汉字，每分钟可以辨认300个左右。由此看来，**扩大视距，养成整体认知的习惯，将直接有益于阅读速度的提高。**

整体认知的能力可以通过练习提高。如把一些短语或短句写在卡片上，在极短的时间里在眼前闪示，然后说出意思。可以逐渐加长卡片上的短语或短句，缩短出示卡片的时间，这样可以扩大视距，增加一次认知的字数。也可以把一篇文章用铅笔圈出短语或短句，以圈好的单位练习认知。还可以阅读一些诗歌，以句为单位整体认知。练得多了，就能扩大自己的视距，养成整体认知的习惯。

（3）控制视线运动

①减少回视。阅读中，人们的视线本来应该是从前往后做定向式移动的。但有时候，读者因为没有理解认知过的文字的意思，或没有看清楚字形，就需要返回去再看一遍，这种返回叫“回视”。

由于阅读材料太难而造成的回视，一般来说是正常现象。但有时候，有些读者的回视却并非是因为阅读材料太难而造成的。有的读者没有养成整体认知的习惯，一字一认或一词一认，又不能把认知过的文字很流畅地合成一个完整的意思，常常是看了后边忘了前边，不得不反复回视，才能理解读物的意思。久而久之，养成习惯，不管阅读材料难易，都要反复回视，花费很多时间，这就大大减慢了阅读速度。

反复回视的毛病可以通过训练加以纠正。开始时应采用浅显易懂的阅读材料，从扩大视距，提高整体认知的能力入手，逐渐学会控制眼球的运动，使视线定向运动而不返回。练习多了，反复回视的毛病就能有所克服。

②准确扫视。阅读中，视线从前一行的末端转到下一行的首端叫“扫视”。读者的扫视如果能够做到准确熟练，阅读速度就不会受到影响。如果不够准确熟练，经常串行或需仔细寻找才能读下去，阅读速度就会大受影响。因此，**要想提高阅读速度，掌握扫视的技巧也是很重要的一个方面。**

要做到准确的扫视，一是要能够根据已经读出的一行文字预测下一行开头的文字。有了这样的思想准备，移动就比较顺利。二是要学会控制自己的视线，当视线已经移到一行的末端时，应以跳跃的方式转向下行的首端。而不要沿已经读过的一行回视到开头，再向下移——这样容易耽误时间。

有的人为了扫视准确，常用手指或笔尖指着读，移行时以手指或笔尖做引导。还有的人用一把尺子遮住未读的文字，读完一行露出一行。这种方法固然可以起到一些帮助扫视的作用，但容易分散自己的注意力。因为读者在阅读时，注意的对象应该是读物所表达的思想，而不是每个字在书页上的位置。另外，移动手指和尺子的速度往往跟不上眼球的运动，有时也会减慢读速。

（4）高度集中注意力

注意是一种积极的心理状态。当注意集中于感知活动时，人们的知觉便处于活跃状态，使人有选择地感知文字而不去注意与读物无关的东西。这样被感知的文字信号强度相对增加，人们的感知也就会更清楚明白。当注意集中于理解活动时，人们的思维便处于活跃状态，使人能把思维集中在所读文字的意义上，而不去思考与之无关的事物，这样文字的意义就更容易被人理解。

阅读活动中如果注意比较集中，读速就快；反之，如果注意分散，读速必慢。

（5）抓住重要信息

读物里的文字符号都负载着一定的信息，但所负载的信息量却不完全是相等的。一个句子常常由许多词语组成，其中有些词语是关键性的，没有它，意思就表达不清楚。相对来说，有些词语就不那么关键，没有它，意思也能说明白。一段话语由许多句子组成，其中有些句子是关键的，也有许多句子就不那么重要。一个作者，不管他的文字水平有多高，也不可能精要到字字珠玑。有经验的读者在阅读过程中，并不是在每一个文字符号上平均使用力量的。无论是感知还是理解，都是抓住关键性的词语和句子，其他的则依次带过。这样，阅读过程才有张有弛，并达到一定的速度。**阅读时，如果我们总是紧张地注视和思考着每一个词语，每一个句子，势必造成视力和脑力的疲劳，从而影响读速。**

文章中重要信息和次要信息的分布是有规律的。一般来说在记叙和描写性语体中，一个单句的重要信息是主语、谓语、宾语。例如，“我冒了严寒，回到相隔两千余里、别了二十余年的故乡去。”这句话传达给读者的主要信息是：我回到故乡去。在科技语体、政论语体中单句里的重要信息有时也可

能是定语、状语和补语。例如："强碱是由碱金属或碱土金属所组成的氢氧化物。"这个句子中定语是个必不可少的成分，没有它就不能正确认识强碱的性质。在复句中，大多数偏正复句的重要信息是正句。例如："每个人都有可能走向成功之路，不过，必须自己有坚强的毅力去开创。"这个复句强调的意思是：必须自己开创。但有时也有例外，像条件复句中，表示唯一条件的分句是重要信息。例如："除非彻底改组领导班子，才能使这个厂出现新局面。"这个复句强调的是：要改组领导班子。在段落中，段落的中心句是重要信息。在文章中揭示主题的句、段是重要信息。**了解了读物重要信息和次要信息的分布规律，阅读时就能有的放矢地捕捉重要信息，从而提高读速。**

捕捉句子重要信息的能力可以通过训练培养。如选择一些句子，读后划出重要信息，阅读一些文章，边读边划出重要的词句等等。

（6）提高预测能力

据阅读心理学家研究，人们在阅读过程中，并不是被动地接受读物文字所传达的信息，而是在积极地思考，对词语、句子的接续，意义的展开，情节的推进，都不断做出期待、预测和判断。也就是说，人们在逐词、逐句地阅读一篇文章中，在感知理解了上一个词语或句子时，就预先想好了下一个与上文衔接的词语或句子。例如，在看了"天阴得越来越沉，一阵狂风掠过……"一般来说，读者会预见下文是"大雨就哗哗地下起来"之类。在看了文章的开头部分时，就开始考虑文章的主体部分和结尾部分。

一个读者在阅读过程中，如果能主动地预测下文，而预测的短语和句子又完全与下文吻合，那么对下文的阅读就变得轻松而流畅，从而加快阅读速度。反之，如果只是被动地接受或虽有预测但准确率很低，那么下文的阅读势必变得吃力，从而影响阅读速度。

预测能力与读者对读物所用的语言掌握的熟练程度有关。例如，一个汉语熟练的中国人，在读到"我们要继续发扬艰苦奋斗的……"这半句语时，一般会预测到下文是"作风"之类，而一个汉语不熟练的外国人，即使认识上文的这些字，也未必能准确地预测下文。

预测能力还与一个人的知识水平有关。一个具有高中以上文化水平的读者，在读到“因为地球是个南北稍长的椭圆形球体，所以越靠近两极引力越大，反之……”这句话时，一般也会预测到下句是“越靠近赤道，引力越小。”

预测能力还与一个人阅读时的心理状态有关。态度积极，预测主动；态度消极，预测则被动。预测能力也因之受到影响。

预测能力可以在阅读中培养，在阅读中要主动对下文展开预测，养成看了上句想下句、看了开头想结尾的习惯。

教孩子在学习中坚持“循序渐进”的原则

举重者练习举重之初，通常是先从他们举得动的重量开始，经过一段时间后，才慢慢地增加重量。优秀的拳击经理人，都是为他的拳师先安排较易对付的对手，而后逐渐地使他和较强的对手交锋。我们可以把这一原则应用到每一个地方，这个原则就是先从一个易于成功的“对象”开始，逐渐推展到较为困难的工作。

巴甫洛夫临终时，有人要他指导学生如何成功。他说：“热诚和循序渐进。”

为了取得良好的效果，在学习中，一定要教孩子坚持“循序渐进”的原则，即按照科学知识的体系和学习者的智能条件，有系统有步骤地进行。

宋代著名教育家朱熹说：“读书之法，在循序而渐进，熟读而深思。”、“未得于前，则不敢求其后，未通乎此，则不敢忘乎后。”“循序而有常”。他既反对杂乱无章，企图一步登天的做法，也反对贪图“捷径”，不求甚解的学风。许多古代学者大都有此看法。《学记》在论及学制部分时，规定了一至九年每一段的逐步的具体要求。荀子说：“骐骥一跃，不能十步；驽马十驾，功在不舍。锲而舍之，朽木不折；锲而不舍，金石可镂。”

循序渐进的规律，就是指求知要由浅入深，由易到难，由近及远，由此及彼，由表及里，由低级到高级，由简单到复杂，由少到多，由具体到抽象，从而逐步地“渐渐向里寻到那精英处”，即到达理想的胜境。

学习之所以要循序渐进，除了这是前人无数经验之总结外，还因为这是事物本身的特性所决定的。即事物都有它严密的内在逻辑关系。我们只有逐步地去进行学习，才能真正学到手。这表明，循序渐进本身并不是主观随意提出来的，而是由规律性所决定的。

依照循序渐进的原则，家长要提醒孩子在学习中量力而行，逐渐积累。科学内容有其系统，青少年本身的身心发展，也有其过程。因此，学习时，要考虑自己的接受能力，不宜求之过急，贪多嚼不烂，而要注意学习的阶段性。在一定时候学一定内容，不能错过学习良机，又不能勉强“超前”，脱离智力发展的可能性。这样，才能摆脱“欲速则不达”的弊病，逐渐而牢固地将一点一滴积累成知识的长河。**再者，打好扎实基础也是不能忽视的，切忌好高骛远。这正如古人所说：“九层之台，起于累土；千里之行，始于足下。”**

循序渐进看起来进步不显著，成果不明显，可是，由于这种进步是一步一个脚印的进步，因此，最终必然是高效、省时。意大利著名画家达·芬奇从画蛋开始，循序渐进，逐步提高了观察对象、表现事物的能力，练就了高超的绘画本领，终于成为文艺复兴时期的文化巨人。因此，为了使孩子奠定发展的良好基础，一定要让他养成循序渐进的良好习惯。

帮助孩子克服学习和生活中“马虎”的不良习惯

相传，古时有个画家，喜欢画虎。一次，他刚画成一个虎头，有位朋友请他画匹马，画家顺笔一挥，在虎头下面添上了马身。朋友问他：“你画的是马还是虎？”画家竟答道：“管它是什么，马马虎虎！”朋友生气而去。

画家把这幅画挂在墙壁上。他的大儿子问道：“爸爸，上面画的是什么呀？”画家漫不经心地答道：“是马。”

二儿子见了也问他，画家又随便答道：“是虎。”

就这样，两个孩子变得马虎不辨。

一天，大儿子遇到老虎，以为是马，想骑它，结果被虎吃掉；老二碰上一匹马，却以为是虎，拉弓将马射死。于是，人们便送给画家一个外号“马虎先生”。传说，这就是马虎一词的由来。

《现代汉语词典》对“马虎”一词是这样解释的：草率，敷衍；疏忽大意；不细心。在我们的生活中，“马虎”现象几乎遍布人们社会生活的方方面面。做事和学习马虎问题是青少年比较容易犯的错误。马虎是很多学生成绩不理想的主要原因之一。本来这道题会做，但还是做错了，就因为马虎，写错了公式；本来这个英语单词记得，但由于马虎少写了一个字母，结果刚好不及格。马虎往往会影响青少年的考试成绩。如果马虎形成习惯，对他们今后的工作、学习将会有很大影响，中考、高考落榜，就差那么几分，就因为他马虎，做错了几道题，也许中考或高考就是他们命运的一个转折点。**因此，克服马虎心理对提高学习成绩是很重要的。**

那么，该如何教孩子克服学习和生活中“马虎”的不良习惯呢？

（1）加强对基本概念的理解

对概念的理解不透彻是造成马虎的重要原因，所以，在学习中要注重阅读教材，加强对教材陈述性知识的掌握。比如在阅读教材时，对教材中的各陈述性知识的要素进行分析，提高对陈述性知识习得的质量。**在平时的作业中，要提醒孩子有计划地训练提高辨别事物或现象之间细微差别的精确性品质的能力，学会从不同的角度思考问题。**

（2）加强自我监控能力

有些容易马虎的孩子是属于做事比较急躁、解题之后不怎么检查的那类性格，从根本上说是自我监控能力较弱。对于这样的孩子，家长要提醒他养成细心的习惯。如题目做完后，要检查核对，确认没错后才算完成。**每次都检查，时间一久，就会养成一种习惯固定下来，这会杜绝马虎行为。**考试的时候，可以教他这样进行自我暗示：细心。一定要细心！否则，我就会出错。我要反复检查，直至确信无疑。

（3）进行认真细致的检查

检查是防止答题遗漏、纠正错误不可缺少的环节。检查一要仔细，二要耐心。要先检查题目要求，对照原题，验证是否抄错了字、词；再检查答题过程是否规范，是否符合要求；最后检查答案是否正确，有无错抄、漏抄的情况，答语是否完整。另外，还要检查题目是否有丢漏，特别是一题多问的情况，还有，前面跳过的题目是否都已补做，等等。通过对每次课外作业的检查，就可以强化孩子良好的检查习惯。

（4）培养良好的注意习惯

有的孩子平时做作业是经常边讲话边做，这是不好的。“目不能两视而明，耳不能两听而聪”，注意力集中是学习成功的基础，也是高质量、高效率学习的保证。如果孩子不能管住自己，家长在平时就要多监督、督促他，提醒他一心不能二用，学习要专心致志。

（5）培养孩子集中精力做好手头事情的习惯

任何事情都不要三心二意地去做。家长可引导孩子不断地对自己说：“我知道自己在干什么和为什么要这样干。这一件事情是我要做的。”要教孩子学会，一件事情完成后，在开始第二件事情之前，把它认真地检查一下。全部完成了吗？你对自己彻底满意吗？如果不满意，就返回去重做，这样做，可以培养孩子全心全意地集中精力做事的习惯，减少因为马虎而出错的可能性。

教孩子将学与思有机结合起来

孔子说：“学而不思则罔，思而不学则殆。”这句话是很有道理的。一个人的学习，如果只知死记硬背，而不加以思考、消化，那他就毫无收获。**思维在人认识客观世界乃至于科学的发明创造中具有重要的作用。在孩子的学习中，更应将学习与思考有机结合起来。**

大家常看到这样一副勉励学习的对联，上联为“书山有路勤为径”；下联是“学海无涯苦作舟”。这副对联写得虽好，但并不能完全代表学习中的真理。其实，在学习中只是苦，只是勤，并不一定就能学好，还必须掌握为学之方，这个方才是真正通往知识之山的径，驶向知识彼岸的舟。而这个方的发现和掌握绝不能离开思维，所以我们说，思维才真正是书山之径，学海之舟。

思维是驾驭知识的才能，是消化知识，创造新知识的有效方式。西方哲学家康德有言：“思维无内容则空，直观无概念则盲。”我们也可以说思而不学则空，学而不思则盲。

一个人从接受知识到运用知识的过程，实际上就是一个记与识、学与思的过程。学是思的基础，思是学的深化，这正如人摄取食物一样，只学不思，那是不加咀嚼，囫囵吞枣，食而不化，难以吸收，所学知识无法为“己有”。只有学而思之，才能将所学知识融会贯通，举一反三。

学与思相结合，是掌握知识过程中的必由之路，古今中外成功者的事例无不证明了这一点。牛顿思考苹果落地发明了万有引力定律，波义耳思考紫罗兰发明了指示剂……

今天正是知识爆炸的时代，知识的领域在不到一个世纪的时间内，不知扩大了多倍。面对如此浩瀚的知识海洋，只靠死记硬背是不可能达到光明的彼岸的。**因此，现代青少年更应该做到，在学习中有思考，在思考中提出独立的见解，培养自己的独立思考能力和创新能力，来适应时代的要求。**

学习可能是重复性的或创造性的。重复性的学习，就是死守书本，不知变通，鹦鹉学舌，人云亦云。创造性的学习，就是不拘泥，不守旧，打破框框，敢于创新。

一个人是进行重复性的学习，还是创造性的学习，往往与他的智力水平高低有直接关系。例如，7＋7＋7＋4＋7＋7＋7＝？重复性学习者就会采取“笨”的方法，一步一步地连加起来。但有的人则会用 7×6＋4 的方法解题，这便带有创造性的成分。更有的人会采取 7×7－3 的方案。这个“新方案”是他“发现”的，富有较高的创造性。所以二者都是创造性的学习，只是创造性的程度稍有差异罢了。

在日常生活中，一定要教会孩子习惯于“一题多解”，而不是满足于“多题一解”。

多题一解，即套用一个公式去解决许多问题，这便是重复性的学习；一题多解，即用几种不同的方法去解决同一个问题，这便是创造性的学习。考试时，用书本上的话机械地回答问题，是重复性的学习；用自己的话灵活地回答问题，是创造性的学习。前者对智力的要求较低，因而不利于智力的发展；后者对智力的要求较高，因而有利于智力的发展。

学习贵在创新。有人认为学习只是接受前人的知识，学习书本的知识，它不是科学研究，不是发明创造，根本谈不到什么创新。我们则认为，学习者固然不同于科学家，但也要求人们敢于除旧布新。这样才能学得活、学得深。

例如，德国的高斯在小学演算从 1 加到 100 等于多少的问题时，他排除按部就班、机械相加的“笨”办法，采用：1＋100＝101，2＋99＝101……49＋52＝101，50＋51＝101。这样正好是 50

个101。于是他就很快算出了该题的结果为5050。正因为高斯很注意创造性的学习，他在中学时便发现了某些数学公式，后来成为举世闻名的数学家。

总之，发展智力需要学习，搞好学习又需要智力。**培养智力是学习的重要任务，发展智力又是学习的必要条件。只有把智力和学习有机地结合起来，才能学得多、学得快、学得深、学得巧、学得扎实、学得主动。**

五

教孩子学会做事，提高动手能力

做事是人生必备的能力。很难想象，一个在学生时代什么事都不能做的人，将来能干出什么大事来。不会做事，没有动手操作能力的人就是没有真正获得知识。学习和做事，无论从哪个角度讲都是不能分开的。做事的能力不是学习结束以后才需要开始学习的。教孩子学会做事应该是家庭教育过程中的一项重要内容。孩子的可塑性很强，在父母的羽翼下长大，虽然温馨舒适，但永远是温室中的花朵；如果从小能让孩子经风雨见世面，培养自强自立的精神，培养孩子自己解决问题的能力，就等于给孩子一对坚强有力的翅膀，为他将来能在蓝天里自由飞翔奠定良好的基础。

对于孩子未来的发展来说，能力比知识更重要

在生活中，一个人想要达成任何目标——包括哪怕是企图对自己做出轻微的改变——都需要一定的能力。为了帮助孩子提高能力，教他掌握做事的本领，我们应该首先搞清能力和知识的区别。

在心理学中，能力主要是指那些可以使任务得以顺利完成的心理特点，如反应速度、记忆力、运算速度、逻辑推理能力等。能力概念不同于知识、技能概念。能力是指那些可以使任务得以完成的心理特点，知识则是指认识的结果，知识技能不同于能力。有的人知识掌握得不少，但未形成能力，即所谓的“书呆子”、“字纸篓”；有的人由于某种环境条件的限制，已经掌握的知识虽然有限，但具有潜在的能力，一旦获得学习的机会，就能焕发出杰出的才能，脱颖而出。这两种现象在生活中都很常见。

能力与知识的区别主要在于：

一是能力影响到人在各种活动中的效率，而知识则仅仅影响到人在有限领域中的活动的效率。观察力、记忆力、知觉速度等属于能力，这些能力影响到人的各种活动。法律知识、立体几何知识等属于知识，它们仅仅影响到人在与之有关的领域中的活动。

二是能力是人的相对稳定的、需要较长时间才会发生变化的心理特点。而知识技能水平则是比较容易改变的，既可以通过强化训练和突击背诵而获得，也可能因为遗忘而丧失。能力水平是一种慢变量，而知识水平则一种快变量。

三是能力是一种潜力、一种可能性，而不一定是一种已经表现的水平和一种现实，而知识则是指一个人的现有水平。当我们说能力时，我们更多考

虑的是“将会怎样”，当我们说知识时，我们更多考虑的是“现在怎样”。

四是能力水平不容易受到环境的影响。环境因素可以加快或阻抑一个人能力的发展，但作用时间较长，影响较小。知识水平则很容易受到环境的影响。在良好的环境和教育条件下，知识可以得到迅速、明显的增长。

在能力与知识之间并不存在着截然的界限。由于影响活动的范围不同，变化的难易快慢不同，在能力中存在着许多层次。通常，我们将影响最广、最不容易变化的能力称为智力，或一般能力；将那些影响某一大类活动、介乎于智力与知识之间的心理特征称为能力倾向。能力倾向不同于智力或一般能力，它只影响人的一部分活动中的效率。例如，言语运用能力、抽象思维能力、身体控制能力、音乐能力等都是一种能力倾向。能力倾向影响到人在某一部分活动中的效率，但对其他一些活动则影响很小。能力倾向影响到人的职业成就水平。能力倾向亦不同于知识，它所影响的活动范围要比具体知识水平所影响的范围大。

即使是具备良好正规教育的人，也绝不让自己的教育束缚自己探寻真理的能力。真正的受教育的本质不是他们的身份，而是他们在纷扰的生活中追求知识和真理的能力。伟大的教育家、哲学家卜克利西那莫蒂说：“你为什么要成为书本的学生，而不是生活的学生呢？通过你身处环境的压力和残酷来发现正确与错误，然后你才会真正找到什么是对的。”

艾恩·兰达告诉传记作者芭芭拉·布兰登：“我并不是从学校里学到价值观的。”格洛丽亚·斯坦内姆也同意，认为她在史密斯学院度过的光阴，对她以后专业生活的准备毫无用处。

著名批评家和历史学家杰奎斯·巴松在《创造的悖论》中说：“成为太好的学生会限制创造性。”换言之，在生活中过于追求繁文缛节大大限制了广义洞察世界的余地。经济学家乔治·基尔德指出：“近年来在美国企业界中，再也没有比凭借名牌大学文凭取得重大革新更为稀有的了。”他继续批评现行的教育制度，说道：“商业院校着力于培养现存价值的玩世不恭的操作人，而不是新价值的创业性人才。”

学校体系的教育不能使年轻人准备好了应付真实的生活。我们并不是说现有的教育体系是完全不好的，但至少它是远远不够的。在今天的世界，每个孩子都需要得到更多的教育，不同的教育，他们需要知道真实生活中的游戏规则，各种不同的规则。这就是今天为什么简单地说“努力学习，找好工作”是“危险的”。我们今天需要更复杂的教育，而现在的教育体系并不足以供应这些。

事业之路应该是拥有企业而不是为企业工作。仅仅学习好，然后找个好工作的想法是陈旧的。我们需要新思想和不同的教育。也许设想努力作个好雇员同时努力去拥有他们自己投资的企业会是一个更好的主意。

1996 年，研究智力的一流权威之一美国的罗伯特·J·斯特恩伯格博士出版了《成功者的智力》一书。该书指出：**智力或分析能力与各种成功之间几乎不存在内在的联系。斯特恩伯格博士发现，成功者的智力包括三个方面的内容，分析能力只是其中之一；此外还有创造能力和实践能力，或实际经验。**

在成为百万富翁的人当中，有许多并不是成绩最优秀的 A 等生，但他们在学校里的确学到了许多东西。那并不只是非常关键的基础课；自我约束与坚韧顽强也是学校经历中所学到的重要的东西。

很多人以为读工商管理硕士是做生意赚钱的捷径。很多没有大学文凭的经营者，也往往羡慕那些高学历的人，他们总觉得高学历等于财富，学历高的人赚钱自然会很容易，财源也会滚滚而来。这其实是一个很大的误解。

虽然说高学历有助于一个人的事业成功，但真正的成功与高学历之间并非完全是个等号。不要以为有高度的书本知识水平，便是成功的象征，许多大学生因为高不成、低不就而走向自我毁灭之途，就是因为他们误解了学问高，便应该是无往不胜的理论。

能够踏上高等学府的台阶，只是代表一个人对课本知识的领悟能力比较高，仅此而已。至于在社会上能否取得成就，则是另外一回事。读书成绩好的人，未必能够在商场上得心应手，特别是那些死读书的“书呆子”，在商场上的成绩，很可能跟在学校里的成绩截然相反。谁也不敢保证一个医学硕士在商场上肯定会强过一个初中生，也没有人能够打保票，一个哲学博士可以在商场上赚个大满贯。正如一个读书不成的小伙子，不一定必然穷困潦倒

一生一样。假若学历能够为经营者带来利润，那么大学的教授岂不通通都成了商场巨子？

实际上，当今许多富可敌国的超级大亨，真正是高学历属于知识分子的并不是很多。全球闻名的“松下电器”创始人松下幸之助的人生经历可说是非常坎坷的。他出生时家境贫寒，刚上到小学四年级就不得不离开父母，来到大阪，开始了个人独立生活的历程。刚到大阪时，松下在一家小店当学徒；当今世界首富比尔·盖茨，可谓当今尖端技术领域最叱咤风云的人物，他的名义学历也不高，充其量只能算是个“大本”吧，可他所取得的成就却让一个个博士望尘莫及。**要让孩子懂得，知识本身不是力量，知识的力量在于使用、在于创新、在于活学活用。**知识创新是真正强大的力量，只有知识不断创新，才能使认识不断深化，转化为改造世界的力量。然而，世界著名造船大王亨·开塞认为，世界上多数人都只是动用体力，动用脑力的不到10%。这也正是为何成功者如此稀少的原因所在。一个人在学校里所学的知识毕竟是有限的，有很多知识是在社会这个大课堂所学，而且许多真正管用的“生意经”也是不可能在书本里学到的。

“知识就是力量”，但这并不是凭一张文凭所能获得的，那些创造天才通过掌握远超过任何文凭持有者的职业知识证实了这句格言。玛丽·凯·阿什、艾斯蒂·劳达和丽莎·克莱伯恩在商业上留下了杰出的成功标志，但没有一人念完高中。

当然，这样说并不是否认知识的价值，而是强调：**一定要注重全面培养孩子的能力，这样才能帮助他更有效地达成生活中的各种目标。**

一定要重视对孩子观察能力的培养

观察是人们认识世界、增长知识的主要手段，它在人们的一切实践活动中都具有非常重要的作用。观察力是智力活动的源泉和门户，人们通过观察，获得大量的感性材料，获得有关事物的鲜明而具体的印象，经思维活动的加工、提炼，上升到理性认识，从而促进智力的发展。达尔文曾对自己的工作进行过这样的评价："我没有突出的理解力，也没有过人的机智，只是在觉察那些稍纵即逝的事物并对其进行精细观察的能力上，我可能在众人之上。"俄国伟大的生理学家巴甫洛夫在他实验室建筑物上刻着：观察、观察、再观察。

观察十分重要，世界上许多重大的发现、发明都和观察有关。

里尔是法国北部的工业城市，酿酒业很发达。有一年，许多制酒作坊里发生了一件怪事：一批批酿好的酒发出酸味，再也卖不出去了。

好好的酒为什么无缘无故就变酸了呢？对于这个难题，当时没有一个人知道它的答案。制酒作坊老板们面临破产的危险，个个焦急万分，愁眉苦脸地商讨着对策。最后一致决定请巴斯德（巴斯德是著名微生物学家，不过当时还不十分出名）帮助寻找原因。

巴斯德决定用显微镜来帮助解决这个难题。他把酸酒和好酒分别放在显微镜下仔细地观察，发现在发酸的酒里，总能看到一种瘦长的杆状微生物在活动，并发现了它们繁殖的过程。就这样，巴斯德每天仔细地观察，详细地记录，经过几百次的核对，终于弄清了酒味变酸的原因。那种瘦长的杆状微生物——乳酸杆菌，会把酿酒的成分分解成酸，使酒变酸。杆菌越多，酒也越酸。

找到使酒变酸的罪魁祸首之后，巴斯德又经过反复试验，证明把酒加热到 61.7℃，维持 3 分钟，乳酸杆菌就会全部被杀死，酒也不再变酸了。

那些制酒作坊老板们所以找不到酒酸的原因，就在于他们没有利用工具（显微镜）对酸酒进行观察，其结果当然只能束手无策。而巴斯德之所以能找出原因，就在于他能够进行认真的观察。换一句话说，巴斯德之所以比作坊老板聪明，就在于他有很强的观察能力。所以，专家指出：观察力是使人聪明的一种能力。

帮助孩子培养良好的观察习惯，对于他的成长和未来发展是非常重要的。为此，在平时的观察过程中，就要提醒孩子注意如下几方面的问题。

（1）要有明确的观察任务

如果一个人无目的地去观察一切，就不能把自己的注意力很好地集中起来，就会对许多事物和现象熟视无睹，结果只能是一知半解，印象模糊。相反，目标明确，观察就会持之以恒，产生无穷的力量。

在未进行观察之前，就要把观察的目的和任务弄清楚，这样，才不会盲目地观察，才能取得较好的效果。

（2）观察应有顺序地进行

观察不是漫无边际地走马看花，不能东看一点，西看一点，要有步骤有顺序地进行，这样才会看出事物之间的联系，不至于遗漏某些重要的特征。也只有有顺序地观察，才能对所观察的事物有一个清晰的印象。这样才能达到观察的目的。

（3）观察要仔细

观察要仔细，才能发现问题。粗枝大叶的观察是不起什么作用的。

观察要仔细，就是在观察时连一个细微的细节也不能放过。如果我们也能这样观察事物，那么观察能力就会大大提高，在学习和生活中的错误也就会大大减少。

（4）观察要有耐心，持之以恒

在观察中应具有艰苦卓绝的精神。观察有获，必须要殚思竭虑，否则就很难比别人见到的更多。

观察要有恒心。一个复杂的事物涉及广阔的领域，具有很长的发展变化周期。如果观察是三天打鱼，两天晒网，事物发展变化中的很多重要环节、重要方面就会逃脱观察者的视线。

（5）观察要全面完整

所谓观察要全面完整，就是指在观察的时候，既注目事物的正面，也窥视它的反面；既精细地观察它的部分和细节，又注意它的全貌和总体；既不忽视它的外表，又留心它的隐蔽条件和因素；既观察该事物的特征，又观察它在所属系统中的上下左右联系和衔接，既看到它目前的状态，又预测它今后的趋势。这样对事物才会有理性的认识，才能有创造性的发现。

（6）要巧借工具

巧借工具，指的是为了扩大观察领域而借助的物质手段和增强观察效果而借用科学手段和精巧装置。基本粒子之微，宇宙星系之大，是人的感官所不能穷尽的。射电望远镜、高能加速器实际上是人的感官的延伸。

（7）观察过程中不能放过异常现象

在观察中往往会发现一些异常现象，这些现象不是本来观察所要寻找的东西，而是偶然发现的。对这些异常现象，不能轻易地放过，因为这些异常

现象，可能包含着重大的发现或发明。

在科学史上，这叫做“有意栽花花不开，无心栽柳柳成荫”现象，这可以说是一种常见的现象。所以，在观察时不能忽视这一点。

（8）及时写观察笔记

观察不是目的，而是认识世界、改造世界的一种手段。如果将大量的有价值的观察笔记加以整理、概括、抽象，就可开拓崭新的创造园地。

教孩子从家务活做起培养适应生活的能力

跟现在的家长提起让孩子“做家务”，也许大多数人的反应都是不以为然地“哦”一声，心里想着：不知道有多少比做家务重要的事情等着孩子去学，哪有时间做这种事情？可是，如果我们换一种方式问相同的人群：“你想培养出一个具备责任感的孩子吗？”反响就会大不相同。**其实，让孩子做家务，是家长帮助孩子建立自我价值感、自信心与责任感的绝佳办法。**

一位西方教育专家指出：给孩子布置家务，是让孩子建立自我价值感和相信自己能力的一种最好的方式。习惯于承担家务的孩子，在走向成年的过程中，往往比那些缺乏这种体验和责任感的孩子更容易适应生活。

从小就干家务活儿的孩子，长大以后，往往比不干家务的孩子更懂得如何照顾好自己。他们从小就懂得干好一件工作是多么有价值，每完成一项工作是多么让人快意。

哈佛大学曾做过一个调查，对常做家务的孩子和不爱做家务的孩子跟踪调查20年，最终得出以下结果：爱做家务的孩子与不爱做家务的孩子失业率之比为1：15，犯罪率之比为1：10，收入相差为20%；而且，爱做家务的孩子离婚率低，心理承受能力强。

为什么会这样？因为孩子们通过做家务获取了劳动所带来的快感，知道对家庭要有自己的义务与责任——这比空洞的说教要好很多。试想一想，孩子们对自己打扫干净的地面是多么爱惜，多么注意保持清洁！通过劳动，他们知道了付出者的辛苦。而且，劳动可以使孩子增强对事物的良好的逻辑能

力与判断力：因为他们在处理家务的时候要动脑筋去思考，如何提高做事的效率，久而久之，就养成了良好的思维习惯。再者，做家务还可以提高孩子们的动手能力，因为指关节与指尖的多层运动，使得孩子们的小脑神经得到多次刺激，从而使大脑要灵活很多。心灵手巧就是这个道理，只不过从行为学的原理上说应该是——手巧心灵！

那么，现代家长怎样才能让孩子养成爱做家务的习惯呢？

（1）让孩子依照年龄做家务

也许有的家长会说："要宝宝做家务，怎么可能？他才三岁呀！他不捣蛋、不帮倒忙就好了。我看还是我自己来做比较省事。"正是因为很多家长都抱着这种"孩子小不懂事、越帮越忙"的想法，将孩子赶出做家务的现场，导致孩子失去了对"家"关心的机会。**其实，按照孩子的年龄特点，适当布置一些家务，或许会有意想不到的收获。**比如：

一岁以内的婴儿，可以让他自己拿汤匙吃饭，拿拖鞋或递物品给大人，收集垃圾、把衣服、玩具放进篮子里等。

二岁的幼儿，可以让他擦桌子、练习洗自己用过的盘子、杯子，在限定的空间范围内扫地、擦地板，或将同样式、同颜色衣服叠好放在一起、将垃圾丢进垃圾桶内等等。

三岁的孩子，已经要开始进入幼儿园过集体生活。可以训练其将用好的毛巾、牙刷挂好、放整齐，清理自己吃完饭后的桌面；帮助妈妈择菜、洗米；学习扫地，自己整理床铺；还可以给植物浇水、给家里的宠物喂食等。

四岁的孩子，已经可以独立地进行游戏很长时间。所以说，此时他们已具备了整理房间的初步能力，比如说：把玩具摆放整齐、整理自己的小书架、擦拭室内的灰尘等等，还可以在此时锻炼他洗小手绢、袜子之类的小物品。

到了五岁，如果他的身体够高的话，可以帮助妈妈在饭前布置餐具，饭后清洗的工作也可以让孩子参与其中。

六岁已经是上学的年龄，如果孩子一直以来都有良好的劳动习惯，此时你丝毫不必为他在学校是否能够适应而担忧，因为你拥有的，已经是一个能够独立处理很多事情的小大人了！

至于做饭、修理之类的涉及火、电等不安全因素的家务，还是要等到孩子入学之后，逐渐拥有一些生活常识再让孩子插手，这样比较安全。

（2）在生活中培养孩子做家务的习惯

对于年幼的孩子来说，他的生活就是游戏，游戏就是生活的全部。所以学习做家务是一种学习，也是一种游戏。**此外，也别忽略了培养孩子做家务的习惯是需要时间和耐心的，唯有愉快、自主自发，才能达到教育的效果。**

对于年纪小的孩子来讲，父母最好让他从个人分内工作开始学习，其中包括生活自理能力，比如自己学习将衣服穿好、放好；自己的玩具自己收拾好；把脏衣服放进篮子里；让孩子慢慢习惯其实做家务也是自己分内的工作。

年龄稍微大一点的孩子，父母可以和孩子一起设计一份工作计划表，共同讨论他能做些什么？想做些什么？然后用表格或日历把他想做并能做的家务活记录下来。对于还不会识字的孩子，可以在日历上贴上图片，让孩子看见图就知道今天要完成的家务是什么。当孩子完成了当天的家务劳动，就从日历上把这一天划去，这样，孩子就知道第二天要做的是什么。对大一些的孩子，画出一张表格，把要完成的家务劳动写在上面，这样，孩子就能很清楚地知道自己每天要干的家务活儿是什么了。

（3）给孩子适当的奖励

怎样才能让孩子快乐地做家务？可以采用适当的奖励方法。**如果孩子完成了你所期望的家务，就给予他应得的奖励。**有的父母以金钱作为回报，来让孩子做家务，这是个人的爱好和选择。每个孩子期待的回报都不一样，但很重要的一点是，你要教会孩子的是责任感，而不是去贿赂他们。在所有的回报中，赞赏是孩子最喜欢的。当孩子认真地完成了一项工作后，不要忘了告诉孩子，他做得有多好。

（4）父母要抱持正确的态度

父母在引导孩子学习做家务时，下面一些事项是不可忽视的。

①各年龄的幼儿动作技巧、认知程度、体力、耐心均不相同。因此父母

对孩子做家务的要求，应视孩子能力范围，不宜超过，以免孩子因挫折而产生抗拒和畏惧。

②父母一定要与孩子一起做家务。面对孩子手忙脚乱，把现场搞得一塌糊涂、乱七八糟时，要耐住性子，教孩子改正及正确示范方法。

③“多容忍、少责备”。在指导孩子的时候，口气要温和，不宜破口大骂，有耐心、有步骤地、以游戏的方式和心态教导孩子学习。

④父母本身对做家务的态度要端正，不要让孩子从父母的言行、举止中感觉到做家务是件令人讨厌的事情。此外，夫妻俩对家务的分工要妥善安排，免得孩子产生“做家务是女孩的事情”的错误观念，应让孩子有正确认识，“家”是属于每个人的，所以屋里的每一件事，大家都有义务去做，男孩当然不能例外。

⑤在满足孩子好奇与学习的动机时，安全问题也是不容忽视的。不让孩子自行拿取危险物品，父母要替孩子拿。较大孩子可教他正确使用常用工具和物品的方法和动作，以确保安全。

⑥无论孩子做得如何，别忘了给予他赞美和鼓励。要让孩子知道，他做的每件“小事”你都看到了。因为他年纪小，能力、耐力都有限，自然不如大人做得好；但是没有关系，熟能生巧，父母知道他已经很努力了，而且，相信他会干得越来越好。

重视动手能力对孩子健康成长的作用

幼儿园举行了一次挟球游戏比赛。比赛中，许多小朋友都熟练地一个接一个地把小塑料球从大口瓶里挟到小盆里。亮亮也很努力地挟着，可他的双手好像不听使唤，怎么挟也挟不住球。他的妈妈在一旁着急地喊着：“挟，挟，小亮快点挟呀，手不要抖动……”亮亮急得汗珠都冒出来了，听到妈妈的喊叫，他有点恼怒地对着妈妈说：“谁叫你平时不让我用筷子吃饭!”妈妈脸红了。是啊，孩子不会用筷子该怪谁呢?

目前，我国有相当一部分的家庭还存在着这么一种现象：孩子五六岁了，却不肯自己吃饭、穿衣服；上小学了还不会自己收拾书包；上中学了甚至要妈妈给她梳辫子，更不要说做家务事了。孩子自理能力如此弱化又该怪谁呢?

专家指出，**动手能力与孩子的成才有着相当密切的关系，作为现代家长，应该从更广泛的意义上去认识动手能力对孩子成长的作用。**

(1) 重视孩子动手操作能力的培养

在家庭教育中，许多家长不重视锻炼孩子的动手操作能力。孩子小的时候家长把他们吃的、穿的、用的都准备好，担心他们做不好；孩子入学之后，为了让孩子一心一意学习，还让孩子过着饭来张口、衣来伸手的生活；到了中学就更不用说了，有的家长甚至不让孩子参加有益的课外校外活动，结果孩子的成绩未必优秀。**不知，孩子多动手不但不会影响孩子的学习，反**

而会促进孩子的学习。

心理学已经证实：动手操作能力对人的大脑机能和智力发展有着重要的促进作用。大脑各个不同的皮层区域控制着不同的功能，主宰运动系统的相应皮层所占面积很大，孩子的运动和操作能刺激大脑皮层的发育，激活脑细胞使之得到锻炼，从而增强智力。所以，身心正在成长的儿童需要足够的活动来发展身体和心理的各种潜能。幼儿通过爬、走、跑、跳，甚至在草地上打滚学会掌握身体平衡，为他们以后独立生活和书写打基础；如果幼儿的身体活动得不到足够的锻炼，对他们将来的生活和学习会产生很大的害处。心理学研究发现，儿童运动不足会造成“感觉统合失调”症。“感觉统合”就是指大脑对来自身体内部或外部环境复杂、多变的信号进行灵活的加工，使神经系统的不同部分协调成一个整体以适应环境的变化。如果婴幼儿缺乏活动空间、爬行不足或家长为孩子包办一切，过度限制儿童的活动，会造成手眼协调能力差、书写困难、作业拖拉。因此，家长不要溺爱孩子或是怕孩子把衣服搞脏、把家搞乱而限制孩子的活动。

上了学，家长更应该重视鼓励孩子参加体育锻炼。但是，现代学校教育过度强调学习成绩，不管学生死读书也好，活读书也好，只要分数高就行。家庭教育也深受影响，让孩子在家中一心只读“圣贤书”，担心孩子玩会耽误学习，到了星期天也不让孩子有足够的时间进行打球、踢毽子、跳绳等有益的体育锻炼活动。家长这样做是因为他们不了解体育锻炼与智力开发之间的关系。

运动身体对人体各种功能，特别是大脑功能的改善和提高，有重要的促进作用。要提高记忆力就要使大脑得到足够的氧气，而身体活动引起呼吸功能的增强，促使人体用氧率提高，从而为大脑供氧创造了条件。同时增强记忆力还需要血液中有足够的血糖，锻炼身体可以增强食欲、促进消化，使人体从食物的淀粉中吸收更多的葡萄糖，葡萄糖吸进血液成为血糖，使血液中的血糖比例增大，这样就有助于提高记忆力。

体育锻炼可以直接促进智力的发展。如各种球类活动要求密切注意球的运动以及参加双方的活动变化，并要根据变化判断各种瞬息多变的情况，迅速思维并立即做出反应。因此，这类活动可以增强观察力、判断力，锻炼注意力，提高思维速度。又如，做体操需要准确地识记各种动作要领，调节表情姿态，并要摆脱对动作的机械模仿，通过丰富的想象来创造各种新的形体动作。这些都说明身体活动直接为智力的优异开发提供良好的生理条件，是促进智力发展不可缺少的手段。

家庭教育的基本任务之一就是使儿童在生活和体育锻炼上得到保证。否则，即使采取其他强有力的教育措施，也会使儿童由于身体活动和动手操作不足导致缺乏智力发展的生理基础，影响他们健康地成长。

(2) 采用实用的方法，培养孩子的动手能力

话说“心灵手巧”。灵巧的手是一个人大脑发育良好的标志之一。脑中支配手部动作的神经细胞有 20 万个，而负责躯干的神经细胞却只有 5 万个，可见大脑发育对手灵巧的重要性，而手动作的灵敏又会反过来促进大脑各个区域的发育。这就是人们常说的“眼过千遍，不如手做一遍”。

培养孩子动手能力的方法：

①指导孩子做手工，如：折纸、剪贴。

2 岁半的孩子从简单的一步折纸学起，到 3 岁时可学 2～3 步的折纸，3 岁开始学拿剪刀，先学剪纸条，后学剪图形，可以用纸条贴成链条或方纸贴成花篮等。4～5 岁可以剪更复杂的剪贴和图案。男孩子喜欢做车、船、大炮、飞机等。家长可帮助孩子做多种手工以发展手的技巧。

②锻炼孩子的自理能力，如：整理玩具、打扫房间、洗小物品。

在日常生活中，父母要刻意培养孩子自己倒水喝，用筷子吃饭，学习擦桌子扫地，自己整理玩具，洗手绢等。既培养了手的技巧也锻炼了孩子的自理能力。

③提供各种结构材料，让孩子玩结构游戏，如：积木、插塑、拼装玩具、橡皮泥、沙石、冰雪等。

聪明的父母这时会顺应孩子喜欢动手的规律，拿来一些废纸让他撕，给他一些木头和棍子让他敲，买来蜡笔教他学画画，找一些不用的小瓶小盒让他配盖，为他准备一些积木和自制拼图，橡皮泥，七巧板等玩具，使他动手又动脑。孩子在动手时学会了技巧和专心去解决问题的能力；在拼七巧板、穿珠子、套盒时延长了专注时间，培养了独立工作能力。

（3）及时帮助孩子弥补动手能力差的缺陷

为了帮助孩子弥补动手能力差的缺陷，首先要分析孩子动手能力差的原因。专家指出，孩子动手能力差，主要原因有三种：

一是成人担心孩子小不会做事，怕他出事，或怕孩子损坏东西，许多事不让孩子自己动作去做，而由成人包办，孩子失去了一次次动手的机会。

二是家庭装饰摆设成人化，没有孩子动手的小天地。孩子进了家门，这不许动，那不许碰，玩具不能自由拿放，孩子可活动的空间太小。

三是孩子动手材料少。爸爸妈妈花钱买的玩具，外表虽美观，但大多数是机械或电动的，不能拆拼，孩子缺乏动手材料。

面对孩子动手能力差的状况，父母可从以下三方面进行培养：

①教孩子生活自理，鼓励孩子自己洗手、洗脸、刷牙；家中的一些家务活，如包饺子、择菜等，可让孩子动手和父母一起做。

②为孩子购买一些操作性强的玩具，如橡皮泥、拼图、积木等，让孩子动手拼装。

③根据孩子的兴趣教孩子绘画、泥工、剪贴等，在动手的同时也培养了孩子的创造能力。

通过适当的训练让孩子拥有一双巧手

前苏联教育心理学家科尔佐娃在对婴儿的双手边进行训，边测定记录大脑生物电流的强度时发现：大脑皮层的成熟程度随手指运动的刺激强度和时间而加快。由此，她总结出：促进手指的灵活运动，是提高大脑两半球皮质机能的有效手段，进而提醒家长应当重视孩子动手能力的培养，有意识地训练孩子拥有一双巧手。

那么，孩子的这双巧是怎样训练出来的呢？

（1）注重培养孩子的动手能力

训练儿童的双手，应从他们很小的时候开始。从一岁左右就要教孩子自己拿勺子把饭送到嘴里。这时可能饭要撒到身上、地上，家长一定不要怕弄脏了衣服而去喂他。等孩子再大一些可以教他们玩简单的玩具如串珠、摇鼓等，也可让孩子自由涂鸦。随着孩子年龄的增长可进一步教他自己搞戴帽子，穿脱鞋袜、衣裤用梳子梳头等。三岁以后可以教孩子搭积木、拼图、捏橡皮泥、翻绳、摆七巧板等等。

（2）有意识地训练孩子使用简单的工具

人类比其他动物聪明，是因为会制造使用工具、家长不要怕使用工具万一伤了孩子就不准他去接触。应该有选择地让孩子从简单工具到复杂工具的使用让孩子理解各种工具的用途及使用方法。当然，使用工具有一个过程，开始家长应手把手地教，要在旁边指令，同时要告诉孩子怎样防止工具伤害自己，如在使用小刀、针、剪子时，只能坐在指定的位置，不能拿着工具乱

跑；更不能直对着别人。当孩子学会用针线钉个扣子，刺绣一朵小花，或用钉锤钉个小玩具时，便会从中体验到无穷的乐趣。

(3) 让孩子掌握一些艺术技巧

如让孩子在课余时间学学弹琴、绘画等，这些训练不是为了使孩子成为音乐家或画家，其目的是为了使孩子早期接受一定的艺术熏陶，训练一双巧手，开发智力。让孩子通过手指的动作来表现出声音、节奏、形象、色彩及结构美。这些训练往往给孩子的一生带来无限的乐趣和益处。

儿童的双手是通过反复训练才变得灵巧的。家长要尽可能多地给孩子一些用手的机会，不要怕麻烦。要多给他们创造条件，积极支持和鼓励孩子多动手，如进行科技小制作，较复杂的手工劳动等，让孩子在有趣的活动中，在多样的生活实践中，不知不觉地让他的双手得到训练，练就一双灵巧的手。

(4) 让孩子经常做一些科学小实验

例如，可以利用电冰箱演示水的三态变化；把气球充满空气后，按一按有什么感觉，再放入水中观察发生的现象。通过科学小实验，培养孩子对科学的兴趣。

(5) 指导孩子经常制做一些东西

有的青少年研究制作欲望相当强，把一些相当复杂的东西拆开研究，而后再组装，无论是成功还是失败都要看一看、做一做、试一试。还有一些青少年在外面看到什么东西，回家后便根据自己的感受开始设计制作。这些喜欢小制作的青少年不同于一般青少年之处在于：他们不满足于模仿别人的东西，想干别人没有想过或没有干过的事情。

喜欢研究制作的青少年其实是很有培养前途的。虽然没有做出什么有用的小制作，他们却总喜欢鼓捣点新鲜玩意儿，这种精神正是每位科学家、创造发明家、机械制造师、建筑工程师、服装设计师、探险家等人物常常具有的优秀品质。

（6）让孩子经常参加一些丰富多彩的活动

去参观各种展览，游览动物园、公园等，可以丰富我们的感性认识，扩大孩子的眼界。还可以参加一些力所能及的劳动，如饲养小金鱼、浇花、采集落叶等，培养孩子对动植物的兴趣。看一些实物照片，可以让孩子更好地了解动植物的外貌特点及生存环境。也许，孩子将因此产生一些感想，决心成为一位生物学家。

法国一位很有名望的昆虫学家法布尔就是由于这种兴趣促使自己向这一目标奋斗的。法布尔小时候，祖母养了不少鸡鸭，法布尔常常发现祖母抓些虫子给鸡吃。每当祖母手里拿着装昆虫的瓶子喂鸡时，法布尔就趴在栅栏外边出神地看着小鸡抢虫子吃的情景。

法布尔每天也跟着抓虫子喂小鸡。抓着、抓着，法布尔对各种各样的小昆虫感兴趣了。他通过观察、接触，掌握了很多昆虫的习性。

法布尔考上师范学校以后，对生物学非常感兴趣，特别是对昆虫学更是偏爱。他常常把美丽的蝴蝶分成类，做成标本，夹在夹子里。他还在毕业的演讲会上讲演了如何简便区分害虫和益虫的方法，显露了他对昆虫学研究的独到方法。

对孩子兴趣的培养不是一个自发的过程，家长和孩子都需要付出很多努力。

家长要帮助孩子发展和形成能丰富他个性的有益爱好，如音乐、体育、阅读、绘画、探险等。培养广泛的兴趣，避免兴趣的局限性。兴趣的单一会使孩子的知识贫乏并削弱他的总体发展。但这并不排除他应该有主导的中心兴趣。**家长要帮助孩子强化那些偶然产生的有益兴趣，并引导它得到健康发展；减弱、消除那些有碍我们完成现阶段学习功课的兴趣和爱好。**如打游戏机，它不仅浪费大量的时间，而且对孩子的身心发展不利，应该制止这种兴趣发展。

教孩子养成做事有条理、有计划的习惯

对于孩子来说，做事有条理、有计划是非常重要的。它可以帮助孩子有条不紊地处理应该处理的事情，并且不会手忙脚乱。如果一个人做事没有条理，那么，他怎么能够很好地料理自己的生活呢？一个连自己生活都不能料理的人，是没有办法很好地进行学习和工作的。而且，一个做事没有条理、没有计划的孩子，在走向成功的道路上将会比其他人走得更辛苦。因此，父母应该让孩子养成有计划地做事的习惯。那么，怎样培养孩子做事有计划的好习惯呢？如下建议可供参考：

（1）教孩子从小事做起

在日常生活中，不管做什么，父母都要让孩子做得有条有理。例如，房间摆设井然有序，用过的东西放回原处，以免需要的时候却找不到；晚上睡觉之前，整理好书包，准备好第二天要穿的衣服等。这些都可以帮助孩子养成做事有条理的好习惯。当然，**让孩子养成做事有条理的习惯不是一朝一夕的事，需要家长的耐心和恒心，还要善于抓住教育的契机对孩子进行适时引导。**

（2）教孩子掌握分门别类的基本方法

有一位爸爸是这样教孩子有条理地做事的：

> 这位爸爸是一位收藏爱好者，他发现自己的女儿做事非常没有条理，常常是乱放东西，用的时候又拼命地找。为了使女儿养成做

事有条理的好习惯，这位爸爸就想出了一个好办法。

有一天，爸爸对女儿说："一个人如果爱好收藏，他就会感到很快乐。"

女儿有些怀疑地看着爸爸，说："是吗？那应该收藏一些什么呢？"

爸爸说："什么都可以，比如你喜欢画画，那就可以收藏各种美术作品。"

女儿说："那很容易，我会收集好多好多画片的。"

谁知，爸爸却说："'收'容易，'藏'就不容易了。"

女儿有些纳闷了："怎么不容易？"

爸爸说："'藏'就是会分门别类，就是要学会条理化。"

然后，爸爸就给女儿介绍了国际上流行的一种藏书条理化的"资料十进分类法"。这个分类法就是把所有的资料由粗到细分成类、纲、项、目四个层次，每一层次以 0 到 9 为记号分成 10 等份。于是，全部资料便可分为 10 类、100 纲、1000 项、10000 目。

爸爸告诉女儿，"类"代表知识体系，"纲"代表专门知识，"项"代表专业，"目"代表形式。如，知识可分成 10 类：A. 哲学；B. 历史；C. 社会科学；D. 自然科学；E. 工程、技术；F. 产业；G. 艺术；H. 语言学；I. 文学；J. 总类（即不包含在以上九类之内者）……

在爸爸的指导下，女儿把自己的图书分门别类地整理了一下，而且把经常要使用的书放在比较醒目的地方，把暂时不看的书放在其他地方。这样，她就做到心中有数，在寻找图书的时候非常方便。

更重要的是，女儿在爸爸的指导下学会了做事有条理，她开始注重自己安排事情，比如，书包整理得非常有条理，语文课本、数学课本都是按顺序摆放的，只要把手伸进书包摸到第几本书就知道是什么，再也不用拼命翻书包了。

教孩子掌握分门别类的基本方法对于孩子更有效地学习和做事是非常有

益的。

(3) 指导孩子合理安排做事情的顺序

孩子往往分不清自己要做的事情的重要程度，他们的事情往往是由父母和老师来安排的。这是造成孩子不善于利用时间的一大原因。事实上，只有充分认识到自己要做的事情与自己的关系，才有可能把这些事情都处理好。**父母可以指导孩子每天把自己要做的事情按照重要程度和紧迫程序排列顺序。**

同样的事情因为不同的安排，可能会产生不同的结果。比如说，有的孩子放学回家先写作业再复习功课，有的孩子却恰好相反。哪种方法好呢?

一天学下来的功课，没有消化就急急忙忙写作业，看起来好像节省了时间，实际上做作业的时候可能会遇到很多障碍，导致错误百出。

而如果反过来，让孩子先复习再写作业，把一天所学的知识融会贯通后，再用作业的形式检查学习效果，最能发现学习上存在的漏洞。这样做作业，既是总结，也是查漏补缺。显然，后一种方法更好。

(4) 指导孩子做出合适的计划

要让孩子做事有计划，父母可以向孩子示范自己的计划，即把自己的计划告诉孩子，并且征求孩子的意见，让孩子帮着计划。比如，在一个星期天，你打算带孩子出去玩，你可以向孩子展示自己这一天的计划，并且征询一下孩子的意见，让孩子知道计划的重要性。这样一来，慢慢地，孩子就会学着去安排他自己的事情。

所以，**做计划时一定要找到合理的顺序，才能起到最好的效果。**

(5) 让孩子按计划办事

在日常生活中，父母要向孩子强调计划的重要性，并给孩子的各项行为制订一些计划。当然，这些计划的制订应该让孩子参与进来，与父母一起来制订计划。制订了计划以后，孩子必须按计划办事，不能半途而废。对于年龄小的孩子来讲，父母应该要求他在玩的时候自己把玩具拿出来，玩完以后自己收好；对于上学的孩子来说，就要要求他看书做作业的时候要认真，写完以后才能去玩。

家长可能会发现，孩子定好了计划，却总是没能按时完成，常常把当天要做的事情推到第二天去做，还在心里安慰自己：还有明天呢！这时，就一定要提醒孩子：如果总是不能完成计划安排的内容，一天拖一天，岂不是永远都做不完了吗？**脚踏实地，一步一步地把每一天的事情做好，才是良好的习惯。**

（6）引导孩子向做事有条理的人学习

许多孩子做事没有条理，当父母跟他强调需要有条理地做事时，他往往无法接受父母的意见。**事实上，孩子需要身边的榜样来引导。**比如，如果孩子做事没有条理，父母可以让其向一些在这方面做得好的同伴学习，有了榜样，孩子往往可以做得很好。

帮助孩子学会为实现目标而制订适宜的计划

计划是连结目标与目标之间的桥梁，也是连结目标和行动的桥梁。**没有计划，要想干成一件事情，实现一个目标往往可能是一句空话。**

繁忙的工作，沉重的压力和责任让许多人的生活变得杂乱无章，没有头绪，一切都周而复始，单调枯燥，这样的生活永远没法儿精彩。因此，家长要提醒孩子做出适当的改变——专家指出，**如果孩子学会稍微留出点时间作一下计划，他的生活将大为改观！**

有计划的生活即使紧张，但却井然有序；有计划的工作即使繁忙，但也会变得充实而有效率；有计划的人生即使艰辛，但也能处之泰然。计划让人的思维清晰，能创造出事半功倍的效果。

计划对于每个人来说都是必要的。**一旦孩子学会了做计划，不仅会赢得更多的时间，还能取得更多的效果。**为了帮助孩子制订适宜的计划，一定要教他把握以下原则：

(1) 学会准确分析和预测

计划的过程中必须对将来作一些初步的预测，分析哪些事情可能会发生，哪些事情可能会变化。在做出准确的预测后，制定出行动方案。一旦未来发生变化，就能从容对付。

要提醒孩子，即使将来的所有情况都是确定的，还得做计划。**必须教孩子选择完成某一目标的最好方法，使行为更有效率，实现目标更有利。**情况一旦确定，并不等于自己只有一条路可走，往往还会面临多种选择。

(2) 使自己的计划具体可行

具体到什么程度呢？可以教孩子根据计划，将以后要发生的事情在头脑中一一显现出来：什么时候，什么地点，干什么事情，利用什么工具，采用什么方法，周围的背景如何等等，就像放电影一样清晰明了。

很多孩子在制订计划和执行计划通常犯的错误是就事论事，实行封闭式管理，不考虑其他因素，如环境因素等。所以，往往计划是不切实际的。

有的孩子将自己的发展计划制定得十分具体详细，但却不考虑这一计划发展的背景条件。比如，有人想出国留学，计划得特别好，可是却没有考虑自己的家庭状况，根本就没有足够的积蓄。所以，计划应是开放的，必须考虑多方面的因素。

要让孩子懂得，一个人的发展离不开社会环境和自然环境，如果不考虑这些因素，往往缺乏发展的土壤。就像一棵树苗要长成大树，不能离开阳光、空气、水分等自然条件。离开这些条件，只能是痴人做梦。不切实际的计划只能如同水中月、镜中花，很美丽诱人但却无法实现。

要提醒孩子，在制订自己计划的时候，不仅要充分考虑自身因素，也要考虑外部环境。比如留学计划，不仅要考虑自己的志向，还要充分考虑目的国的国情。

做事不能故步自封，放开自己的思维和胆量，与环境相融合，计划才可能得以实施，否则，一切只是空谈。

(3) 明确事情的进度

任何事情必须有一个时间期限，没有时间期限就不能进行自我鞭策。**大多数人失败的原因就是不给自己定下完成的期限，其结果使得行动缓慢，毫无紧迫感，效率极其低下。**

要让孩子懂得，时间的长短有时候是自己确定的，有时由不得自己，这就要看事情的决定权在谁的手里。如果一个人对事情有决定权，他就可以自由地安排时间；如果决定权在家长、教师或其他人手中，那也许他只能听从安排。即使决定权在别人手中，他最多只是给你一个大致期限；而你是具体的行为人，对于每一个具体的步骤所花费的时间仍然由你自己决定，所以，

时间的控制还应由你掌握。

要提醒孩子，要给一个计划定一个期限并不是一件轻松的事情，不能太长，长了就浪费了剩余的时间，不能太短，短了事情办不完，其他事情必须往后延迟，其结果仍会给自己带来损失。**进度的确定是一门艺术，需要你对事情本身以及客观情况有充分的了解和准确的预测。**

(4) 把握协调一致原则

计划有长期计划和短期计划之分。这“长”与“短”只是相对而言，无具体的时间规定，它们与长期目标和短期目标大致相对应。

在制订计划的过程中，经常出现的错误是短期目标不考虑长期计划的实现。因为人们在制定短期计划的过程中，一些情况会发生变化，特别是受到眼前利益的诱惑，放弃了长期计划，而制定出无助于长期计划的短期计划，这种做法可能会获取暂时的短期利益，但从长远来说，将使长远利益受到损害，甚至是致命的损害。

教孩子学会协调长期计划和短期计划相一致是十分有必要的。用长期计划指导短期计划的制定与执行，其目的是为了保证长期计划得以实现，而短期计划不发生，无助于或有碍于长期计划实现的情况。**短期计划有时候并不能取得及时的利益，甚至会牺牲暂时的利益，但是这种牺牲是保障长期利益的实现。**

一个有远见的人不会因为获得暂时的利益而放弃长期的计划，而许多未成功者就缺乏这种远见，不能使长期计划和短期计划协调一致。

如果孩子的短期计划得以一一实现，那么，他的长期计划就不会遥遥无期。

(5) 灵活应变

计划往往是在对未来作好预测的前提下制定的，但即使是最精确的预测，也难免一些突发事件和偶发事件的发生，因此，制订计划时一定要保持灵活性。如果计划中灵活性很强，由偶发或突发事件带来的风险就较小。

要告诉孩子，即使环境发生变化，或原有的计划失败了，但仍要沿着原来的目标前进。**灵活应变不是说改变计划的方向，而是改变计划的方式。**

有一些生性固执的人死钻牛角尖，不知道随机应变，撞得头破血流也不愿改变一下方式；有的人一旦情况发生变化，就手忙脚乱，无所适从，甚至吓得赶紧往回走，要教孩子避免这样做。而是应该学会既能使计划坚持原来的方向，也注意把握其灵活性。要让孩子懂得，有的时候，只要他对执行计划的方式稍加改变，就会得到完全不同的结果。

培养孩子自强自立的品质和能力

人生于天地之间，自立自强才是人生最重要的课题。一代大教育家陶行知老先生有一首诗写得好：“滴自己的血，流自己的汗，自己的事情自己干，靠天靠地靠老子，不算是好汉。”人生最可依赖的是什么？是知识、是智慧、是汗水。人常说：“靠人种地满地草，靠人盛饭一碗汤”。父母都不可能依靠一生一世，何况他人？因此，这个世界上最可靠的不是别人，而是自己。

自强与自立是任何一个人成才所必须具备的条件与素质。生活在社会中的人们，不仅要学会生存，更重要的是要学会自强，在自强中立于不败之地。所以，做父母的应该让孩子多磨砺，多吃苦，跌倒了，摔跤了，也不要紧。学走路的孩子总是要摔几跤的，最怕的是父母因为生怕孩子跌倒，而总是抱着孩子，抱大的孩子连路都走不好，哪还谈得上自强自立和成才呢？广大青少年朋友和家长都必须意识到：

（1）现代社会需要自强自立的青少年

自立是指只靠自己的能力行动和生活。不论碰到什么问题，要自己动脑筋思考，要用自己的力量去克服困难；自强是依靠自己的努力，立足于社会。**自强自立是现代社会人所必备的素质，不能自强自立的人，必然被激烈竞争的社会所淘汰。**

自强自立就是要让孩子学会扬长避短，家长则应善于发现孩子的特长，让每个孩子都看到自己是有用之才。三百六十行，行行出状元。只要有理想，有志气，努力学习，刻苦锻炼，自强自立，你的孩子就能够成才。

（2）一定要尽早培养孩子的独立自主能力

孩子一岁左右时，就可以进行独立自主性的培养。让孩子从小学会独立自主，首先应正确地认识和理解孩子。你要了解孩子在各个年龄阶段所普遍具备的各种能力，知道在什么年龄，孩子应该会做什么事情了，那么就可以放手让孩子自己的事情自己做，而不依赖别人。

其次，还要了解孩子的“特别性”。**知道孩子有哪些与其他孩子不同的地方，对这些特别之处，要相应的采取特别的教育。**如有的能力是孩子的强项，那么可以用更高的标准来要求他；若孩子生性敏感、胆小，那么应该多鼓励他大胆尝试。

（3）与孩子建立亲密的亲子关系，让孩子充分感受到爱

因为独立自主性的培养，需要以孩子的信任感和安全感为基础。只有当孩子相信，在他遇到困难时一定会得到帮助，他才有可能放心大胆地去探索外界和尝试活动。因此，**在孩子活动时，家长应该陪伴在身边，给予鼓励。**

（4）给孩子提供独立活动的机会和场所

孩子自立能力的培养，父母起着决定的作用。父母要创造独立生活的机会，让孩子用自己的智慧去想问题，用自己的双手去干力所能及的事。**生活中，父母要有意识地锻炼孩子对日常生活的处理能力，一方面能锻炼孩子的敏捷性和独立思考能力；另一方面能增强孩子控制自己和应变的能力。**例如，让孩子从洗自己的小毛巾开始，逐渐学会洗自己的袜子、小衣服等。从帮父母拿筷子，拿碗，逐渐学会洗米、煮饭、洗菜。从与小朋友玩开始，逐渐学会在客人来时，迎接客人、拿食品招待客人、主动地与客人讲话、求教、讨论，等等。使孩子逐渐学会自己处理日常生活中常见的问题。父母对孩子的行为要进行引导和具体的指导，对孩子的良好行为进行及时鼓励。鼓励孩子独立自觉地完成各种事情，提高孩子做事的主动性和自觉性，让孩子主动地去发展自己的能力。

如果孩子自愿要求帮助父母干点小事，帮父母的忙，父母应该鼓励并指导孩子去干，不要常常认为孩子还小，干不了，就不许孩子动手。结果一方

面孩子的能力得不到锻炼，一方面打击了孩子热爱劳动、喜爱探索的积极性，孩子将来就不愿主动去做事情。形成了一旦父母不在孩子身边指导，孩子就什么事情都不能干、不愿干的习惯。**对于孩子主动做事情的行为，父母应该特别地加以鼓励和赞扬。**如果孩子做对了，得到了父母的表扬和奖励，孩子知道了这样做会得到父母的奖励，孩子就很乐意在以后常常主动地去做这些事情，以期待继续得到父母的表扬和奖励。如果孩子做得不好，或者做了些父母不愿孩子做的事情，父母也不要随便发火，应该看到孩子的本意是想把事情做好，获得父母的奖励，并非有意捣乱。所以父母应该安慰孩子，并告诉孩子正确的方法是什么，哪些事情不应该做，哪些事情可以多做。

(5) 自立，从自理开始

俗话说：“一屋不扫，何以扫天下?”同样，不能自理，何以自立？所以，**培养孩子独立自主，应该先让孩子养成良好的自理习惯。**

许多父母在孩子的日常生活中总是照顾得无微不至。其实，有时候，父母没必要什么事都去管，应该让孩子自己去做。

> 比如，天冷的时候，父母们不要先对孩子说“该穿大衣了”，而要让孩子自己在感受中学会加衣服。一位母亲带孩子外出，外面气温较低，母亲让孩子多穿件衣服，可孩子不肯。这位母亲什么也没说。出门不一会儿，孩子就感觉冷了。过了好长时间，母亲才从背包里拿出那件孩子不肯穿的厚衣服，孩子马上接过来，二话没说就穿上了。这位母亲没费什么唇舌就让孩子承受了不当行为带来的后果，并且让他学会了应该根据天气的变化随时加减衣物。

对父母来说，应该大胆地放手让孩子去实践，给孩子积累经验的机会。经验长见识，实践出能力，良好的自理习惯、自理能力只有在不断地、长期的实践锻炼中才能逐步培养起来。所以，对孩子一定要从小开始就进行自理教育。父母不要怕孩子吃苦，也不要怕孩子做不好，一定要毫不动摇地坚持一条原则：凡是应该由孩子自己去做而且也是孩子力所能及的事，一定要让孩子自己去做。在孩子学习自理的过程中，父母千万不能急躁，经常说“不

是这样”、“那样不行”之类的话，这会使孩子失去信心；也不要一看到孩子不行，就急于代劳，那样会前功尽弃。**自理是自立的重要一步，先让孩子学会自理，才能在日后的生活中真正自主自立。**

（6）循序渐进，不随便批评

独立自主性的培养是一个长期的过程，需要循序渐进地进行。切不可急于求成，对孩子的发展提出过高的、不合理的要求。也不能因为孩子一时没有达到你的要求，就横加斥责。孩子两岁时是培养独立自主性的关键期。两岁左右，孩子的独立意识增强，什么事都要坚持自己做，拒绝别人的帮助。这是孩子心理发展的第一个“执拗期”。家长正好可以因势利导，把握孩子这个时期的心理特点，在保证孩子安全的前提下，放手让孩子去做力所能及的事情，并适时地提供给他适当的帮助、指导和赞美，让孩子享受到成功的快乐。

（7）给孩子一个独立自主的好榜样

榜样的力量是无穷的。如果你自己就是一个处处依赖他人，对什么事都拿不定主意、动不动就寻求帮助的人，那你不要指望你的孩子能够独立自主。你的一举一动，还有你的品质，都是孩子模仿和学习的榜样。所以，先从你自己独立自主做起吧！

帮助孩子培养基本的理财能力

现代社会是商品经济社会，对金钱意识和经济行为的理智性要求更高。一个不愿意参与经济行为的人，在社会浪潮中总是捉襟见肘；一个不懂理财的人，他的财政状况经常容易出现收支不平衡的情况。**与其等孩子长大后，再苦口婆心地去教他节俭，再不厌其烦地去叮嘱他有计划地用钱，再去为他“月光”和“啃老”而哀叹，不如早早地给孩子传递一种正确的理财思路，让他的人生在智慧理财中发展，帮助他做到理财有方，经济无忧。**

如果一直不让孩子接触金钱，他对于金钱的概念不会无师自通，当他走入社会之后，还要花大力气去补上这一课。孩子的理财意识，要从小培养。理财能力是孩子将来在生活和事业上必须具备的最重要能力之一，这种能力的培养应该从幼儿阶段就开始进行，抓得愈早，效果愈佳，否则将会非常被动。如果能及早播种，孩子的财富意识就会早早萌芽。

> 格林斯潘曾在美联储社区事务研究会议上说，美国人“需要积累如何使用新技术的知识，也需要积累如何做出明确的财务抉择的知识”。他认为，开展理财教育越早越好，“由中小学着手改善财务知识的基础教育有根本性的意义”，这样将能帮助年轻人避免做出不恰当的财务决定，因为这种不当决定一旦做出，往往祸害久远。

那么，父母该如何培养孩子的理财能力呢？如下建议可供借鉴：

（1）要让孩子从小就感受到钱的用处

金钱和日常生活密不可分，孩子对于金钱的用处也应该清楚明了。如果家长一直都不让孩子接触钱，也不带孩子参与买卖，那么，纸币在孩子的心目中可能就只是一张纸。有的孩子到四五岁了，还拿着纸币当花纸玩，或者随意地撕坏它，那就是因为孩子对纸币没有概念，不知道钱有什么用途。如果孩子知道用钱可以换来很多自己喜欢的东西，就不会随便破坏它了。

心理学家得出结论说，孩子的兜里越早有钱，他们就能越快地适应成年后的生活。财富不是洪水猛兽，中国家长在和孩子交流财富问题的时候，大可不必讳莫如深，可以直接告诉孩子财富的用途。要让孩子知道钱的用途很广泛，操作起来也非常简单。家长只要带儿童逛几次商店，钱的用处便牢牢树立在儿童心中了。

（2）家长要告诉孩子金钱与劳动的关系，让孩子明白钱是用血汗换来的

金钱的多少与劳动密切相关，多劳多得、不劳无获是现代社会的经济分配主流。孩子对金钱的来源没有深刻的体会，便不会懂得金钱的来之不易。“赚钱犹如针挑土，花钱犹如水推沙。”**要培养孩子珍惜手里的金钱，就要让孩子明白金钱是用劳动赚来的。明白了这一点之后，孩子才会产生爱惜钱的心理，引起储蓄行为，避免浪费。**

在现在的一些学校里，学生比老师更有钱，他们到高等餐馆里消费，买奢侈品，穿得比老师还好，并以攀比为荣。这些不珍惜金钱的挥霍行为，都是因为缺乏理财教育，不懂得金钱的来之不易。所以，**父母在孩子很小时，就要有意识地让孩子参加一些劳动，做一些家务，然后告诉他，这是用劳动节省开支的方式。**或者在孩子假期里，带他做一些小的挣钱活动，让他感受金钱获得的艰辛。或者让孩子亲眼去看体力劳动者汗滴如雨的生活，让他懂得珍惜手里的每一分钱。

（3）让孩子树立正确的理财观念

要对孩子进行理财观念的教育。要使他明白“你不理财，财不理你”的

道理，要引导孩子树立一种科学端正的理财观念，对孩子一生的影响都是至关重要。古人常说：“君子爱财，取之有道。”钱财是人人都喜爱的东西，但要通过正当的渠道得到，得到的每一分钱都要符合世间的道德标准。要让孩子懂得，理财的道理和人生的道理是相通的，息息相关的，理出同源，要把握一个度，不要偏离了方向。**人应当做钱财的主人，而不应做钱财的奴隶。**

（4）培养孩子的理财能力

孩子的理财能力在很大程度上是需要后天培养的。家长对于孩子理财能力的教育，不论事情的大小巨细，都要做到全面关注。从简单的数学运算，到个人理财战略和策略的设计都应给孩子适当的教导和指引。因为孩子在理财的过程中，大都会注意眼前的利益，而很少顾及到长远的利益。**对孩子理财能力的培养，不仅要方法理论上加以指引，更要在实践中加以磨炼和体验。**理论在很多事情上都是空头支票，只有实践才能出真知，理财也是如此，只有让孩子在生活中积累了丰富的经验，才能具有很强的理财能力。

（5）在消费中，教会孩子收支平衡的概念

花钱只是理财教育的一部分，取得挣钱与花钱之间的平衡才是理财教育的目的。理财最关键的是收支平衡。所以，**家长在教孩子理财时，就要把收支的概念告诉孩子，并教会他怎样去达到这个平衡。**

不妨先给孩子一笔固定的“收入”，这可以方便孩子花钱。刚开始训练的时候，这笔“收入”可以相对给得小一些。让孩子拿着这笔收入到超市中去购买自己想要的任何东西，不加约束。孩子兴冲冲地跑进去，开始的时候可能会左拥右抱拿一堆，但是却因为无法结账被堵在收款台。这时候，父母不要感到难为情，这是训练孩子理财智力的时候到了。他在无力支付的情况下，会把拿着的商品左挑右选，最后只买其中的一两件。父母可以引导他进行计算，尽量达到购买的最大值。

第二次进行这种训练时，父母在孩子选购的同时，就可以提醒孩子，让他计算出总共需要多少钱，将购物金额与她的“收入”进行比较，看购物金额是不是在预算之内？如果超出“收入”，就要孩子自己选择出哪些是最需要的东西，哪些是不怎么需要的，哪些是根本不需要盲目拿的，并让他把不

需要的东西放回到购物货价上。

这种体验过程可以让孩子知道，自己是自己“收入”的管理者，自己要通过事先的预算，来进行最佳的支出。

（6）父母可以给建议，但花钱的支配权要交给孩子

让孩子有了钱之后，还要让孩子可以花钱。如果孩子有了钱，在花钱的时候却全部都要听父母的话，那么孩子的作用只是相当于一个储钱罐。在这种状态下，孩子们花钱的行动是被动的，他会强烈地感受到自己想买与父母不让买之间的矛盾与冲突，会想方设法突破这一防线。

就像大禹治水一样，与其围追堵截，不如因势利导。孩子手头有了钱，的确是一件考验孩子的事。如果花得不好，可能浪费了一些钱。但是，**为了孩子懂得花钱的意义和价值，即使虚花了一些钱，那也是值得的。关键是要让孩子在花钱的过程中，明白花钱的道理和原则。**

在花钱的过程中，父母和孩子的看法并不一定会相同。父母往往考虑得更实在，更理性；而孩子往往凭感觉。在这种时候，如果父母听任孩子一意孤行，可能买回家的产品不实用。但是，如果父母把自己的意见强加于孩子，孩子只会产生更强的叛逆情绪。父母可以给孩子提议，但是最后的支配权，还是要交给孩子。因为这是孩子自己的零花钱，他有理由支配。而且，他现在能支配自己的零用钱，将来才能支配自己的工资、资产。毕竟孩子未来还是要自己决定如何支配金钱。

在孩子自己支配用钱的过程中，父母要能允许他犯错。孩子最初花钱时出错，以及买东西时欠考虑都是预料中的事，父母要有宽容的心态，不要轻易批评或指责。孩子在小时候做错决定，损失的只是几十元，最多几千元，这些教训却可以让孩子明白理财的很多道理，这样可以避免长大后的理财失误。**孩子在幼时理财过程中遇到挫折，在以后的理财中，就会更加谨慎。**

（7）帮助孩子树立购物预算的意识

在给孩子零花钱的同时，可以让孩子自己记一笔账：每个月他得到多少零花钱，买了些什么东西，这些东西价格多少。如果孩子记账清楚，应给予鼓励；如他不记账或滥购物，则给予警告。到节日要送孩子礼物时，让孩子

自己去买，是教他学会合理消费，学会合理支配钱财的良好机会。首先要他确立要买礼物的大致价格，不准超支购买；其次，买礼物时，孩子自己必须从其“小金库”提出钱来承担礼物的 20%～30%。若要使用自己的钱，孩子就不会铺张浪费，避免他买东西时以为是在花别人的钱而乱买。事实上，每次让孩子购买他自己喜欢的生活用品时都可以坚持这一点：鼓励孩子购买降价物品。如他愿实行，可给予奖励。这样，他就会从小树立去超市或仓储商场这样的平价商店，而不是为图舒适去大商场购物的习惯；假如预算超支，则应劝孩子选择其他礼物，而不能放弃对预算的坚持。这样，才能使孩子有购物规则的意识。

(8) 培养孩子的省钱意识

养育孩子费用之高自不待言，要培养孩子的理财意识，父母不仅要注重勤俭持家，还要教育孩子树立节俭的观念。比如吃零食这一项，如果不加控制，孩子从小会花去不少的钱。家长最好告诉孩子吃零食的害处，避免让他养成吃零食的习惯。给孩子买玩具时，带他亲自去挑，只买一件最喜欢的，让他在比较中学会取舍。在平时，要鼓励孩子把零用钱存起来，用于将来读书的费用，存折交给孩子保管，让他对自己的“教育基金”一目了然，体验到储蓄的快乐。孩子上学后，买书的机会越来越多，要教会他如何对书的内容精挑细选，告诉他“读书如交友力求精”，名著多从图书馆借，参考书多听老师的推荐。当然也不能一省到底，该花的钱如营养费、才艺班、郊游散心等对孩子成长有益的费用则不能节省。

要让孩子知道先苦后甜的益处，训练他抗拒诱惑的能力，养成储蓄的好习惯。当孩子用自己节省下来的钱，买到了自己想要的东西，而不是父母买东西送到他面前时，就会更加珍惜其东西的价值。从此他也对节俭有了一个初步的概念。

(9) 适时地引导孩子参与储蓄和基金

如果孩子只会花钱，那么手头就总是空空如也。当他对花钱已经了如指掌后，就要教他怎么存钱。例如，当孩子想买某个物品时，家长可以不直接给孩子买，但是提醒他，如果他能把几个星期的零花钱留下来，就可以实现自己的愿望。

孩子刚开始储蓄时，他的目标可能只是为了某个东西。但是，当他手头再有钱时，父母就可以提醒他主动存下来，以备下次看到什么好东西时，有钱可以支付。一定要给孩子准备一个足够大的储钱罐，或者隔一段时间把孩子积攒下来的钱拿出来清点清点，让他感受到成就感，这样，孩子就会有存钱意识了。

当孩子的钱有一定的数目之后，家长可以和孩子一起讨论怎样理财，制定一个理财目标，开办一个理财账户，把孩子手中的钱存入账户，同时教给他有关储蓄的相关知识。储蓄是风险性最小的投资工具，现在绝大多数孩子都有零花钱，父母可以让孩子在存钱这个过程中全程参与，带孩子到银行开户，孩子可以从开户、存款、提款等流程中，得到充分的参与感，认识也更为直观。

在更进一步之后，家长还可以考虑为孩子选择一个基金产品进行定期定额投资，一段时间后，可以让孩子对储蓄和基金两种不同理财手法的收益与风险进行比较，从而体会其中的差别，培养他对理财的了解和兴趣。

对孩子进行生活经验和生活适应能力教育

丰富的生活经验对孩子心智的成长与将来的社会适应，有着决定性的影响。孩子在生活中发展智能、人格特质和精神力量，丰富的生活经验让他们可以从中学习和成长。教育专家们强调，生活即是教育，因为教育就奠定在生活经验和内容上。

通过生活经验，教导孩子思考、待人，品德和情绪才不致脱离现实，而能发展生活的适应力和创意。心理学家的一项研究指出，我们从书本上得来的实用只能占10%，从听闻得来的占15%，从实际经验和研究中得来的占75%。因此，想培养适应能力强的孩子，就要注意生活经验和生活教育。

社会变迁快速，未来学家的推估指出，现在的儿童成长到投入工作时，社会和工作的变迁速度，将会是现在的四倍。所以，生活适应能力不可不重视。

生活富裕了，许多父母不希望孩子像自己一样吃苦，对孩子百般照顾溺爱；孩子只顾好好念书，很少在生活中历练，更缺乏协助父母劳动、工作和做家事的经验。孩子活在脱离生活现实的不利环境中，长大之后，就可能无法面对现实，不肯吃苦。他们没有养成负责的习惯，欠缺坚持和忍耐的毅力，待人接物和基本的处世能力也显得不足。

生活适应能力不足会影响工作，阻碍人际关系，妨害情绪生活，甚至造成边缘人格，不断产生偏差行为。欠缺实际生活历练，加上看电视和上网络时间过长，容易促成虚拟人格特质，使孩子缺乏现实生活的本事。

在日常生活中，家长要注重创造机会，提供孩子学习生活适应的本事，并通过这些经验，发展出能干、坚毅和待人接物的品行。

（1）重视性格、品德和良好习惯的培养

①在生活中培养孩子坚毅的性格。给孩子信心和成功的机会，从而发展自信和对未来充满希望的态度。

②重视孩子的道德陶冶。通过故事、传记和信仰，培养道德行动，启发道德判断。

③及时指导孩子建立良好的生活习惯，不要宠坏孩子。父母既须警觉孩子错在哪里，又须及时有效响应。

（2）让孩子掌握待人接物和做家务的知识

①家长教孩子待人接物的规范。这需要从实际生活中学习。你不但要为孩子解说，更要以身作则。

②教孩子懂事和通情达理。它是与人合作、结合众人的智能，只有通过生活历练才培养得出来。

③指导并陪同孩子做家事，对孩子的心智成长、工作适应和心理健康，有积极的助益。

（3）扩充孩子的社会常识

孩子虽小，但随着年龄的增长，总有一天要离开父母，作为一名独立的社会成员去参与社会生活，而幼儿期是人积累生活经验、发展生活能力和学习适应社会的重要时期。**父母必须注意丰富、扩充孩子的社会常识，以适应社会的要求。**社会常识包括家庭、周围环境、日常用品、交通工具、生产工具、节日、祖国、少数民族等有关内容。那么，家长应该怎样来丰富孩子的这些知识呢？

①扩大孩子的视野。

现在的孩子大多是独生子女，生活范围狭窄，而且爸爸妈妈包办代替得太多，不放心让孩子单独行动，而他们又很少挤出时间带孩子出去，这就造成了孩子视野狭窄，知识贫乏。因此，家长要注意利用星期天、节假日等一切可以利用的机会，带孩子去参观、去游览，随时进行教育。

②利用多种手段丰富孩子的社会常识。

现在家家都有录音机、电视机，甚至录像机、电脑等。家长要充分利用这些手段，让孩子来了解有关的社会常识。在看的过程中，成人可给孩子加以讲解。需要注意的是，要让孩子有选择地观看电视，且时间不宜过长，每天以半小时为宜。另外，还可多给孩子提供较好的图书，扩大孩子的知识面。

③要尽量给孩子提供一定的机会，放心让孩子自己去行动、去实践。

这一点最重要，应特别注意。因为孩子通过实践努力掌握的知识，是进一步掌握更多知识的基础，家长对他们的成功要及时地进行鼓励，使孩子充满信心，继续去探索，去实践，从而更多更好地获得知识。对于孩子在实践中出现的问题，家长要耐心地给予纠正，千万不要说损伤孩子自尊心的话。

生活适应能力决定一个人的幸福和工作上的表现，它是一个人生涯的主轴，而且具有一贯性，影响及于终生。如果孩子的生活适应力没有得到应有的发展，往后各阶段的发展，都将受到干扰。

孩子的生活适应能力，不是用严管勤教能教得来的。它需要父母的创意，在生活中随时指导，将毅力、明理、责任和待人接物的规范，化为习惯与美德，才能培育出来。

高度重视培养孩子的责任心

一个人从进学校大门，到长大成人，都在不断地受到提示——责任。上学读书了，老师和家长提示，要好好学习；工作了，领导和家长提示，好好工作；结婚了，社会提示，做个好丈夫好妻子；孩子出世了，家庭提示，做个好父亲、好母亲。于是，人的脑子里形成了一系列责任符号。读书的，读好书是责任；种田的，多打粮是责任；经商的，多赚钱是责任；当官的管理好人是责任；父母抚养孩子是责任；年轻人赡养老人是责任……久而久之，这些责任成了一种约定俗成的东西，不用谁去叮嘱和催促，人们也会自觉去做，并形成一种民族文化，传承至今。

所谓责任，是你的行为对别人的事情有因果联系，通过你的付出给别人带来一定的利益，事情的结果，不论好坏你要承担不利。当一个人关心自己的行为对他人的影响时，这就叫做负责任。

责任心是一个人生命的纤绳。有了责任心，一个人才把自己的生命与别人的生命联系起来，才会产生自我价值感。**一个没有责任心，没有价值感的孩子，因为找不到自己的生命在社会中的地位与重要性，便会感到迷惘。因而失去创造成就的动力，而容易为其他一些物质性的轻浮的事物所吸引，沉溺其中，平庸地混过一生。**

设想一下，当一个人感觉他的行为对其他人有影响的时候，他有了重要感，有了价值感。当一个孩子被赋予责任时，就感觉自己绝对重要；有了重要就有了自律；自律就意味着主动。这是对自己的责任。而对别人的责任，意味着要承担不利。在人群中，只有肯负责任的人，才能和别人愉快合作，才能够领导别人。

那么，怎样才能培养孩子的责任心呢?

(1) 教导孩子关心别人

通过父母跟孩子谈话，通过孩子行为对父母的影响，把自己的感受谈出来。假如，孩子对家长做了好事，你要确认他的责任心。

要随时建议你的孩子去帮助身边的亲人，像爷爷、奶奶、姥姥、姥爷，做一些力所能及的事情。比如为爷爷倒一杯水，为姥姥去买治胃病的药等等。然后，父母给予及时地表扬。**家长可以通过教孩子做些帮助别人一点一滴的小事，让孩子找到价值感和重要性，从而树立孩子的责任心。**

(2) 尊重孩子的独立人格，和孩子进行平等的交流与谈心

绝大部分家长跟孩子谈话的口气，总是居高临下，内容也总是训导孩子该如何如何。而很少有家长跟孩子谈自己，谈自己的苦恼，谈自己的难处，谈自己的失败，谈自己的人生。因为家长害怕跟孩子谈这些，会影响自己在孩子心目中的形象，降低在孩子眼中的威信。

事实上，当孩子上初中以后，对人世间的事情已经有一些了解，对是非、好坏、善恶、美丑等等已经有了一定程度的判断能力。如果家长通过向孩子敞开交流的大门，向他们讲一讲成年人的苦恼，家事的繁琐劳神，工作的难处和困惑等，就会使孩子从小就懂得父母之不易，生活之艰辛，产生为父母担忧的想法。这时，父母应敏感地捕捉住孩子的心愿，对他们的理解与分忧的愿望表示欣赏，并且为有这样懂事的孩子感到欣慰。**在对待家事上，父母应该听一听孩子的意见。采纳他有价值的建议，欣赏他任何帮助父母和改善家境的举动，这些都能有效地激发孩子的责任心。**

(3) 孩子的事让孩子自己负责任

强强在街上看见卖小狗的，要求妈妈买来养。对于一个没上初中的孩子来说，养狗是很难的事，妈妈自然不想买。但孩子爱不释手，强强的妈妈向丈夫求助。丈夫这样对孩子说的：“这是你的事，我只给你我的建议，根据我的经验……”然后，强强的爸爸夸大了养狗的麻烦：“你是否有时间来照顾它？你计算一下，除去学习各

门功课的时间，你还有多少时间……既然你要养它，你就得每天喂它，这是你的事情，不可以让妈妈代替你承担照顾狗的责任。在这些前提下，你只要能把狗养好，没人反对你！”孩子最后想想，放弃了。

当你指出这是他的责任，他会开始考虑事情是否可行；如果你承担着责任，他就不会考虑事情，只是考虑怎么说服你。

我们的家长总是想让孩子去干什么，或禁止孩子干什么，而不是孩子自己想干什么。**实际上，在很多时候，应该把选择权和决定权交给孩子，最重要的是让孩子养成自己负责任的习惯。**

多年前，有一位 11 岁的美国男孩踢球时不小心踢碎了邻居家的玻璃，邻居索赔 12.5 美元。闯了大祸的美国男孩向父亲认错后，父亲让他对自己的过失负责，他为难地说：“我没钱赔人家……”父亲说：“这 12.5 美元先借给你，一年后还我。”从此，这位美国男孩每逢周末或假日便外出辛勤打工。经过半年的努力，他终于挣足了 12.5 美元还给了父亲。这个男孩就是后来的美国总统里根。他在回忆起这件事时说：“通过自己的劳动来承担过失，使我懂得了什么叫责任。”

（4）让孩子参与家庭事务的决策

当孩子能够参与讨论家里的通常是成年人的问题时，他们才能够更好地理解父母。而父母一方面可以调动孩子的责任心，使自己清楚地认识孩子的品质；另一方面可以得到有关自己教育的反馈信息。

一个人的责任心往往就是在看到自己行为与他人幸福安危有直接因果联系时才建立起来的。我们很多家长不让孩子参与家庭事务的决策，是大错特错的事。当孩子从小被当作平等的人来对待的时候，家里的一些事和孩子商量，尽管孩子太多问题几乎不懂，但是他会感觉被尊重。他是家庭的一员，他的行为对家庭有影响。而这种感觉对孩子来说太重要了！

(5) 让孩子参与并适当分担一部分家务劳动

我们很多父母因为爱孩子，不让孩子参与家务劳动。让孩子参与家务劳动的目的，不在于减轻家务负担；而是从小让孩子知道，他属于这个家庭，自己对其他人负有责任，他不能无偿地接受别人的劳动，孩子要做力所能及的家务劳动，像打扫房间卫生、洗衣服、洗碗及浇花等。否则，他没有参与感，没有属于这个集体的意愿。好好学习，不用干活是绝对错误的。

很多家长怕孩子干家务活，耽误时间影响学习，宁肯自己咬牙将全部家务活都承担下来，尽管下班做完饭后已经非常疲倦了。**家长必须让孩子认识到，他是家庭一员，他对别人也负有责任。他应该在力所能及的范围内，分担大人的负担。**而这样做，绝对不会影响孩子的学习。当孩子找到价值感、尊严感，那他会主动学习，效率会更高。而一个无责任感、无价值感的孩子，尽管坐在书桌旁，可他在无聊的闲谈中，在无病呻吟的流行歌曲中，在电视肥皂剧中浪费的时间远远大于他干家务的时间。

在孩子学习时间充裕时，可以让他照顾小动物；培养他照顾老人和小孩子的习惯；有客人来就让孩子做主人……这样，孩子看到通过他的行为给别人的影响，找到他自己的重要感。

六

教孩子学会交往，学会共处

美国第32任总统罗斯福说：“在成功的公式中，最重要的一项因素是与人相处。”教孩子学会共处，是时代提出的一个十分重要的教育命题。一个人，一生中要同时扮演多重角色，即使是青少年，也需要处理好与同学、朋友、老师、亲人、邻居等等不同的人际关系。教孩子学会共处，就要教孩子学会平等对话，互相交流；学会关心，学会分享，学会合作。要让孩子懂得，生存是一门艺术，合作则是生存艺术的第一法则。合作是生活艺术和能力的综合。现代家长要采取正确的态度和方法，教导孩子走出自我中心，学习公平、分享、礼让、合作等和谐相处的行为，以赢得别人的喜欢和接纳，营造轻松愉悦的人际环境。

家长应注重从小培养孩子的交往能力

交往是发展孩子社会性的一条重要途径。**孩子只有在与同伴、成人的友好交往中，才能学会在平等的基础上协调好各种关系，才能正确地认识和评价自己，形成积极的情感，为将来正常地进入社会，更好地适应社会生活打下基础。**因此，让孩子学会交往不仅是老师的任务，也是家长义不容辞的责任。

那么家长如何培养孩子的交往能力呢？下面几点建议可供参考。

（1）为孩子创造良好的家庭交往环境

在家庭中应创造一种民主平等、亲切和谐的交往氛围。以父母为中心和以孩子为中心的家庭都是不可取的，父母应当成为孩子的朋友，要让孩子敢说、爱说，有机会说话。家庭中的大小事，孩子能理解的，应该让孩子知道。适当地让孩子参与成人的某些论论，有利于树立孩子的自信心，使孩子敢于与成人交往。**家庭中有关孩子的一些问题，更应该听听孩子的意见，看看孩子的想法，不要一味地只是家长说了才算。**

（2）为孩子提供更多的交往机会

家长应适当地带孩子进入自己的社交圈，让孩子到外面去串门，找小伙伴玩耍，也应该允许自己的孩子邀请小伙伴到家里来作客。家长可以指导孩子怎样和同伴一起玩。例如，家里买了新的玩具，家长可提醒孩子请邻居家的孩子来一起玩。别的小朋友上门来玩耍，家长要讲表示欢迎的话，消除他的恐惧心理，还要叫自己的孩子拿出好吃的东西招待他，拿出好玩的东西给

他玩。还要，让孩子有充分的时间和小朋友们一起交往，得到更多的交往机会，体验到和同伴交往的乐趣。

（3）让孩子参加一个活动小组

看看地方的报纸，找找有没有适应你孩子年龄的活动小组。现在一般有各种各样孩子能够参加的活动小组。当然，这些辅导班和小组顺带还可以提高你孩子智力，但是需要选择一个最需要人相互接触的活动小组。计算机班或者艺术班是不错的，但更要让孩子参加体育活动班或其他集体性项目的活动班。

（4）对孩子敢放手

当孩子有了一定的朋友圈后，使自己的孩子成为一个受朋友欢迎的有魅力的孩子，是每个家长共同拥有的美好愿望。但有时看到自己的孩子被他人欺负，已成了家长们焦虑的问题。解决这个问题的办法，就是放手让孩子去玩。每个孩子都不是天生的赢家，孩子在群体交往时有争执是很正常的，他们的交往能力就是在欢笑、眼泪中磨砺出来的。在我们儿时的记忆中，最讨厌那种在群体中吃了亏，请父母来申冤的孩子，这样的孩子往往是同伴们排斥的对象，所以这类孩子表面上没有被别人欺负，其实是非常孤立的，对孩子成长不利。**在孩子游戏时，作为父母只要远远地观察孩子的行为，没有大的安全事故，就可以不理会孩子的争吵、哭泣，孩子自己会在争论中产生规则，在争执中才会懂得与他人相处的技巧。**

（5）当孩子和别人发生矛盾后和孩子多交流

当孩子和别人发生矛盾后，家长还应抓住时机和孩子进行简单地对话，一方面可以帮助父母了解孩子的活动情况；另一方面在交谈中能够帮助孩子解决问题和困惑，促进幼儿的身心发展。因为有时对孩子来说，当局者迷，而通过与成人的谈话，成人可以帮助孩子站在另一个角度看待问题，分析问题，让孩子找到问题的矛盾点。父母对一些焦点的问题可以对孩子提出问题：你认为他们对不对？你如果是他该怎么办？下一次碰到这种情况你怎么办？通过这次经历，你学到了什么？在父母和孩子讨论事情的过程中，教会孩子处理问题的方法。

(6) 培养孩子乐于助人的品质

让孩子多关心周围的人和事。要让孩子对同小组、同班级、同年级的同学多多地给予关心，多留意周围发生的事情。特别要关心结交的人和感兴趣的事。如你的孩子经常做有心人，就会发现某同学感冒了，缺课两天，主动帮他把落下的课补上；天气突然变化，下起雨来，而某同学没有带伞，可以与其共伞或将同学送回家等等……当你的孩子主动做了这些事，费的时间并不多，但大家对你的孩子就会怀有好印象。

如果家长在孩子幼小的时候就有意识地培养他们的交往愿望，教给他们的交往技能，对孩子来说将是终身受益的。

教孩子了解和掌握处理人际关系的基本原则

人际关系虽是一种错综复杂的社会现象，但其存在和发展是具有规律可遵循的。专家指出，为了培养良好的人际关系，父母要教会孩子如下几点处理人际关系的主要原则。

(1) 择善原则

要告诉孩子，在建立和发展人际关系时，不能盲目从事，而要有所选择地进行。不仅要“择其善者而从之，择其不善者而弃之”，而且要“两害相取，取其轻；两利相取，则取其重”。善，就是指对社会、对他人、对自己无害或有益的人及其关系。在建立和发展人际关系时，首先要考虑自己与交往对象相互需要是否有益于社会、有益于他人。如果是有益的，就采取积极态度；如果是有害的，就要坚决放弃。

(2) 调衡原则

要教孩子学会协调平衡各种关系，使之不相互冲突与干扰。一个人的精力和时间是有限的，建立人际关系的目的是为了满足需要，不能过多或不足。过多则忙于交往，影响自己的正常生活和学习；不足则会使自己陷于孤独苦闷，导致信息闭塞、孤立无援，使自己减少了发挥能力的机会与范围。所以，**要教孩子学会协调平衡需要与时间、精力之间的关系。**

(3) 积极原则

在人际交往行为中，要鼓励孩子积极主动，态度要热情。如在日常生活

中，对来拜访的客人和同学，一请坐，二倒茶，三交流，四送出。在态度上主动认真，才有利于加强彼此了解，密切关系。主动的作用还表现在文明礼貌的语言中，表现在热情的交往态度上。热情比任何暴力更容易改变别人的心意，没有热情，人际关系就会变得冷漠，暗淡无光。

（4）真诚原则

真诚是做人的基本要求，也是人际交往的基本原则，要以诚相待。信息反馈原理告诉我们：有良好的信息输出，才能有良好的信息反馈，实现人与人之间的心理交融。真诚是一种传统美德，“精诚所至，金石为开”，“良药苦口利于病；忠言逆耳利于行”，“心诚则灵”，这些都是对真诚及其作用的高度评价。

（5）理解原则

这一原则主要是指关系双方在人际行为中互相设身处地、互相同情和谅解。只有相互理解，才能心心相通，才有同情、关心和友爱。古人说：“人之相识，贵在相知；人之相知，贵在知心。”关系主体双方要互相了解对方的理想、抱负、人格等情况；了解彼此之间的权利、需要、义务和行为方式。要相互体谅、互相包涵、不斤斤计较、吹毛求疵。要善于“心理换位”思考，这样，不管在平常交往，还是在人际双方发生矛盾、产生冲突时，都能妥善处理好。

（6）守信原则

在与人交往中，要教导孩子讲求信用、遵守诺言。守信是处事立世的根本。在生活中要努力做到“言必信”，说真话，说话算数，要“行必果”，遵守诺言，实践诺言。在交往中，要不轻诺。不轻诺是守信的重要保证。此外，还要严守对方的秘密，不炫耀和披露大家不知的隐私，也不要依据自己的臆想来推测对方如何如何。这样，才能赢得别人的长久信赖。

（7）平等原则

在生活中，要提醒孩子尊重他人的自尊心和感情，不干涉他人的私生

活，人格平等。在交往中，情感对等、价值对等、地位对等、交往频率对等。如通信交往，次数基本对等；朋友之间，彼此拜访大体对等。像对待朋友那样平等地对待交往对象，寻求相互认识、相互理解的方法，关心、体谅、理解他人。

（8）相容原则

相容，即宽容，是指宽宏大量、心胸宽广、不计小过、容人之短、有忍耐性。相容不是随波逐流，不讲原则。容人正是为了把原则性与灵活性有机结合起来，以便更好地达到自己的远大目标。要让孩子懂得，**为了做到宽容，就要有谦让精神，做到有理也让人；要将心比心，“己所不欲，勿施于人”；要大事清楚，小事糊涂，要严于律己，宽以待人。**

（9）适度原则

适度也就是说在人际交往中的一切行为都要得体，合乎分寸，恰到好处。这是人际交往中最重要的一个原则。过与不及，皆为不妥。要教孩子学会自尊、自我表现、忍让、诚恳热忱、信任他人、谨慎、谦虚、交往频率、言谈举止等都要适可而止。

有意识地教给孩子一些基本的交往技能

为了帮助孩子成为受同伴欢迎的人，在交往中得到快乐，家长应有意识地教给孩子一些交往的技能。如下一些建议可供参考：

（1）培养孩子的礼貌习惯，教他学会尊重别人，平等待人

父母应让孩子在交往中学会使用礼貌用语："请"、"谢谢"、"对不起"等；要告诉孩子，只有懂得礼貌的人，别人才愿意和他一起玩耍，也才肯把心爱的玩具给他玩。**孩子在活动中礼貌语言用得好的时候，家长要及时进行鼓励表扬，强化孩子的礼貌行为，形成良好的礼貌习惯。**

（2）让孩子学会容忍与合作

在交往中，遇到与自己意愿相悖的事，家长应教育孩子学会忍让，与同伴友好合作，暂时克制自己的愿望，服从多数人的意见。例如，几个孩子在一起商量做什么游戏，大家都说玩动物园；而自己却想玩娃娃家。此时，就要克制自己的愿望，和同伴们一起高高兴兴地玩动物园的游戏。这样才能使交往顺利进行。

（3）让孩子学习遵守集体规则

孩子们在交往时，会自己制定一些规则来约束每个人的行为，谁破坏了这些规则，谁就会受到集体的排斥。只有自觉遵守集体规则的人，才能得到大家的喜爱，也才会有更多的朋友和他一起玩。

（4）让孩子学会几种文体活动

打牌、跳舞、唱歌、游泳、打球等文体活动，往往能吸引很多人。如孩子掌握了这些活动技能，常能在社交中增加人际吸引力。某校有位同学擅长指挥唱歌，每逢大型舞会，经常自告奋勇上台指挥，组织大家引吭高歌，他借此成了社交活动中受欢迎的人。有位同学能熟记很多谜语，每逢课余时间，常给同学们猜谜，结果团结了一大批朋友。

（5）让孩子储备一些小故事、小幽默

在班会或者小朋友们聚会的时候，假如你的孩子有许多生动活泼的小故事，诙谐有趣的小幽默，他就会大有用武之地。适当讲几个故事，说几则笑话，能使全场活跃起来。此时，他会有良好的自我感觉，他也会备受伙伴们的欢迎。

（6）让孩子学会向别人寻求帮助

从孩子很小的时候，家长应该鼓励和培养孩子寻求帮助的能力。假如他不能解决问题和纠纷的时候，不要急于插手。首先，给孩子们一个机会自己把问题解决，如果孩子自己解决不了，再给他一个向你寻求帮助的机会。假如家长有意识地这样做了，孩子承受挫折的能力将得到提高。然后，你可以采取各种方式帮助他解决问题，但在做之前，不要忘了问一句：“你需要我的帮助吗？”简单的一句话，可以让孩子懂得，在他自己无法解决问题的时候，寻求帮助是非常对的。当他步入成人的世界时，也许他就不再为寻求他人的帮助而感到怯懦和羞涩了。

（7）让孩子结交各种类型的朋友

应该鼓励孩子不要单纯在同学间交朋友，要扩大朋友圈，结交一些不同年龄、不同层次、不同性格的朋友。“忘年交”，就是年龄相距很大的人结成的朋友。如你能有忘年交，你就会获得年长的、生活经历十分丰富的好朋友的指导，你的社交能力和生活能力肯定会大大提高。如你结交了在写作、绘

画、音乐、书法等某一方面有专长的朋友，你等于找到了一位好老师，在某方面的知识肯定会大有增长。广泛结交朋友，接触各种类型的人，会使你逐渐成熟起来，交往能力也会不断提高。

（8）让孩子在平时多保持朋友间的联系

逢年过节，可提醒孩子给同学、朋友通通电话，或者寄一张贺卡；手边有精巧的小礼品，要给同学、朋友分享，等等。别看不起这些芝麻绿豆般的小事，它是孩子交往能力的体现，能使孩子与朋友的情谊与日俱增。

教孩子学会宽容和尊重他人

国际21世纪教育委员会的报告指出："宽容教育和尊重他人的教育作为民主的必要条件，应被视为一项综合性的持久的事业。"那么，在日常生活中，该如何教孩子学会尊重他人呢？如下建议可供参考：

(1) 尊重一个人就要努力地去发现他人身上独具魅力的特点，用欣赏的态度关注他人的发展

家长要让孩子从小就意识到，不仅自己的人生需要喝彩，他人的成长历程也需要掌声。在生活中，一些孩子之所以不给他人喝彩，往往是因为看不到别人的优点，经常拿自己的优点去比较别人的缺点。比较的结果，造成了孩子们的自高自大，自吹自擂和自我陶醉。因此让孩子去欣赏他人，正是帮助他们学会尊重别人的开始。

(2) 尊重意味着关心别人，使之按照基本性成长和发展

心理咨询有一个"助人自助"的原则，其含义是帮助别人最终还是让这个人学会自立，使之成为一个拥有独立人格的人。尊重意味着让自己所帮助的人学会自尊、自立和自强。

如果孩子学会了尊重一个人，就应该希望对方以他自己的方式，为社会、为自己而健康成长，而不是把自己的意愿强加他人。**要让孩子懂得，尊重是一种品德，是一种艺术；尊重他人也有利于个人的成长和发展。**

（3）教孩子学会尊重别人的私人空间

个人与个人之间的交往，涉及到私人空间的问题，就像进自己的家门不必敲门，进别人的家则必须敲门，必须经得人家同意方能进入一样。私人空间是不能随意闯入的。这是因为每个个体不仅是独立的，即有独立的生存权利、独立的生活方式、独立的个性意志，而且每个个体都还有部分属于不可显露，不可告人的隐秘，以致每个个体都会很本能地护卫着这个自我空间，在这个自我空间或者布置着，或者珍藏着，或者闪避着什么。

要提醒孩子，在日常的人际交往中，不冒昧的进入别人的私人空间，对他人的隐秘不要感兴趣，这是现代文明人的重要素质之一，是与人共处的重要原则。

朋友之间应该如此，一般的同学、伙伴之间的交往，更应该在意识上亮盏红灯，告诫自己，约束自己，在文明举止和人生格调上提升自己，以免自己无意识地跨入他人空间。

（4）教孩子学会理解别人

人需要有与他人的共同语言，否则就是一个孤独的人。理解可以产生共同语言，可以接通人与人心灵的交流。一个拒绝孤独的人，重要的是不要卡断与他人的通道，这个通道就是理解。

国际教育发展委员会的报告《学会生存——教育世界的今天和明天》提到："教育的一个特定目的就是培养感情方面的品质，特别是在人和人的关系中的感情品质。"**理解是感情品质中最重要的内容。理解带来的感情和爱使人变成能动的人，自觉的人。在理解面前，任何批评、责怪、督促、检查都是多余的。**

（5）教孩子学会在公共地域的文明表现

公共地域是真正的人生考试场，因为那儿没有老师的眼光和尺度，也就无须外在权威而刻意地表现：因为那儿只有自己的意念和行为，也就只有依靠在内的觉悟而自由地追求。这就好比有的年轻人进入公共地域就注意使自处于平静的状态，就要求自己遵守公共的秩序，即使有人蛮横，有人莽撞，

他也十分的忍让，克制，始终以公共的利益为自身行为的准则。**要让孩子懂得，在公共地域里只有真诚地去实践，去交往，去表现，才能在与人共处中减少冲突，避免矛盾。**

(6) 教孩子学会不背后议论别人

影视片中常常可以见到这样的镜头：某户发生了些事情，当主人公进进出出的时候，就有多嘴的人在背后指指点点地咬耳朵；某办公室或许发生一些矛盾，就有多事的人在背后窃窃地传话。此时，镜头中的传话人多半是那种长舌妇般的嘴脸，使人看了极不舒服。

应该承认，这些人交往中的陋习也影响了青少年，以致青少年在同辈交往中，也因时常发生背后传话等情况而闹出一些不愉快。

比如，莉莉有点妒忌方方的刻苦，便酸溜溜地对小成说："这种课外书也不读，电视也不看的苦行僧，绝对是没有后劲的。别看她现在好像很行，一进入综合复习，保准没辙。"不久，这段话就拐了弯地传到了方方的耳朵里，引得方方很气恼。再比如，蓝蓝在传达室里发现一封写给同班女生小吕的信，信封上的字迹很熟，似乎是隔壁班男生小宋的，因小吕和小宋是小学，初中时的同班同学，他就把这段猜疑告诉了寄信的朋友，尽管小黄也一再叮嘱"到你为止"，这段猜疑仍然像长了翅膀似的飞翔起来，并增添了"情书"、"恋爱"等色彩。结果，蓝蓝受到了老师的严厉批评。

要让孩子懂得，青少年交往中产生一些不愉快，乃至产生一些问题，一些冲突本是很正常的事情。或者通过坦诚交换意见，或者通过同学的调解，或者通过教师的帮助，以求平和通融，都是宽敞而健康的可行路径（且这样的路径也正显示了青少年的纯洁）。反之，若是"背后议论"，即不把矛盾摆在桌面上，而是你背着我戳一枪，我躲着你射一箭，一方面因为没有面对面的沟通，矛盾得不到解决；另一方面，因为属于藏头露尾的行为，就犹如跌落在一个深深的角落里，直不起腰来，抬不起头来，哪能会有脊梁的坚挺呢！哪能会有人格的正直呢！所以要让孩子认识识到："背后议论"行为不是求得发现，求得解脱，而是关系到人共处的品行是否端正。

“背后议论”的后果不仅是糟糕的，而且是要由自己承担的。俗话说：“隔墙有耳”，“没有不透风的墙”，“欲要人不知，除非已不为”等，就是指出了除非自己不去“议论”，否则人家一定会知道，哪怕你做了各种周密的布置和防范。“背后的议论”非但不能把自己隐藏起来，反而会因这种形式的“议论”把自己交代出去，最终使自己背上一些不义的祸名。**所以，要教孩子明白，“背后议论”就像魔术师手中的草帽，兜个圈子是要回到自己头上的。**

要提醒孩子，在与人共处中，要开阔胸襟，要严于律己，要从不“背后议论”，不“传言”等小事做起，努力使自己成为一个现代文明人。

避免使孩子因性格过于内向而影响交往和发展

有一位性格内向的人说："我并不是厌世，但我确实不知道生存世上的意义。我对人对事都没有特殊的爱恋，我希望可以躲起来不必面对这个世界。我每天早上都赖在床上不肯起来，外面的世界对我来说太难应付了，每天由办公室回到家里的时候，我都有如释重负的感觉。放假的日子，我除非迫不得已，否则一定要留在家里，无论如何也不肯出去。我最怕的是人，我觉得自己什么都比不上别人，所以为了逃避与别人比较高低，我在尽可能范围之内都避免与别人接触。我很怕向别人提出问题，我怕被人骂我笨，所以工作上及生活上有许多事我都一知半解，采取得过且过的态度。可是我又怕别人识穿我的无知，因此我加倍谨慎，避免与人接触。虽然我躲在自己的'一人世界'里觉得很安全，但同时我也觉得孤独。我向往能多交几个好朋友，我希望自己不要这么怕与人接触，我希望可以仔细地去了解自己工作及生活的环境，我希望可以真正地享受人生。"

内向者常常是自我封闭的人。这种人总是人为地设置一道樊篱，将自己和外界隔绝开来，他很少或根本不去参加社交活动，除了必要的工作、学习、购物以外，大部分时间将自己关在家里，不与他人发生联系。

自我封闭心理是一个普遍性现象，在每个年龄层次都会产生。儿童有电视幽闭症；青少年有性格羞涩引起的恐人症、社交恐惧心理；中年人有社交厌倦心理；老年人有因子女成家居外和配偶去世而引起的自我封闭心理。

具有这种心理自我封闭者，往往是远离人群、耳目闭塞，日久天长，就会孤陋寡闻，对飞速发展的社会缺乏了解。人际关系亦会随之淡漠，自身的价值难以得到社会的承认，且会影响自己的抱负和才华，影响自己的身心健康。我们常常可以看到一些性情孤独者，由于心境不好，情绪苦闷，导致自己过量吸烟酗酒，自暴自弃，乃至成为时代列车上的落伍者！

所以，**家长要努力教孩子克服嫉妒内向的倾向，学会把自己向交往对象开放。既要了解他人，又要让他人了解自己。**在社会交往中确认自己的价值、实现人生的目标，成为生活的强者。如果沉浸在“自我否定”、“自我封闭”的消极体验中，就会闭目塞听、思维狭窄、阻碍自己去积极行动。

为了避免孩子因性格过于内向而影响他未来的发展，家长需要从如下几个方面努力：

（1）帮助孩子树立信心

要改变过于内向的性格特征，首先要有信心。既然人的性格是在生活实践的过程中逐渐形成的，那么也同样可以改变。如果孩子有自卑的性格倾向，就一定要教他树立起足够的自信。

（2）教孩子培养广泛的兴趣爱好

广泛的兴趣会使人将心理活动倾注于活动之中，而减轻对自我的过分关注；还会使人的不良情绪在兴趣活动中得到很好的宣泄与转移；兴趣犹如一条纽带，会把具有共同兴趣的人连接起来，从而使与人际交往的融洽程度得到提高。

因此，教孩子培养广泛的兴趣爱好对他的健康成长是非常有益的。

（3）鼓励孩子积极参加集体活动和社交活动

要改变原有过分刻板、单一的生活方式，广泛结交朋友，尤其应多接触那些心胸开阔、性格开朗的人。通过积极主动的交往活动，不仅可获得归属需要的满足，而且还会通过潜移默化的作用，逐渐形成开朗、幽默、直爽的外向性格特征。鼓励孩子多接触人，多与人交往，这十分有利于他的性格的外向发展。一个闭门不出、缺乏同人交往的人，别人一般也不会来与你攀亲

结友。**人只有融入大集体中，才会获得知己，才会心情舒畅，也会学得很多有用的东西，懂得很多人生的道理。**

(4) 教孩子学会求同存异，善于宽容

与人交往，总希望关系能融洽，由于人的个性不同，生活背景不同，物质基础、文化修养不同，因此，人与人之间难免会意见不统一，有时甚至会产生矛盾。因此，要教孩子学会在与人交往中求同存异，善于宽容。要善于改变自己的处世态度和行为方式，尽量避免给人一种孤芳自赏、自诩清高的傲慢印象。这样，别人也容易接受他，愿与他交往。这对孩子的性格外向发展是很有好处的。

(5) 提醒孩子不要过分注意别人对自己的评价

不少人害羞、怕与人交往、畏惧参加集体活动，其内心活动就是怕自己做不好，怕别人笑话，因而以“回避”与人交往的方式来保护自己的“自尊”。实际上，人无完人，即使同一件事，不同的人有不同的看法。所以，从伟人到平民，每一个人都会受到别人或好或坏、或褒或贬的评价，而且，多数情况下，人们喜欢评价别人的不足之处，也因此，不少人就被别人的口水“活活淹死了”。

家长要提醒孩子，对别人的评价自己要有主见，既不为别人的赞扬而过分欢喜，也不为别人的贬低而焦躁不安，甚至心灰意懒；而要做到“有则改之，无则加勉”，坦然处之。

(6) 尽量把自己的心里话讲给别人听

要教孩子学会表达自己思想感情的方式，不要遇事总闷闷不乐，将所有心思封闭在“自我”之中。在人际交往中，如果一个人沉默不语、郁郁寡欢，别人就不愿接近他——因为别人可能以为他需要安静，谁愿冒扰乱别人的宁静之嫌而惹人厌恶呢？因此，要教孩子尽量把自己的心里话讲给别人听。

（7）要教孩子尊重和信任他人

要让孩子懂得，在交往中，只有尊重和信任他人的人，才能赢得别人的尊重和信任，成为受欢迎的人。反之，骄傲自大，目中无人，或对人疑心重重，左右不放心的人，是无法与人处好关系的。要做到这点，最容易的方法是学会当“忠实的听众”，因为认真聆听别人讲话，是对别人最起码的尊重，能耐心地听人说话的人，也往往是个受欢迎的人。

（8）要教孩子学会体会和观察别人的需要

家长要告诉孩子：由于动机的不同和兴趣爱好的差异，你喜欢的别人可能厌恶，你厌恶的别人偏喜欢。因此，在人际交往中，若能多站到对方的位置上，设身处地替别人想想，“将心比心”，可使人减少许多误会和不愉快的冲突。例如，当你发现别人嫉妒你时，你一定很反感，但是你若想想，假如别人超过了你，你是不是也会嫉妒别人？

这样做，就容易培养孩子的理解之心，他的种种不快之感也会烟消云散，甚至还会因此激起他的自豪感，增强自尊心与自信心。

（9）要教孩子乐于助人

要让孩子懂得，乐于助人不仅是人的一种美德，而且对自己的个性发展是很有帮助的。人是需要温暖、需要帮助的，主动去帮助别人，乐意去帮助别人，别人也会同样以回报。这样，良好的人际关系就容易建立，孩子会为此而高兴、喜悦，性格也会越来越开朗，越来越外向。

引导孩子适度扩大日常交际范围

专家指出，一个人的交往，以自我为圆心，由小及大，向外扩散，可以划分为几个圆圈。对于青少年来说，在社会的范围内，从家庭到邻里到社区再到整个社会；在学校范围内，从同桌开始到小组到班级到年级再到整个学校；从亲近程度看，从最知心的朋友到一般的朋友到点头之交。

人的交往随着年龄的增长，逐步由内圈向外圈扩散，交际范围也日益扩大。嗷嗷待哺的婴儿，只认自己的妈妈；蹒跚学步的孩子，只认自己的父母；牙牙学语的幼儿，只认自己最近的亲属；然后，从托儿所、幼儿园到学校，交往范围逐渐增大，特别是进入青少年时期的孩子，其交往范围一下子会有飞跃性的发展。

如果我们把社交圈分为内外两个圆圈的话，我们可以把青少年时期的交际关系称之为内圈，它主要由血缘关系、地缘关系和学缘关系构成。踏上社会后，由于工作和职业的关系，需要更多的交往，社交关系将大为拓展，形成了社交的外圈，除了血缘、地缘、学缘关系外，更主要地体现在业缘关系上。

青少年时期正是开始进入社会的阶段，其交往的范围正在酝酿着新的突破。应该说绝大多数的青少年还停留在内圈的交往阶段，他们的友情主要集中在同学之间，而内圈的交往，恰恰是外圈交往的准备、积累和铺垫。**能够处理好内圈交往的人，往往也能顺利地进入外圈的交往。在内圈交往中的成功者应该积极突破内圈交往的藩篱，及早进入外圈的交往。**

人际交往能力是衡量一个现代人是否具有适应开放社会能力的标准之

一。**不善交往，缺乏交际有可能人为地在自己与社会、与集体、与家庭之间筑起一道心理屏障，既妨碍自己的全面发展，又妨碍个人参与社会的活动，甚至影响学习和工作。**

内圈交往，相对说来，还是一种比较单纯的人际关系，没有多少利害冲突。但也有不少孩子在这种交往中产生了困惑和麻烦。比如：有些孩子在家中与父母亲情感对立，对自主意识的追求觉得处处受阻；有些同学在学校与老师的关系紧张，对老师心存敌意，对老师说的话不管是对是错，都有逆反心理；有的人与同学相处困难，与所有的同学都格格不入，在他的心目中没有一个同学是他看得上眼的；还有的孩子面对异性就不知所措，在和异性同学的交往中进退维谷，左右为难，浑身不自在。

上述现象实际上都是由于这些孩子缺乏健康的交往心理所致。现代社会是开放的社会，人要适应时代要求并有所作为，也必须在观念上和行动方式上具有合理的开放性。**在现代社会中，个人想要获得成功，就必须获得别人的理解、帮助和支持，这就需要自己对别人有一种开放的心态。**当前青少年的人际关系中，和同学保持融洽关系还比较容易。但大多数孩子认为与他人交知心朋友很难或比较难。一项调查研究表明，有知心朋友的人约占三分之一；大多数孩子对广交朋友持谨慎态度。这从积极的方面看，可以避免上当受骗，但从另一方面看，也反映出青少年在人际交往中有一定的闭锁性。从孩子的角度来看，交际越广泛，越有利于他们的身心成长，拓宽他们的视野。如果他们老是局限在内圈的交往中，毕竟同学之间受的是同一种教育，大家的层次处在一个相同的水平上，互补性就不强，对自己的提高也就有了某种局限。当他们把眼光从内圈的交往中向外圈扫射，他们才会发现外面的世界十分精彩。要使自己的交往超越班级、学校范围，这种空间跨度较大的交往，会使自己受到更多的教益，使他们的学习与课外活动变得更加丰富多彩，从而锻炼自己的社交能力。

几乎每个孩子都希望自己朋友多，但要把这种愿望变成现实，就要调整好心态，学会宽容，学会理解，在结交各种不同的朋友当中获得与别人和睦相处的经验与知识，提高自己的交往能力。

在日常生活中，为了帮助孩子顺利地走向外圈的交往，可以参考如下

建议：

（1）允许孩子结交网友

几年前，在一个对独生子女的调查问卷中，有14.7%的同学把远方笔友称为自己的“最好的朋友”。一个孩子说：“每当黑夜来临，我就感到无比孤独，连一个真正能说话的人都没有。于是就想把自己的心事向从未见到面的朋友，也就是笔友倾诉。”调查发现，与笔友的交往常常使人感到轻松，情绪得到了宣泄，满足了自己的一种亲和体验。虽然和笔友的交往还不是真正意义上的社会交往，但是这种联系的增加最终会形成友谊的萌芽。

现在，随着信息技术的发展和网络的普及，孩子结交网友已经变得非常便利。家长应该满足孩子的这种需求，并尽量给孩子提供必要的指导。

（2）鼓励孩子参加公益活动

几年前，在一项大型中学生运动会期间，小艺和许多学生一起报名参加了志愿者活动。来自不同学校的中学生们，在奉献自己的光和热的同时，他们彼此之间结下了深厚的友情，小艺觉得非常高兴，连她的父母也觉得奇怪，小艺一扫往日那种内向、羞怯的性格，变得活泼开朗，热心助人，在人际交往中也越发主动，落落大方。

现在，孩子可参加的各种公益活动越来越多，家长不妨为孩子多提供一些便利，使孩子和来自不同背景的各种人有接触的机会。

（3）教孩子多参加各种社会活动

小滨成绩不错，以前总是独来独往，人称“独狼”。当选学生会学习部长后，他担心会影响自己的学习，但后来参加了许多社会活动，认识了许多高手，才知道自己其实并不怎么样。尤其是参加了市里举行的中学生夏令营。他看到了另一个天地，并结识了一批电脑小玩家，使他在学习及电脑操作方面有了突飞猛进的发展。

作为家长，教孩子多参加各种社会活动，对发展他的交往能力是非常有益的。

当然，帮助孩子结交外圈朋友还有许多途径。但是，**一定要提醒孩子不能无目标地盲目地选择。要提醒孩子，在外圈的交往中应该更加谨慎，因为外圈的人际关系会更加复杂，所以外圈的交往对孩子是一个考验的挑战。**家长应该鼓励孩子有意识地扩大自己交往的层面，把朋友的朋友也变成自己的朋友，有几个或一批优秀的人成为自己的朋友是一生中的幸事，孩子将会终身受益无穷。

提醒孩子在生活中保持理智，避免树敌

俗话说："多个朋友多一条道，多个敌人多一堵墙。"这个道理是无所不在的。树敌过多，不仅会使人迈不开步，即使是想完成一些正常的工作，也会遇到种种不应有的麻烦。因此，家长一定要提醒孩子在生活中避免树敌。具体可参考如下建议：

（1）教孩子注意保持理智

即使是最好的朋友，也难免因为性格的不同、生活方式的不同出现一些摩擦。理智就像汽车上的刹车装置，失去理智就好比失去刹车装置的汽车，充满了危险。千里之堤，毁于一旦，很多人因为一时的冲动，毁了长年累积的人际关系。其实，人最大的敌人和对手不是别人，而是自己。所谓"不识庐山真面目，只缘身在此山中"。看别人的时候，通常都能做到旁观者清，能及时提醒别人应该注意的地方；但对自己往往就失去了控制，把自己当成了自己的"敌人"，做不到自我控制，也就是人常说的失去了理智。**理智对一个人是很重要的，因为理智就像规范一个人言行的无形框架，可以让人做到自我控制，而不至于因为失去控制，做出使自己后悔的事情。**

在人际交往中，更需要理智，因为理智可以避免冲突。多一份理智，就少一份冲突。理智属于个人的行为，也是一种能自我控制的情绪，能否控制好理智完全靠自己。没有理智的人，容易被一时的冲动左右情绪，伤害别人；而一个有理智的人，也是一个意志坚强的人，他不仅能够很好地与人相处，还不会因为失去理智而与人发生冲突。现在很多年轻人热情澎湃，做事却常常不计后果，更不考虑别人的感受。因为不会控制自己理智的人都是自

私的，都是以自己为中心的人，一旦觉得别人“触犯”了自己，就把理智抛在脑后，完全凭一时的冲动做事，事后连后悔的机会都没有了。

有一个坏脾气的男孩，经常因为控制不了自己的脾气而伤害别人。一天，他父亲给了他一袋钉子，然后告诉他，每当他发脾气的时候就钉一个钉子在后院的围栏上。第一天，这个男孩就钉下了几十根钉子。第二天，钉子比前一天少了几根。慢慢的，每天钉下的钉子数量都减少了，男孩发现控制自己的脾气要比钉下那些钉子容易。

终于有一天，这个男孩再也不会失去理智地乱发脾气，然后他告诉父亲这件事情。父亲又说，现在开始每当他能控制自己脾气的时候，就拔出一根钉子，男孩照做。一天天过去了，有一天男孩告诉他的父亲，他终于把所有的钉子都给拔出来了。父亲拉着儿子的手，来到后院说：“你做得很好，我的孩子。但是看看那些围栏上的洞。这些围栏将永远不能回复到从前的样子。你失去理智的时候说的话、做的事情就像这些钉子一样会留下疤痕。就好比你用刀子捅别人一刀，不管你说了多少次对不起，那个伤口将永远存在。失去理智后说的话、做的事所造成的伤痛就像真实的伤痛一样令人无法承受，对别人造成的伤害也将难以消除。”

理智作为情绪的一种，很容易影响一个人，情绪的弱者控制不了自己的理智，聪明的人才能控制好自己的情绪，做一个理智的人，不让一时的冲动伤害别人和自己。

要提醒孩子，在与人交往中，懂得自我控制的人，才是能管理自己的、凭理智做事的人。

(2) 提醒孩子尽量不要去指责别人

要避免树敌，你首先得养成这么一个习惯，那就是尽量不要去指责别人。指责是对别人自尊心的一种伤害，它只能促使对方起来维护他的荣誉，为自己辩解，即使当时不能，他也会记下你这一箭之仇，日后寻机报复。

人的本性就是这样，无论他多么不对，他都宁愿自责而不希望别人去指责他们。我们都是这样的。要提醒孩子，在想要指责别人的时候，一定得记住，指责就像放出的信鸽一样，它总要飞回来的。要记住，指责不仅会使自己得罪了对方，而且，对方也很可能会在一定的时候来指责你。

即使是对方犯下错误，指责也是徒劳无益的。要让孩子懂得，如果你只是想要发泄自己的不满，那么你得想想，这种不满不仅不会为对方所接受，而且就此树了一个敌；如果你是为了纠正对方的错误，那为什么不去诚恳地帮助他分析原因呢？

手段应当为目的服务，唯于不良的动机，才会采用不良的手段，而后树敌。**许多成功者的秘密就只在于他们从不轻易指责别人，从不说别人的坏话以显得自己高明。**面对可以指摘的事情，可以建议孩子这样说：“发生这种情况真遗憾，不过你肯定不是故意这么做的，是吗？为了防止今后再有此类事情发生，我们可以分析一下原因……”这种真心诚意的帮助，远比指责的作用明显而有效。

（3）教孩子一定要含蓄地指出别人的错误

要提醒孩子，对于他人明显的谬误，最好不要直接纠正，否则会好像故意要显得自己高明，因而又伤了别人的自尊心。

在生活中一定得让孩子牢记，凡是非原则之争，要多给对方以取胜的机会，这样不仅可以避免树敌，而且也许已使对方的某种“报复”得到了满足，可以“以爱消恨”。口头上的牺牲有什么要紧，何必为此结怨伤人？对于原则性的错误，也得尽量含蓄地进行示意——既然是为了让对方接受自己的意见，何必用伤人的举动来“逞能”呢？

要让孩子了解，微笑、眼色、语调、手势都能表达自己的意见，唯独不要直接说：“你说得不对”、“其实是这样的”等等。因为这等于在告诉并要求对方承认：“我比你高明，我一说你就能改变你自己的观点。”而这实际上是一种挑衅。商量的口吻、请教的诚意、轻松的幽默、会意的眼神，才可能使对方心服口服地改变自己的失误；与此同时，自己也不会树敌。要知道，只有很少一部分人的思想是符合逻辑的；很多人生来就具有偏见、嫉妒、贪婪和高傲等，人们一般都不愿改变自己的意见。他们若有错误，往往情愿自己改变。如果别人策略地加以指出，则其也会欣然接受并为自己的坦率和求实精神而自豪——问题是，自己得让对方有这种感受和体验。

（4）提醒孩子不要在辩论中一味争取胜利

为了避免树敌，还有一点需要提醒孩子注意，这就是与人争吵时不要非争上风不可。**实际上，争吵中没有胜利者。即使自己口头胜利，但与此同时，又树了一个对自己心怀怨恨的敌人。**争吵总有一定原因，总为一定的目的。如果真想使问题得到解决，就绝不要采用争吵的方式。争吵除会使人结怨树敌，在公众前破坏自己温文尔雅的形象外，没有丝毫的作用。如果只是日常生活中观点不同而引致的争论，就更应避免争个高低。如果一个人一面公开提出自己的主张，一面又对所有不同的意见进行抨击，那可是太不明智，而几近于强使自己孤立和就此停步不前。如果一个人经常如此，那么他的意见再也不会引起别人的注意。

一定要提醒孩子，因为辩论而伤害别人的自尊心、结怨于人，既不利己，还有碍于人而使自己树敌，实在是不足取。

（5）教孩子适当地退一步

在日常生活中，经常遇到一些突如其来的情况，尤其当与朋友之间发生“冲突”的时候，可能某一方因为不冷静而过于冲动。为了不必要的麻烦，可以教孩子学会采取“以退为进”的方式缓解冲突。不少孩子都玩过跳棋的游戏，在游戏里，为了能更好地前进，有的时候就要退一步。家长要提醒孩子，和朋友交往的时候也一样，只不过有些人觉得让自己退一步，自己就吃亏了，以后大家都会认为自己好“欺负”。其实，一时的退让，并不一定会让自己落入全盘皆输的境地，因为退一步，是为了更好地“进一步”。

要让孩子懂得，在不违背原则的情况下，适当地退一步是完全可以的。朋友之间相识讲究的还是一个缘分，应该以大局为重，不要因为对方的态度有变化或过错，自己也一定要以相同的方式回敬。始终保持对对方的友好的态度，对方也能意识到你的“付出”。

其实，退一步很简单，你觉得你有理，别人说你一句，你回十句，只能激化矛盾，到时候即使你确实有理，也没有用了。要教孩子时刻记得这一

点：当非要和朋友较真的时候，要想想自己会不会得到同样的回报。

（6）教孩子必要时要积极道歉

要提醒孩子，假如由于自己的过失而伤害了别人，得及时向人道歉。这样的举动可以化敌为友，彻底消除对方的敌意。说不定彼此今后会相处得更好。“不打不相识”这一民谚富含了这一哲理。既然得罪了别人，当时自己一定得到了某种“发泄”。与其待别人的“回泄”自来，不知何时飞出一支暗箭；远不如主动上前致意，以便尽释前嫌。

为了教孩子学会道歉，可以给他讲讲廉颇与蔺相如将相和的故事。廉颇自恃积功过人，多次故意跟后来居上的蔺相如过不去。而蔺相如见状忍让，不与为敌，不愿去争，直至后来廉颇负荆请罪演绎流传千古的“将相和”。要提醒孩子，**必要时积极地道歉，能够减少许多矛盾和冲突，对于维护和谐的人际关系是非常有帮助的。**

教孩子兼顾别人的需求，学会谦让

谦让是中华民族的美德之一，是文明礼貌的一种表现，谦让也是社会生活中人与人之间和睦相处的一项道德规范。碰到机会、遇到利益礼让别人；狭路相逢时主动让路后行；上下车辆甘为人后；购买东西容人在先。只有学会了谦让，才能和别人进行成功而持久的合作，并最终达到“双赢”的目的。

那么，在日常生活中，家长该怎样培养孩子的谦让性格呢？

（1）家庭中要形成一种谦让、和谐的气氛

家庭环境对孩子影响极大。**要让孩子懂得谦让，就要使孩子置身于一个充满礼貌、谦让、和谐气氛的家庭里。**在这样的家庭中，孩子耳濡目染的是尊老爱幼、文明礼貌、恭敬谦让的言行。无论是四世同堂的大家庭，还是三口小家，都能使孩子有这方面的体验，只不过大家庭更便于直观罢了。

家里人对待客人的态度和言行也会对孩子产生影响，对待家里来的客人能否一视同仁，孩子也会有所察觉。千万不要使孩子造成谦让礼貌有差别的错觉。家庭成员之间，特别是孩子的父母之间经常吵架、互不相让，对孩子的不良影响最大。在火药味极浓的环境中，孩子不仅不会懂得谦让，而且会对家庭生活产生厌倦情绪，使性格变得乖僻。可见，和睦、谦让、文明礼貌的家庭环境气氛，是使孩子懂得谦让的关键一环。

（2）要教孩子学会谦让地与同龄孩子相处

孩子最初接触的小伙伴，是家里的客人带来的小客人。这些孩子的到来

给孩子带来了乐趣，他们在一起玩耍、游戏，但也会产生矛盾和纠纷。这时父母要引导孩子以主人的姿态对小客人做到谦让和礼貌，要热情地招待和照顾小客人，有食物让小客人先吃；有玩具让小客人先玩；有连环画请小客人先看。随着年龄的增长，孩子要进入幼儿园、学前班，会接触到更多的小伙伴。做父母的要注意叮嘱孩子谦让地与小伙伴们相处。遇到利益不要去争、去抢。**有时由于谦让，或许使孩子感到吃亏和委屈。但从大局着眼，为孩子的长远着想，坚持谦让礼貌的待人处事还是利大于弊的。**

(3) 要教孩子正确理解和发扬谦让的品格

谦让作为我们民族的一种美德，是以双方相互友好，互敬互让为前提的。**谦让绝不是无原则的让步，也不是妥协退让。**对孩子进行要谦让的教育，绝不是要把孩子变成不辨是非、善恶的和事佬和无原则退让、胆小怕事的窝囊废！对坏人坏事和不良倾向，要勇于理直气壮地进行斗争。即使对和睦相处的朋友，针对他的缺点和错误也要直言不讳，而不能随波逐流。当然，这其中的界限，孩子尚不能完全把握。但适时地提出来是很有必要的。在生活实践中，孩子就会有警惕，并学会妥善处理的办法。

教孩子学会积极实践爱和奉献爱

有一次，有一家人全家在假日里到森林中去：父亲、母亲、五年级学生托利亚和四岁的萨沙。森林里是那么美好，那么欢快，孩子们的父母让他们看看盛开着的铃兰花的林中旷地。

林中旷地附近长着一丛丛野蔷薇，第一朵花开放了，粉红粉红的，芬芳扑鼻。全家人都坐在灌木附近。父亲在看一本有趣的书。突然雷声大作，飘下几滴雨点，接着大雨如注。

托利亚把自己的雨衣给了妈妈，虽然她并不怕淋雨；而妈妈却又把雨衣给托利亚，虽然她也并不怕淋雨。

萨沙问道：

“妈，托利亚把自己的雨衣给您，您又把雨衣给托利亚，托利亚又把雨衣给我穿上，你们干吗这样做呢?”

“每个人都应该保护更弱小的人。”妈妈回答说。

“那么，我干吗又保护不了任何人呢?”萨沙问道，“就是说，我是最弱小的人啰?”

“要是你谁也保护不了，那你真是最弱小的人!”妈妈笑着回答说。

他朝蔷薇丛走去，掀起雨衣的下部，盖在粉红的蔷薇花上；滂沱大雨已经冲掉了两片蔷薇花瓣，花儿低垂着头，因为它娇嫩纤弱，毫无自卫能力。

“现在我该不是最弱小的吗，妈妈?”萨沙问道。

“是呀，现在你是强者，是勇敢的人啦!”妈妈这样回答他。

这个故事启示我们：**奉献一份爱心，并不一定是多么伟大的壮举。有时候，一份诚挚的问候，几句关切的话语，一个使人感到温馨的小动作，都是表达友爱的最好方式。**在日常生活中，教孩子学会积极实践爱和奉献爱是非常重要的。如下建议可供参考：

（1）让孩子了解别人对自己的爱护

让孩子从小知道，妈妈10月怀胎的艰辛，知道父母的养育之恩。有孝心的孩子，懂礼貌，责己严，能为父母分忧解难。通过中国传统文化中倡导的“滴水之恩，涌泉相报”思想，常给孩子讲些感人的故事，唤起他的感激意识。如“谁言寸草心，报得三春晖。”自古以来就是情感教育的典范，还有《三字经》中的故事均为很好的教材。

西方有个感恩节，我国风俗习惯里也有许多类似的节日，例如春节。家长可以带孩子给长辈拜年，给孩子讲祖辈艰苦生活的故事，让孩子感受幸福生活来之不易。

对大一点的孩子，家长可以每天跟他谈谈，要求他想一想，今天是否给别人添了麻烦？今天有没有谁帮助自己进步？今天最感激的人是谁等问题。让孩子了解别人对自己的爱护，发现他人的优点，学会对帮助过自己的人心存感激，培育健康心态，塑造健全人格。

（2）让孩子知道，这个世界上还有别人

事实上，一个家庭中最为紧要的是夫妻感情的维护。父母不妨告诉孩子：“妈妈最爱的人是爸爸，爸爸最爱的人是妈妈。你虽然没有得到最爱，但你同时拥有双份爱。”家长还可以给孩子立下规矩：“下班后半小时内不可以打扰爸爸妈妈。”结果家长会发现，以前越关注他，他的要求越多越难缠；现在你把他的位置放对了，他反而变得礼貌和独立。**不要给孩子他是家里的特权阶层的印象。好东西大家要分享，人人有份，这样培养出来的孩子才懂得关爱别人。**

（3）让孩子学会表达感激

爱是一种双向的给予和得到，是一种互相的关心和信任。人人都有爱，都会爱；问题是爱的能力是否健全。为了孩子，父母可以付出一切。一些家庭的父母只知道默默地为孩子做好一切，让孩子没有任何负担，和孩子沟通少，孩子根本就感觉不到父母付出的努力和艰辛，对这种优越习以为常，觉得父母做的一切都是理所应当的。他们并没有认识到父母的爱，也不懂回报爱，甚至可能认为，家长管得太多，太烦。这就说明家长本身的爱能力出现了问题；家长爱孩子，但孩子却不懂得爱家长。

说到底，是因为家长没有教孩子懂得感激！

在很多中国人眼里，“感激”这个话题太严肃了，而中国的传统教育中也有“施恩不图报”的观念。尽管每一位父母都希望自己的孩子将来长大成人能够有爱父母的心，然而在教育孩子时，又往往忽略这方面的内容。据调查，许多家长对孩子孝敬长辈的要求很低。孩子上学离家时能说：“爸爸妈妈，我走了，再见！”放学回家见到父母时说：“爸爸妈妈，我回来了。”就相当满意。如果孩子在吃好东西时，能让爷爷奶奶、爸爸妈妈先吃，长辈们就觉得孩子非常懂事了。然而，我们需要的不仅仅是孩子这一声“谢谢”，更重要的是孩子能够真正关心父母长辈，而且形成习惯。

当然，每个人对爱的表达方式不一样，爱不是要求得来的，是自然而然的表现。我们不能、也不应该要求孩子每次都能在我们给他一个拥抱的时候感激涕零，但却能够通过有效的指导和时间的磨炼，让他慢慢感受和表达对周围的人和事物、对生活的感激之情。

培养孩子的感激之情，要从小做起，从小事做起。

比如，一个拥抱：当家长不舒服时，引导孩子给自己一个拥抱，学习施予爱心和同情；一句“谢谢”：当家长为孩子买了玩具时，别忘了要求他说声“谢谢”；一个亲吻：当家长陪伴孩子玩得开心的时候，把他揽进怀里：“你玩得真开心，亲亲妈妈”；一张自制贺卡：当家长生日或重要的节假日，和孩子一起制作，送给父母和爷爷奶奶等。

(4) 给孩子提供实践爱的机会

这一点非常重要。平时，孩子应分担家里的一些事情，让他负起责任来。家长遇到为难的事情，可以讲给孩子听，让他一起出主意想办法。长辈身体不舒服或生了病，告诉孩子应该做哪些事情，并付诸行动。久而久之，爱心会在孩子身上扎根。

(5) 让孩子体会被感谢的快乐

让孩子帮你做一件他力所能及的事情，也可以让孩子去帮助身边可以帮助的人。**让孩子在帮助别人并得到别人感谢的同时，感受到快乐。**如果被帮助的人没有回应，孩子虽然会很失望，但这种失望的经历正好可以提醒他，如果有人帮助了他，那么一定要说“谢谢”。

在日常生活中培养孩子助人为乐的好习惯

现在的独生子女，在家庭中处于家庭的中心地位，家庭中的大小事情往往以孩子为轴心，忙得不亦乐乎，孩子缺乏关心他人的意识，只知“自我”，这对孩子的健康发展十分不利。

那么，在日常生活中，该如何培养孩子助人为乐的好习惯呢?

（1）要教孩子学会关心别人

儿童从“我”的意识到“你”“他”，是思维发展的一个飞跃，从满足自己要求到学会关心别人，则是道德意识的升华。**从小在孩子心灵中播下关心他人、助人为乐的种子，是发展孩子的健康心理，培养开朗、宽厚、善良性格的重要基础。**

（2）教孩子从身边的亲人做起

要培养孩子助人为乐的品质，首先要教育孩子帮助他人，如父母、外祖父母等。比如，父母下班回来，孩子要主动问好，备茶递水。大人休息时，孩子动作要轻，不要影响他人的休息。随着孩子年龄的增长，要提醒他注意帮助自己周围的人。邻居老大娘需要送信，叫自己的孩子主动帮忙送去。在公共汽车上，要培养孩子将座位让给老人和比自己更小的孩子。当同学或朋友有病时，要主动探望；身边的人有困难时，也要主动帮助。**孩子在帮助别人的过程中，丰富了感情，也会认识到自我价值。**

（3）鼓励孩子积极参加集体活动

要培养孩子助人为乐的品质，家长鼓励孩子积极参加集体活动是一个最有效的措施。**在集体活动中，孩子可增长见识、开阔视野、结识伙伴、培养广泛的兴趣，并在集体活动中和同学们互相帮助。**家长要善于在集体活动后与孩子谈心，有意识进行集体主义教育，让他们关心集体，为集体办好事。当孩子有为集体办事的愿望时，家长要积极鼓励，切实帮助，有物有钱可适当赞助。家长要教育孩子在交往中诚恳待人，助人为乐，做一个别人信得过的人。要让孩子懂得：只有遇事为别人着想，当自己有困难时，别人才会同样关心帮助你。在与伙伴的交往中，他们会得到心理的满足，从而产生追求交往合作的意向。

家长还应注意为孩子形成正确的群体意识创造条件。现在城市中是单元房子，与周围邻居接触少，家长应该有意识地带孩子与周围人接触，请邻里小朋友来家做客、或允许孩子去别人家做客，孩子虽独生，但是不要“独居”，要使他们在交往中渐渐“合群”。

（4）教育孩子学会帮助别人

助人行为包括对他人的痛苦有情感反应（移情和共情），关心他人，试图通过安慰、提醒、分享、给予、协助等方式帮助别人。

乐于帮助别人，并且能恰当帮助别的孩子，肯定会受到同伴的欢迎，受到成人的喜爱。因此，父母要从以下几点着手，教育孩子学会帮助别人。

①相信自己有能力帮助别人。

有些孩子在同伴需要帮助时，表现迟疑或冷漠。其实，他本身是愿意去帮助的，只是他缺乏自信，不相信自己能对别人有用，不相信自己能帮助别人。父母要经常寻找机会，让孩子学习自己的事情自己做，并帮父母做事；父母则及时给以赞扬和鼓励，让孩子感到自己有能力，能帮助别人，产生助人的行为动机。

②能注意到别人的需要。

当同伴处于困境中时，有些孩子能很快察觉到，并伸以援手；而有些孩子却毫无反应，该干什么还干什么。对这样的孩子，父母要经常直接用语言表达自己的需要，描述需要的帮助，并教孩子懂得如何从别人的表情、行为看出对方的需要。让孩子学会关心他人。

③及时做出助人的决定。

据研究，情感的力量有助于孩子做出助人的决定。对 5 岁以下的孩子，父母可以引导他们回忆自己经历过的类似情景和感受，如：“以前你系不上扣子的时候，是不是也挺着急的?”“上次你摔了跟头，也这么哭来着?”；对 6 岁以上的孩子，父母还可以设置情景，让他们设身处地地想想，使孩子对需要帮助者产生同情，进而做出助人的决定，“要是小朋友都不跟你玩了，你会怎么想”等。

④采取恰当的助人行动。

有时孩子没有去帮助别人，并不是他不想帮助，而是心有余而力不足。这个“力”就是个人能力，如助人的特定技能（想帮小朋友系扣子，自己就要会系扣子）、有效的策略知识（如妈妈突发重病，知道可以求邻居帮助）、人际间问题的解决能力（妈妈生病要求助邻居时，知道怎样向邻居把事情说清楚）等。

这些能力，需要父母在日常生活中注意一点一滴地教给孩子。

教孩子慷慨些，培养合作精神

对于现代的孩子来说，不肯与人分享、不善于合作是很自然的，而且很小的孩子常常认为凡是他能够得到的东西都是属于他的。但是他们也愿意和别的小朋友一起玩、一起笑。对于每个家长来说，从小让孩子慷慨些，培养合作精神是非常重要的。

（1）教孩子克服小气的毛病，学会慷慨待人

“小气”是一种不良的性格特征，及早防止与纠正孩子的“小气”行为，是父母早期教育的重要内容。

“小气”的儿童有哪些表现呢？

儿童心理学家研究指出，“小气”的儿童，除了具有“食物不肯给别人吃”、“玩具与学习用具等不愿借别人用”的最直接特点外，还具有如下主要特征：做事斤斤计较，爱讲条件；自我牺牲与奉献精神较差；自私自利；思想比较保守，缺乏同情心；适应能力较差；心胸狭窄，嫉妒心强；做事比较犹豫、多疑，缺乏果断性。

孩子为什么会形成“小气”的性格呢？这主要是因为：孩子身边人员的“小气”行为与不良的教育的影响；父母及家长过于溺爱孩子，使孩子养成了独食、独玩等不良行为习惯；孩子缺乏交往，没有机会体验与人分享快乐；有的家庭经济状况不佳，孩子的一些要求不易满足也是一个重要因素。

那么，家长该怎样培养孩子慷慨待人的品格呢？

①为孩子树立良好的榜样。

父母的行为对孩子有着最直接、最持久的影响作用，为孩子树立学习与

模仿的榜样，是父母的首要任务。**在日常生活中，父母应首先做到慷慨待人。**如肯把东西借给邻居使用，能主动把好吃的食品拿出来让别人吃，乐意把自己心爱的物品转让给别人等。

②在孩子熟悉的人群中寻找慷慨共事的榜样。

让孩子多与这类儿童或成人交往，在长期交往过程中，孩子便会不知不觉地学着别人的样子慷慨待人。利用电影、电视、童话、故事等文学作品中的慷慨形象教育孩子、熏陶孩子。**在各种榜样行为影响下，孩子便会逐渐产生慷慨待人的意识，为慷慨品格的形成奠定良好的基础。**

③给孩子提供练习分享行为的机会。

慷慨待人的品格是在实践活动中形成的，所以父母在日常生活中应尽量为孩子提供一些机会，让孩子的分享行为得到练习。如买回的糖果不要全部留给孩子吃，要让孩子亲自把糖果分给家庭成员，与家人共同分享；玩耍时，引导孩子把心爱的积木、玩具等分一些给小朋友玩。在这些练习中，家长应及时称赞孩子的慷慨之举，使孩子得到快慰的心理体验，促进孩子慷慨行为的进一步发展。在孩子与小伙伴的交往过程中，家长还可以指导孩子相互交换玩具进行玩耍，在反复交换玩具的过程中，孩子就会逐渐明白礼尚往来的必要性与相互帮助的重要性。这对孩子慷慨品格的养成有着重要的意义。

④鼓励孩子帮助困难者。

在我们的生活中，常常会遇到一些需要帮助的贫困者与受难者。家长应鼓励孩子解囊相助。如把自己的玩具或食物送给贫困家庭的孩子，把自己的压岁钱捐给受灾的地区或需钱治病的人们，也可以让孩子帮助困难者做一些力所能及的事情以减轻其负担。孩子在反复领略助人的乐趣之后，就会把这种乐趣作为一种强烈的精神需要，从而，学会去付出、去追求，最后形成稳固的慷慨待人的性格特征。

（2）让孩子养成乐于助人的习惯

从小我们就接受这样的教育，要“乐于助人”。这里的“乐”有两层含义：其一是快乐，是说帮助别人是一件快乐的事，既有益于他人，又愉悦了自己；其二是乐意，助人的过程虽然需要有所付出，但更有收益，所以，理

性的衡量，也要求我们乐意地去帮助别人。

大家可能都听过这样一个故事：

有人想知道天堂和地狱的区别，就去找上帝。上帝带他去地狱看，地狱里有一口装满食物的大锅，可这里的人却都饿得要命，因为他们每个人都拿着一个长柄的勺子，柄太长，食物送不到嘴里，所以他们吃不到食物。上帝又带他去天堂，结果遇到了同样的装满食物的大锅，同样的长柄的勺子，所不同的是人们生活得很幸福、快乐，根本不存在饿肚子的情况。原来，天堂里的人们用长柄的勺子互相将食物喂到别人的嘴里。生活在互相帮助的世界里，人生才是美好的。

个人的力量总是很单薄的，当面对生活中的种种问题时，每一个人都需要别人的帮助。因此，一位哲人说过，人生的旅程是在别人的扶持下走完的。当一个人对生活中的某一问题无力解决时，我们如果能够伸出一只热情的手，无疑会给对方以极大的力量与信心。特别是当一个人遇到挫折，处于逆境之中时，如果我们能够热情帮助别人，别人定会对我们产生强烈的好感。同时，当帮助别人之后，人人都会产生一种觉得自己很高大的感觉，而当别人又对我们报以微笑时，我们会觉得这个世界是那么的美好。这对人的自信心的确立是极其有益的。

养成了乐于助人的习惯，在生活中你会更受欢迎，也会得到别人更多的帮助和配合，因而，他的发展道路上会减少很多障碍。

（3）培养孩子的合作精神

任何人的生存与发展都是在与他人的交往中实现的。**每个人的成功除了个人努力之外还需要有外部环境的支持，而赢得外界的支持在很大程度上依赖于人际关系智能的高低、与人合作以及赢得他人的合作的能力高低。**人们之间的合作需要多方面的技能，因此，培养孩子的合作精神是非常必要的。为了培养孩子的合作精神，家长可参考如下建议：

①让孩子参加家庭劳动与成员合作。

培养孩子的合作精神是重要的，让孩子参加家庭劳动与成员合作是一种重要的方式。要培养孩子的合作精神，父母首先要给孩子一些思想准备，对家务劳动与家庭生活进行一些讨论是必要的：关于孩子的年龄与做事的能力，关于大家生活在一起应相互帮助，关于每个人应负的责任，随后便是列出家庭生活所包括的劳动项目等，这本身对孩子就是一个很好的教育，知道维持一个家庭的正常生活需要花费多少劳动，因而体会到父母的辛苦。

这样的讨论会在孩子们心中建立起家庭是一个生活团体的概念，每个人都要各司其职，相互帮助，才能生活圆满。从项目单中要孩子们选出一些力所能及的愿意承担的内容，这样做给了他们一个自我选择的机会，并非忽视他们的意愿，独断专行。当然，让孩子自己进行选择并不能保证他们一定能够做到最好，其间会有反复，但因为这是他自己的决定，在父母与孩子交谈时就有合理的依据来要求他实践自己的诺言。这样做的时候，父母不是以长辈的威严来压制，而是以团体头目的身份来检查队员的工作，提醒他作为一个团体成员所需尽到的职责。谈话的目的在于改善我们共同的生活环境，而非与个人为难。

②训练孩子的合作思维法。

培养孩子的合作精神，包括教育他懂得如何协调自己与他人的利益，使得整体活动得以进行，这里并不要求他放弃自己的要求，但要让他知道，要想使整个家庭生活的秩序不被打乱，每个家庭成员的生活要求都能够在最大限度上得到满足，需要每个人都向同一方向努力，要学会考虑如何做才能使家庭整体的利益得到最好的保护。**要使孩子所想的不仅仅是自己需要什么，而是整个活动，整个家庭需要什么。**要训练孩子的合作思维法，父母不能无限度地迁就孩子的愿望，尽管有时这种愿望本身是合理的，但满足它却意味着父母要做出过多的牺牲，更重要的是，应该保证孩子受锻炼的机会。**孩子们从小在家庭中学到的知识，培养的精神，都会渗透到他们的性格中去，而在长大后带入社会。**一个懂得合作精神的孩子会很快适应工作岗位的集体操作，并发挥积极作用；而不懂合作的孩子，在生活中会遇到许多麻烦，产生更多的困难并且无所适从。

③让孩子学习交往技巧和方式。

礼貌、分享、谈判、讨论，遵守规则等等，是构成合作的技巧和方式。

守规则的孩子往往受同伴欢迎，父母可以通过培养孩子的交往技巧来帮助孩子实现合作。父母可以引导孩子考虑小伙伴的建议和意见，观点不一致时，可以如何协商讨论；游戏时要遵守规划，违反规则是错误的行为等等。帮助孩子学习如何通过礼貌和易于被接受的方式提出要求，和说服小伙伴进行合作等等。另外，通过故事和影视节目中的合作引导儿童的思路也是很有帮助的做法。

④经常让孩子参加家庭会议。

对孩子来说，参加家庭会议是很有诱惑力的。他们会觉得新鲜、有趣、并因为与大人“平起平坐”的讨论家庭大事而充满自豪。

要使家庭会议达到预期目的，必须使家庭每位成员都有权提出问题，其他家庭成员有义务倾听，然后共同讨论，形成答案意见；切忌形成分配工作的会议，会议上应该大家共同制定计划和解决问题，若仅限于分配工作，孩子们就会兴趣大减；每次会议的时间不宜过长，对于年幼的孩子，会议不要超过二三十分钟；如果有谁违反会议的决定，不履行职责而给全家带来麻烦，不要由其他家庭成员对造成的不利局面加以挽回，应让大家都来体会不履行责任的后果，这样做可以有效地加强家庭成员间合作性和依存感，培养孩子的责任心。

如果孩子从小接触的是父母给予的充分的鼓励、关注和爱；看到的是父母在任何事情上给予的坦诚、理解、平等的态度和相互尊重、相互合作的精神，当他走向学校、社会时，也必然以友善、坦诚、平等和尊重的态度来对待别人，同样也会赢得别人的接纳和尊重。

⑤让孩子认识到，我们需要别人帮助我们的前进才能取得成功。

我们不是生活在真空中，我们不能在与世隔绝、孤立无援中完成自我实现。如果我们不能实现作为个人和社会一分子之间的平衡，我们也许就会要么在竞争中迷失自我，要么在对外部成功的追求中使自己与世隔绝。把健康的竞争和合作紧密结合起来，将有助我们实现理想的平衡。

帮助孩子培养组织能力与协作能力

现代社会是一个只有合作才能取得成功的时代。任何天马行空，独往独来的“江湖独行侠”行为，在这个高度组织化、协约化的社会中将不再有一席之地。**训练孩子的协作精神，培养孩子的组织与协作能力，是引导孩子走向成功之路的起点，也是为孩子搭就摘取胜利果实的阶梯。**

(1) 培养组织与协作能力对青少年具有非常重要的意义

家长和孩子都要认识到，培养组织与协作能力对青少年具有非常重要的意义。具体地说，主要好处表现在以下几个方面：

①提高办事效率，使有限的人生获得充分的利用。

生命对于我们每一个人来说都是有限的，而我们所要面对的世界又是那样的复杂，社会被各种组织和机构所分割又由它们关联起来，就连一个小小的班集体也设有班委、团支部、学习小组等组织；哪怕我们做一件极其简单的事，也可能会牵涉到许许多多的人和事。如果孩子拥有较强的组织和协作能力，就能够合理地安排学习和工作，充分调动各方面的积极性，从而使预定的目标得以实现。提高时间的利用效率，意味着时间的节约，这样在有限的生命时光里，个人努力就可以涉足到更多的领域，取得更多的成就。青少年时代，是一个充满幻想的七色光彩的时代。**实现种种美好的理想需要时间，需要通过娴熟的协作、组织能力来提高效率。**

②培养孩子的领导才干，掌握驾驭能力。

很多孩子对于历史上那些取得了丰功伟绩的政治家、军事家总是从心底产出生崇敬之情，感慨他们的辉煌人生。殊不知，他们的丰功伟绩的取得，正是基于他们具有非凡的协作、组织能力。**现代社会的发展与过去任何时代相比，都更需要人们相互协作、组织在一起共同行动。因此，培养协作、组织能力，对于青少年增长领导才干具有十分重要的意义。**

要知道，领导者不是天生或者命中注定的，而是在日积月累的生活中磨炼成长起来的。拥有较强的协作组织能力，就能更易于培养领导才干，掌握驾驭方方面面矛盾的能力。对于青少年来说，积极担任学校或班级干部，可以说是形成这种能力的一条有利途径。

③教孩子协调人际关系，学会与人沟通、合作。

在现代科技的推动下，交通、通讯，尤其是电子网络迅猛发展，整个世界日益结成一体，时间显得越来越短，空间已越来越小，人与人之间的关系愈来愈密切，鲁滨逊式的孤岛生活已成为神话。在茫茫人海中，我们看见有的人因为善于协调人际关系，善解人意，善于与人沟通、合作，而不断在事业上取得成功，生活充实而愉快；相反，另外一些人由于不能正确处理人与人之间的种种矛盾，处处受阻不顺心，感觉到郁闷难受，平日很少见到笑脸，生活枯燥乏味。人，既然是作为社会的人而存在，担当某一组织中的某一角色，那么，学会组织协作能力，便成为生存的基本需要。一旦拥有较强的组织协作能力，孩子就会发现自己拥有良好的人际关系，与人沟通、合作乃自然而然的常事。**良好的人际关系能使孩子更容易获得老师和同学的帮助，因而更可能获得更优秀的学业表现。**

④为孩子将来走向社会打好基础。

学习不是目的，而是手段。我们之所以学习，是为了通过学习掌握将来走向社会所必需的技能。学校虽然不是完美纯真的象牙塔，但是它比起外面的社会来可谓无风无雨，风平浪静。外面的社会组织机构庞杂，矛盾、纠纷千丝万缕，只有拥有较强的组织协作能力的孩子，将来走上社会，才能适应任何环境并取得成绩，顺利地开始人生之旅。

（2）对孩子组织与协作能力的训练方法

①让孩子从心理上做好准备。

只要愿意尝试，任何人都有更多成为组织者的机会。无须苛求组织者具备很多条件。其实，组织者最重要的是具备强烈的责任感及自觉性。若你的孩子已成为组织者，就要告诉他，不论能力如何，只要有竭尽所能完成任务的干劲及责任感，至少也会有相当的表现。所谓“勤能补拙”，即是这个道理。以这种心理准备去完成任务，即可自然而然产生自觉与自信，而在不知不觉之中获得很大的进步。

看来并不适合担任组织者的人，若在特殊情况下不得不担负起领导组织的职责时，心中油然而生的自觉性和责任感，将刺激其主动学习的信念，这会使其迅速地进入角色，从而使人有“士别三日，刮目相看”的改变。

其实，每个人都有成为组织者的潜能，正如任何人天生都具有创造性一般。差别在于是否能将这种与生俱来的天赋充分发挥。

②最重要的是赢得别人的支持。有一种说法，成为一个成功的组织者30%是得自于天赋、地位与权限，其余的70%则是由该组织成员的支持程度所构成。

所谓的天赋，是指自小就活跃于群体中、且有不愿屈居于他人之下的个性。地位及权限是指被上级任命为组织领导者之后，在组织内所拥有的职务及权力。相较之下，在构成领导能力的要素中，群体成员的支持及信赖显然比天赋、地位、权限重要多了。

相反的，不管获得多大的权限和地位，不论上级如何重视、支持，若无法获得团体成员的支持，就很难开展工作，赢得权威。

③担任一定的社会职务。

在校园中，共青团、学生会和各种社团组织是学生们基本的组织。孩子们一跨入校门，就已经归属于某个组织了。随着学生生活的延续，可能还要加入其他的组织。在这些组织中，必然要有一部分同学担任各种职务，负责各项工作。

家长要鼓励孩子积极加入这些组织，努力利用各种机会，甚至创造机会来从事这些工作，锻炼自己。毫无疑问，这对于一个人思维结构的调整、表达能力的锻炼，特别是对组织领导能力的提高有着极大的益处。

④协作、组织能力训练中最主要的是学习安排人员。

在学校集体生活中，会有无数活动，要想获得活动的成功，安排人员是关键之处。因此，**协作、组织能力训练中最主要的是善于用人，就是要建立一个能力与素质都比较强的团体，促使每个人都充分发挥自己的聪明才智，**

确保活动任务的完成，争取活动的成功。比如，要组织一次大型的文娱联欢会，要去做的工作很多，如安排会址，布置会场，挑选演员，邀请老师等等，这一切需要许多人协同努力，对于组织者来说，就有一个针对每个同学的特长，安排同学分头工作的学问。

⑤让孩子通过现场指挥来培养自己的组织协作能力。

组织活动是孩子学习生活中的一个重要组成部分。每一次活动，从构思、制定计划，到具体开展，直至取得成功，需要经历多次的努力。计划不如变化快，事先计划得再好，如果现实情况出现意外，就不能按部就班，因此，现场指挥特别重要。可以这样说，现场指挥是组织活动的保障。孩子在组织集体活动中，既是活动的参与者，又是活动的指挥者。作为活动的指挥者，必须具备一定的组织能力。而在具体指挥过程中，对于培养孩子的组织能力也具有很大的帮助。因此，家长要鼓励孩子注意通过现场指挥来培养自己的组织协作能力。

⑥让孩子积极参加文体活动，锻炼自身的能力。

担任学生干部的毕竟是少数人，使人人都能得到锻炼当然很难。但在学校，还有许许多多社团组织，各种各样的文体活动，都为加强孩子组织能力的锻炼提供了好机会。家长要告诉孩子，只要“有心”，走出自我的天地，有意识注重组织能力的培养，他一定会发现，机会就在身边，现实生活和活动中有大量的工作在等待着自己。而且，这些工作并不需要花费更多的精力和时间。

要鼓励孩子积极参加学校的各种活动，如体育比赛、文艺演出、科技制作、演讲辩论、征文编刊、琴棋书画等。在这些活动中，他可能发现自己具有某方面的特长和爱好，只要“有心”，他就会充分利用这一点，自觉地在某项活动中发挥主导作用。尽管他不是“官”方的负责人，但在具体活动中，他的作用也可以表现得很突出，自然也就达到了增强能力的目的。总之，要让孩子做生活中的有心人，一定不要轻易放过任何锻炼自己能力的机会。

七

逐步帮助孩子发掘思维和创造潜能

每个孩子都有惊人的创造潜力。那么，为什么有些成人以后有创造力，有些人却没有创造力呢？这与教育有关。你培养它，它就成长；不培养它，它就萎缩。一位法国著名的学者说："个人的智慧不是一个器具，等待老师去填满；而是一块可以燃烧的煤，有待于老师去点燃。"脑科学家研究表明，一般人只用了大脑智力潜能的10%，尚有90%在童年没有得到开发。成年以后，这些"脑资源"就被废弃了，致使"流水不回"，仅成为平庸之人。作为家长，掌握一定的方法和原则，充分发掘孩子的思维潜能，让孩子学会激发自己的灵感，养成良好的思维习惯，会使他终生受益无穷。

一定不可忽视了锻炼孩子的思维能力

美国约翰斯·霍普金斯儿童和青少年精神保健中心主任利昂·卢森堡医生认为，孩子的天性同后天培养是相辅相成的。大多数父母在养育孩子时都会发现一个现象：婴幼儿在重新发现和重复发明成人熟视无睹的一切，他们的生活是由一系列有待解决的有趣问题组成的。可以说，创造性是儿童的天性，问题在于父母对此如何反应。

心理学家迈克尔·舒尔曼担心随着孩子长大，父母有时将创造性活动限定在狭窄的领域里。例如，有些家长认为只有艺术或音乐才能培养创造力；实际上，培养孩子的创造力有很多途径，其中包括运动。孩子们在尝试新事物时往往会犯错误，但有创造性的人视犯错误为积累经验的途径，他们能够“吃一堑长一智”。

对一切新事物、新环境的适应能力，是每个孩子必备的素质之一。只有这样，孩子才能不断地适应新的东西，接受新的挑战，取得新的成绩，不断地获得发展。由此也才能更好地去更新自己，从而取得更大的进步。大概每个家长都希望自己的孩子能有一颗善于思考的头脑。因为，**只有锻炼孩子的思维能力，使孩子敢于思考，善于思考，才能去做好一切事情，接受现实的不断挑战，也才能向现实发起新的挑战，使自己不断地前进。**

也许有的家长会这么想：孩子爱学习，这不是天大的好事吗？这还用担心？他整天学习我们还求之不得呢！其实，这不是爱学不爱学，或学不学的问题，而是如何学才能学，或者如何学才能学得好的问题。

很多家长都希望自己的孩子能够自觉地学习，甚至用强制的手段逼他们学习。结果，孩子只知道学习，锻炼不了别的能力，并且限制了孩子的头脑，反而对学习、发展不利。

小军和小民是邻居，他俩年龄相仿，性格却迥然不同。

小军平日就知道学习，不闹也不玩。只不过，他是被爸妈强制要求而形成自然的。小军在小学、初中的学习成绩也很是不错的，经常拿个第一、第二的。可认识他的人，总是觉得他有些木讷，平时总是低着头走路，见了熟人也不打招呼。在家里，他除了吃饭、睡觉，就是学习；从来不玩，不看电视，也不做任何家务。当时，他的爸爸妈妈还是很得意的，到处夸儿子听话、好学。可是到了初中三年级以后，直到高三，小军的成绩渐渐下降，名次也慢慢掉到了三四十名左右。这倒不是因为他不用功了；相反，他越来越刻苦，越来越努力，但是成绩却似乎跟他的努力成反比。最终，他高考时落榜了。人也变得越来越内向、抑郁，弄得家长整天都很担心他。

小民则完全相反。从小到大，他的爸爸妈妈就不怎么管他。小民也调皮得很，不怎么爱学习，所以，他小学时的成绩一点也不突出。但，小民很讨大人们的喜欢，在小伙伴中很有威望，经常组织院里的小孩做些游戏，办个活动什么的。上了初中之后，尤其是初三和高中以后，他的成绩一天天在进步，由原来的五十多名，上升到四十多名，最后竟然在班上是前十几名了。并且，他也并没有像其他同学那样刻苦，一直是轻轻小柱的。最后，他如愿以偿地考上了一所重点大学。

知道成绩的那一天，整个院子里沸腾了，人们都诧异地议论这件事：一个原来的好学生竟然落榜，而一个原来的差学生居然考上了重点大学！

于是，大家都在分析：肯定是小军比较笨，而小民比较聪明的缘故。这有一定道理，但也是不全面的。其实，这两个孩子的智力相差不大，都是挺聪明的孩子。关键是什么让两个原本都很聪明的

孩子变得有了“笨”和“聪明”的区别呢？

原来，小军一味地苦学、死学，反而限制了大脑思维能力的发展，创新能力和想象能力不但没有得到发展，反而被削弱了。而小学、初中时的优秀，又使他过于相信自己的学习方法，认识不到自己的缺点和不足，不知道或者根本没有去想如何改进。这样一来，他的思维能力从小学到高中，根本没能得到很大的提高，甚至有退步。而初三到高中的学习，对一个孩子的思维能力的要求逐步提高，所以，他的慢慢退步也就不足为奇了。而小民正相反，他的思维从来没有受到过限制，他的发展是自由的、活泼的，敢于想象，敢于创新，思维能力得到了很大的发展，所以，他就能适应高中的学习。

如果孩子只知道一味苦学，对知识水平的提高并不是一件好事。因为，只知道苦思冥想、一味钻研，反而会限制思维的发展，思维能力不能全方向、多层次地得到发展。

要让孩子懂得，一个人如果没有足够的想象能力和创新能力，就会变得死板、僵硬、片面，甚至丧失思维。这种头脑的僵硬死板，更会导致对现实生活中的很多事情毫无自己的主见，缺乏处理事情基本的能力和勇气。这对于学习乃至于以后的工作、生活都是没有好处的。因为，**学习最重要的一点就是思维能力的培养和锻炼，从而达到处世能力的提高和发展，只有使一个人“能想”、“去想”、“想得好”，才能“能做”、“去做”、“做得好”。**

如何努力把孩子的超常智力潜能挖掘出来

虽然每个家长都希望自己的孩子是最聪明的，然而，难以回避的事实却是：绝大多数孩子的智力水平都是中等的。那么，怎样才能把中等智力而具有超常智力潜能的孩子培养成具有超常智力的儿童呢？如下一些建议可供参考：

（1）注重孩子的全面发展

全面发展原则是指培养儿童的超常智力，不但要培养、训练孩子的多种能力，而且还要培养他的优秀的非智力心理素质。因为只有超常智力仍是不够的，一个人如果要想真正取得成功，就必须有优秀的非智力心理素质。非智力心理素质尽管不是智力，但它决定了人的智力的发挥程度。如果一个人不具备优秀的非智力心理素质，那么他的超常智力就可能难以充分发挥出来，因而也就无法取得杰出的成就。正如爱因斯坦所说："一个人有没有才能，不是看他有多高的智力，而是看他能发挥出多少智力。"

全世界许多教育心理学家和教育家都承认这样一个事实：**要成为一个杰出的人才，不但要有超过常人的思维、记忆、创造等能力，还要有优秀的非智力心理素质。**

（2）让孩子尽早掌握自我设计的能力

培养孩子尽早掌握自我设计的能力，是培养超常智力儿童的一个主要任务。**要想培养超常智力的孩子，不仅要培养他具有高超的各种能力，更主要的是培养他具有自我设计、自我完善的能力。**因为教育者不可能永远从外界

施加影响，终生培养一个人，教育是有阶段性的。例如，现在的教育一般到大学，当然也有少数人能读到研究生、博士生。但离开学校后，人的各种能力的发展就完全需要自我教育了。其实，即使在学校里也是如此。研究表明，那些有突出成就或者智力超常的高中生、大学生，多数都是他们自我教育的结果。他们很早便养成了自我设计的观念，逐步形成自我学习、自我完善的方法；为自己确定了未来努力和奋斗的目标，并为之做各种准备。他们知道应该学习什么，并且知道应怎样学习。他们为自己建构了独特的智力结构和智力发展途径，也就为未来的成功打下了坚实的基础。

美国20世纪80年代曾对几百名取得突出成就的青年科学家进行调查发现，这些人多数在12～13岁之前几乎就确定了自己终生奋斗的目标。他们回忆说在幼儿期和小学低年级的教育对他们的影响终生难忘，许多观念就是在那些时候潜移默化形成的。

(3) 让孩子尽早对自己的智力产生自信

一个人对自己能力的自我认识对他的智力发展有极大的影响，心理学上常称为自信心。**如果一个人对自己的智力没有自信心，他就不会去运用它，也不敢去运用它，更不会去自我发展训练它，久而久之，再好的智力也会因得不到发展而下降。**因此，让孩子尽早对自己的智力产生自信是非常重要的。当然，盲目地对孩子说："你的智力很好，很聪明。"一般不能收到很好的效果。只有他真正看到自己所展现出来的超人的一面，才可能真正达到强化自信心的目的。例如，家长可以选择孩子最优秀的某方面的能力，或者用一段时间专门培养孩子某方面的能力，然后让他与其他同龄的儿童"竞争"。这样，孩子会因为成功而获得良好的"顶峰体验"，对自己的能力有一种"超人的感受"。重要的是，对孩子来说，这种自信的"超人感受"是通用的。例如，孩子可能在游戏中表现出"自己有超人的能力"的感受，他会把这种感受迁移到他的活动和学习中，这对他们的智力发展是有极大的好处的。

(4) 尽早让孩子掌握一些关键观念

孩子要进入人类社会，必须学会一些关键观念。这些关键观念主要包括

生活和学习方面。它们是孩子处理一切事物的根据。关键观念能够帮助孩子了解、解释身边发生的事物的关系，理解和运用学到的知识。

那么，关键观念包括些什么呢？它一般是指自然公理，有实用性的自然现象，和一些人类总结、创造出的对认识自然和社会起指导作用以及与自身发展有关的观念。例如，力的概念和种类、生存的意义、能量的守恒、物质的转化、人类的需要、知识的作用，生物、历史、地球、天文等知识。

而对于孩子来说最重要的、最需要首先掌握的关键观念，是孩子学习、行为习惯的养成，并影响到孩子身心发展的关键观念。例如，在学习上对待难题的关键观念，孩子就应尽早掌握。孩子在学习中遇到难题经过一番思考解决不了，这时他可能会出现三种观念：

> 第一种观念：题目太难了，我做不出来，不做了。
>
> 第二种观念：题目太难了，我做不出来，去问老师吧。
>
> 第三种观念：题目很难，难题就是需要花时间去做的，我一定能做出来，今天做不出来，明天继续做。

我们可以看出，上述三种观念中，只有第三种是最正确的，即是孩子需要尽早掌握的对待学习中难题的关键观念。一旦孩子掌握了这种关键观念，孩子的学习心理将会有极大的发展，对智力的发展和未来的成才有极好的作用。

人类的各个阶段所遇到的关键观念是不一样的，有一定的时间性或者说阶段性。**儿童阶段所要掌握的关键观念主要是对他们的学习有帮助的，而青少年、成人的关键观念是与他们的学习、创造有关系的。**

有意识地培养孩子的思考能力

一位教育专家曾到加拿大学习考察，他在不同的中小学、幼儿园听了许多课，并仔细观察了他们的课堂教学，在课堂上老师对孩子们不进行大量的知识灌输，而是想方设法使孩子的大脑充满疑问，并让孩子知道，提出问题往往比解决问题更重要；他们不让孩子去死记硬背大量的公式和定理，而是煞费苦心地告诉孩子怎样去思考问题，以及面对问题如何寻找答案，他们懂得并广泛实践了这一重要原则，即对于人的创造能力来说有两个东西比死记硬背重要：一个是他能否提出独特的问题并知道到哪里去寻找答案的本领，另一个是他能否综合使用所学知识进行新的创造的能力。这两点恰恰是我们现在教育所忽视的地方。

在我国，我们的教师、家长以及学生已经适应灌输的教育、教学方式，本该充满问号的童年在现实的教育中很快就变成了句号。为什么会有这种变化？这种变化对孩子意味着什么？为什么东西方教育会有如此的差异？这里，实际上涉及东西方教育中不同的“问题观”，即是说，在对问题的看法上，中西方教育存在着巨大的差异。对此，一位学者有过这样一段精辟的论述：“中国衡量教育成功的标准是，将有问题的学生教育得没问题，‘全都懂了’，所以中国的学生年龄越大，年级越高，问题越少；而美国衡量教育成功的标准是将没问题的学生教育得有问题，如果学生提出的问题教师都回答不了了，那算是非常成功，所以美国的学生年级越高，越富有创意，越会突发奇想。”

一些教育学家一针见血地指出：**当今孩子不愿动脑是一个被忽视的更为突出的问题，造成目前孩子不愿动脑的原因是多方面的。我们的教育缺乏孩子动脑的“时空”，缺乏开发孩子思维的“家庭作业”是一大原因。**

现在，孩子“饭来张口，衣来伸手”的现象已司空见惯，有限的家务劳动可能触发动脑的机会却因为溺爱而失去了，初中生不会点燃煤气的不在少数。就暑期而言，学生除了做作业需要动脑筋之外，其他时候几乎无需动脑“介入”，家长也没有布置这种动脑“作业”，很少有家长为孩子思维开发去付学费的。所以，一些老师反映，学生过了一个暑假反而变得“木讷”了。另外，社会为孩子动脑准备“套餐”显然不足。玩具市场上声控、光控刺激性的玩具片面迎合孩子和家长的需求，男孩喜欢的玩具枪越做越逼真，女孩喜欢的洋娃娃越做越大，模样也越来越可爱，相反，启智的棋类玩具成为“孤独一族”，没有多大市场。

有专家认为，在解决孩子动手能力弱化的同时，必须重视动脑淡化的问题。要从小培养孩子动脑的习惯，这对他们的健康成长及提高整个民族的素质极为重要。**从某种意义上说，不愿动脑比不愿动手危害更大。思考是人们打开知识宝库大门的钥匙，是认知问题、解决问题的“前导”。父母应高度重视教导孩子学会思考，有意识地培养孩子的思考能力。**具体可参考如下建议：

（1）培养孩子动脑筋的兴趣

“兴趣是最好的老师”，孩子若对某件事有浓厚的兴趣，就会集中思想和注意力，才会想方设法克服种种困难来达到自己的目的。

怎样培养孩子动脑筋的兴趣呢？父母是孩子的启蒙老师，对孩子的影响是相当大的，因此，父母要以自己的情绪和行为去感染和影响孩子，要用自己对周围事物的态度和情趣去影响孩子。同时，父母还要常常给孩子提一些问题，激发孩子求知的欲望，引导孩子动脑筋解决。

父母对不爱动脑筋的孩子不可提出太高的要求，而要根据自己孩子的实际，从最直接、最容易思考的问题入手，如比较两事物的异同，然后逐渐加大难度，让孩子通过自己的努力解决遇到的困难。

此外，还要将培养孩子动脑筋的兴趣融进生活之中。3～6 岁的孩子，对抽象的理论不易理解，因此，光有说教不行，父母要创造动脑筋的环境，开展一些健康、有益的活动，在活动中启发孩子动脑筋，如搞家庭数学游戏、家庭猜谜活动、家庭智力游戏、中秋赏月晚会等，将数学、智力题融入活动之中。

（2）向孩子提问，鼓励孩子思考

父母可以鼓励孩子翻阅一些从来不阅读的书籍，做一件想做而一直没有做的事情，问几个想问而不敢问的问题，搞清几个长时间闹不明白的问题。此外，父母还可以根据孩子的年龄、个性特点，有针对性地鼓励孩子积极思考：

对较小的孩子，可以提一些他们经过简单判断就能回答的问题。如："我忘记关上水龙头，让它开一整夜会怎样？"

父母在实际生活中可提出一些难题让孩子解决。如在墙的高处挂一件衣服，然后给孩子几根短竹竿和绳子，启发他们想到用拼接竹竿地方法把衣服收下来。

（3）有意识地和孩子争论

争论可引发孩子进行认真细致的思考，并且能培养其思维的敏捷性。对较大一些的孩子可以找合适的话题引发争论，如观看某一电视后，与孩子争论对某一人物或问题地看法。

（4）教孩子从不同的角度思考问题

在日常生活中，要注意训练孩子从不同角度想问题，以培养其思维的广泛性。对同一问题，不仅会正向思维，也会逆向思维。父母可以这样问孩子："把每个月的钱都给你买好吃的，好玩的，可以吗？"孩子听后也许会表示赞同，此时可要求孩子从正、反两方面重新考虑，经过认真思考后，孩子往往会改变原先的想法。

（5）让孩子学会提出问题

俗语说得好："不学不成，不问不知。"学起源于问，学总是和问紧紧相

连的。值得深思的是，为什么不善提问、不敢反问、不勇于挑战权威成了我们孩子的共同特征？我们的教育为什么不引发学生“问”的兴趣，反而用“答”来伤害学生“问”的兴趣？**虽然人有好问的天性，但主动积极的问题意识、善于提问的能力和勇于挑战权威的精神仍需要或者说要靠后天培养。**

提问题的水平与思维的水平是紧密相关的，问题提得好，不仅决定着思维水平必然处于一个较高的层次，使人想得深想得远，还有助于问题的解决。所以，父母要鼓励孩子提问，促使他们敢于标新立异，即使孩子有时提的问题很幼稚，父母也不要简单地否定。

呵护孩子的好奇心，鼓励孩子多提问

人们只有在好奇心的引导下，才会去探索被表面所遮盖的事物的本来面貌。好奇，可以说是创造的基础与动力。牛顿、爱迪生、爱因斯坦都具有少见的好奇心；而居里夫人的女儿则把好奇称为“学者的第一美德”。著名科学家都可以说具有好奇心的。牛顿对一个苹果产生好奇；瓦特对烧水壶冒出的蒸汽也是十分好奇，最后改良了蒸汽机；爱因斯坦从小比较孤僻喜欢玩罗盘有很强的好奇心；伽利略也是看吊灯摇晃而好奇发现了单摆；爱迪生小时候看母鸡孵鸡蛋，自己也尝试孵了一天……

纵观一切创造性人才，他们几乎都有一个共同的品质，就是敢想、敢干、敢于质疑，遇事都要问一个“为什么”。

要让孩子懂得，有成就的人往往喜欢思考，经常问“为什么”，而且对别人提出的问题也非常关注。

1921年，印度科学家拉曼在英国皇家学会上作了声学与光学的研究报告，取道地中海乘船回国。甲板上漫步的人群中，一对印度母子的对话引起了拉曼的注意。

“妈妈，这个大海叫什么名字？”

“地中海！”

“为什么叫地中海？”

“因为它夹在欧亚大陆和非洲大陆之间。”

“那它为什么是蓝色的？”

年轻的母亲一时语塞，求助的目光正好遇上了在一旁饶有兴味

倾听他们谈话的拉曼。拉曼告诉男孩：“海水所以呈蓝色，是因为它反射了天空的颜色。”

在此之前，几乎所有的人都认可这一解释。它出自英国物理学家瑞利勋爵，这位以发现惰性气体而闻名于世的大科学家，曾用太阳光被大气分子散射的理论解释过天空的颜色。并由此推断，海水的蓝色是反射了天空的颜色所致。

但不知为什么，在告别了那一对母子之后，拉曼总对自己的解释心存疑惑，那个充满好奇心的稚童，那双求知的大眼睛，那些源源不断涌现出来的“为什么”，使拉曼深感愧疚。作为一名训练有素的科学家，他发现自己在不知不觉中丧失了男孩那种到所有的“已知”中去追求“未知”的好奇心，不禁为之一震！

拉曼回到加尔各答后，立即着手研究海水为什么是蓝色的，发现瑞利的解释实验证据不足，令人难以信服，决心重新进行研究。

他从光线散射与水分子相互作用入手，运用爱因斯坦等人的涨落理论，获得了光线穿过净水、冰块及其他材料时散射现象的充分数据，证明出水分子对光线的散射使海水显出蓝色的机理，与大气分子散射太阳光而使天空呈现蓝色的机理完全不同。进而又在固体、液体和气体中，分别发现了一种普遍存在的光散射效应，被人们统称为“拉曼效应”，为20世纪初科学界最终接受光的粒子性学说提供了有力的证据。

1930年，地中海轮船上那个男孩的问号，把拉曼领上了诺贝尔物理学奖的奖台，使他成为印度也是亚洲历史上第一个获得此项殊荣的科学家。

巴尔扎克说：“一切科学之门的钥匙都毫无异议地是问号，我们所有的伟大发现都应该归功于疑问，而生活的智慧大都源自逢事都问个为什么。”喜欢思考和提出疑问是产生创造力的前提。在生活中，如果孩子能够认真倾听别人提出的问题，进行深入思考和研究，直到得到满意答案为止，就可能获得一次意外的机会。那么，在生活中，该如何教孩子保持和激发必要的好奇心呢？

（1）培养孩子喜爱探究的好奇心

好奇心是科学发现之母，也可以是创新活动之母。爱因斯坦在谈自己成就的体验时说："我没有什么特别的才能，只不过喜欢寻根刨底地去提出问题罢了。"达尔文不是"神童"，但是他热爱大自然，具有强烈的好奇心，对各种事物怀有浓厚的兴趣，并进行观察，喜爱探究，热切地想求知、解惑，知道其中的奥秘。总之，他的好奇心是出类拔萃的，从而使他从小热衷于观察，特别在勘探旅行中能够采集成吨生物地质标本。没有永久的好奇心，就不会有达尔文如此卓越的成就。

如果希望孩子的人生能不断成长，那么就得让孩子保持必要的好奇心。孩童是最懂得欣赏"神奇"了，因为那些神奇，能占据孩童的心灵。家长要提醒孩子：如果你不希望人生过得那么乏味，那就生活中多带些好奇心；如果你有好奇心，那么便会发现生活中处处都有奥妙之处，你就能更好地发挥潜能。

（2）教孩子对自然界保持好奇心

五彩斑斓的大自然奇观，生生息息的生物界奥秘，激励和成就了多少探险家发明家！保持好奇心，不光是对现在不断翻新的东西，如新的电视机、汽车有兴趣，更重要的是对自然界要保持好奇心。

大自然奇观，包括生态、海洋、沙漠等还有许许多多不为人所了解的奥秘。中国人以前冒险精神少，外国人来中国考察、探险的多，中国人出去的很少。现在随着经济发展，中国人出去考察的多了。**作为父母，不仅要教孩子了解中国的历史文化、自然风貌，也要多了解一点国外的历史文化、自然奇景，包括海洋考察、历史考古等。**

（3）教孩子试着去了解别人的观点

要让孩子懂得，他所认为的只代表自己的观点，基于有限的认知。因此要尽量从别人那里获取更多信息。以开放的心胸面对所有的事，要记得在不疑处有疑。心无偏见地探索新事物，然后检验它的效果。

在生活中，要教孩子虚心倾听别人的说法并考虑他们的观点。在批评和

评判别人之前，要先替别人考虑一下，对方究竟是怎么想的？为什么会那样想？你能够从他的想法中得到什么启示？

（4）教孩子以顽强执著的毅力和勇气去探索

好奇心的出现往往出于偶然，但好奇心却不仅仅存在于偶然。对于普通人来说，偶然出现的好奇心可能稍纵即逝，但对于那些有准备的人和不懈努力的人，这些偶然出现的好奇心甚至可以演化成他们终生追求的目标。瓦特发明了蒸汽机，从瓦特开始对蒸汽机发生好奇心，到蒸汽机的最终问世，前后历时12年。可想而知，在这漫长的12年中，如果没有瓦特对蒸汽机持续不断的好奇心，没有持续的恒心和毅力，蒸汽机是不可能被发明出来的，从而也无法带来推动世界发展的工业革命。

好奇心更是一颗勇敢和坚强的心。毫无疑问，好奇心是对未知领域的不懈探索和追求，也是对现有规则的深化和研究，甚至是对既有行为和准则的悖论式思考和颠覆性行动。这种悖论和颠覆是需要无尽的勇气和坚强信心为支撑。比如，达尔文因为适者生存的进化论和生物演化理论，而被世人无情地嘲弄与讽刺。正是因为他勇敢坚强的好奇心，促进了科学的发展和人类文明的进步。

在日常生活中，教孩子以顽强执著的毅力和勇气去探索新知是非常必要的。

（5）鼓励孩子多提问

小孩子与成年人不同，他们对周围很平常的事物往往也感到好奇，所以总爱拉着爸爸妈妈的手一个劲儿地提问题。比如，当他吃饼干时，就会产生饼干是用什么做成的疑问；当他知道饼干主要是用面粉做成的以后，还会问：面粉是怎么来的？在成人告诉他面粉是用小麦磨成的以后，他也许还要问什么是小麦，甚至问到小麦的特征和生长过程。对于孩子的发问每一个家长都要积极给予鼓励。因为孩子发问正是他迫切需要了解、探索知识的一种表现，对丰富儿童感性和理性知识，开发智力，提高求知欲，启迪学习兴趣都有好处。要是孩子对周围事物无反应，吃了睡、睡了吃，那就表明智力低下，脑发育不良。伟大的科学家爱因斯坦说过，对于科学研究来说，提出问题比解决问题总是更为重要。**中外很多有成就的人，在他们的童年时代，都具有打破砂锅问到底的特点和强烈的好奇心，表现出旺盛的求知欲。**

当孩子提问题以后，家长要表现出很高兴的样子，表示乐意回答。这样孩子会感到愉快，有利于引导他继续提出问题和增长对知识的接受能力。孩子的问题提得好，你应该表扬他，保护他的积极性。如果暂时没空，应该耐心地给孩子解释，等事情做完了就给予解答。

鼓励孩子多问，要立足于启发孩子开动脑筋，不能包办代替。如问题很简单，父母就无需急于解答，可用引导观察的方法，让孩子自己找出答案，这样对扩大孩子视野，活跃思维，增长感性知识有益；要是孩子提出的问题与他本人的知识领域差距较远，可通过一起讨论的方式解答，让孩子充分发表意见后，家长再作适当的解释、归纳，最后得出结论；如孩子提出的问题，父母一时回答不上来，应向孩子讲清楚，因为自己知识水平有限，待查阅资料、书本请教后，再给予解答。这样不仅不会降低父母在孩子心目中的威信，还可以及早在孩子面前树立书本的权威，等到他上学以后，养成勤奋读书的良好习惯。

有的父母不理解孩子的心情，对他们提出的问题，抱着无所谓有态度，回答敷衍了事，这是因为对鼓励孩子多问这件事情认识不足，没把它看作是教育孩子、开发儿童智力的重点课题之一，视为是多余的、令人讨厌的事。也有的父母因自己工作忙，或心怀不愉快，当孩子提问请求解答时，便不分青红皂白地训斥一顿。这些做法，都易挫伤孩子提问的积极性，损害他们的好奇心和求知欲，这样反而有助于孩子不爱思考，对外界事物漠不关心等惰性习惯的形成，使本来很聪明的孩子变得愚笨起来。

孩子们由于缺少知识，有时提的问题不是荒唐可笑，就是过于简单，或者钻到牛角尖里。这时千万不要讥笑他们，也不能斥责，应该循循善诱，否则会使他们产生害怕心理。**对孩子提出的问题，哪怕是微小的，作为家长看来是不值得一提的，都要持欢迎的态度，给予耐心解答。**有条件的，可带孩子去观察，做一些小实验。如到工厂、农村、公园等处，参观工业生产、展览、农作物栽培、家畜家禽饲养，以及岩石变化，江河的治理利用等，在问答过程中，增长知识，培养孩子从小热爱大自然，热爱劳动人民，热爱生活，追求知识的好品德、好习惯。当然，家长在回答问题时要注意知识的准

确性，坚持实事求是和谦虚的态度，切忌不懂装懂，把错误的知识教给孩子。

如果孩子不爱发问，该怎么办呢？

发现孩子不爱发问，倒是急不得也恼不得。俗话说："孩子是父母的镜子。"家长应该对着"镜子"来个反躬自问：自己勤奋探索的劲头足不足？倘若自诩"看破红尘"，对一切漠然置之，孩子怎么能从你身上学到积极探索的精神呢？为了孩子，我们要呼唤那已经失去了的童心，增强求知的欲望。

在方法上，家长要善于引导。去博物馆参观，去公园玩玩，以至去商店购物，随时都有许多知识陈于眼前。如果孩子不发问，那么，大人可以主动提问。还可以找年龄相仿、爱发问的小朋友，与自己的孩子一起玩。对待孩子最初的发问，家长不可不理。不管问题提得多么浅薄、可笑，家长也要表扬他爱动脑筋的态度。**回答孩子的提问，切忌敷衍了事。回答不上来的时候，要老老实实地告诉孩子，待寻到正确答案后再讲给他听。**

逐步培养孩子的创造性思维能力

心理学家的研究表明，创造性思维早在学前期就开始萌芽了。创造性思维常常表现为主动性、新颖性、超乎想象和事半功倍等特征，它对于成功和成才的重要作用得到了越来越多的肯定。**从小对孩子进行创造性思维训练是明智之举，这对于孩子日后形成创造性和创新性的思维风格有着奠基性的功劳。**

那么，在日常生活中，家长该如何培养孩子的创造性思维能力呢？如下建议可供参考：

（1）鼓励孩子的好奇心和探索意识。

从心理学的角度讲，好奇心是驱动人们对自己不了解的事物进行探索的动力，也是推动人们进行创造性思维的内部动因。因此，对于孩子提出的“什么”和“为什么”等问题，不要急着给予孩子答案，要鼓励孩子自己去寻找问题的答案，激发他们的探索意识和求知欲。

在日常生活中，父母要为孩子创设宽松的求知环境，经常向孩子提一些能启发发散思维的问题。如：可以就“水”提问题：

水有什么用途？

什么东西在水里会漂浮？

水为什么会变冷？

水可以有哪些颜色？

水里通常有什么东西?

……

同样，也可以就火，冰，汽车，自行车，花，树等题目向孩子提问。

此外，向孩子提“有什么用”和“怎么办”之类的问题也能启发孩子的思维。如：筷子有什么用？渴了怎么办？迷路了怎么办？世界没有太阳怎么办？等等。对上述各类的每一个问题，要求孩子答得越多越新奇越好。**家长要注意不要用大人的理智去制止孩子开阔的思路，因为创造性思维从某种意思上说是一种异想天开，并非都很符合逻辑。**

（2）让孩子在艺术方面自由发挥

可以让孩子自由地畅游于音乐、美术的殿堂。他们的歌声也许不是最美丽的，绘画可能不是最棒的，但是要发自内心地赞美他们的任何新奇的想法。注意不要用理性来评价孩子眼中孩子心中的世界，要积极肯定孩子“与众不同”的设计。

（3）鼓励孩子的想象力

建构游戏和角色游戏，能够发展孩子的创造性思维。用积木搭各种建筑物时，孩子可以凭自己的想象和意愿，无拘无束地进行建构；在玩具店、邮局、医院、餐厅、幼儿园等游戏中，孩子可以在人物和活动情节上，根据自己的经验任意进行创造性想象。

（4）帮助孩子克服单向思维

孩子的思维具体形象，而且常常是从自己的角度去认识事物。例如，母亲将奶瓶里的牛奶倒入大口杯时，孩子会觉得牛奶多起来，因为大口杯的口径大；当他不愿被别人发现时，就用小手捂住自己的眼睛，以为人家看不见他了。单向思维是低级的思维形式，它妨碍创造性思维的发展，应该帮助幼儿克服单向思维形式，养成多角度思考问题的习惯。

（5）建立“成果登记簿”

鼓励孩子独立从事操作性的活动，如帮助做家务，利用废旧物品制作各种小玩具等。为了及时抓住孩子创造性思维的火花，父母最好为孩子建立一本“成果登记簿”，把孩子在一定时间内完成的事情，或者各种新奇的想法全部记录下来。记录的内容包括日期，完成事情所用的时间，孩子的心情和成果。即使是做得不好，甚至做糟的事情也应该记下来。这可以成为孩子从事创造性尝试的完整记录。

帮助孩子提高和发展创造构想能力

成功的本质在于创造。没有创新和创造就谈不上成功。要创造，必须具备强烈的创新意识和较高的创造构想能力。创造能力是指在已有的知识与经验的基础上，首创前所未有的新事物的能力。如科学的新发现、新突破、新创见，技术的新发明，艺术的新创作，经济体制和政治体制改革的新设想、新建设，理论研究的新见解，工作方法的改善等。创造构想能力是人才获得成功的一种极其重要的素质。

要想使孩子将来获得成功，家长必须十分重视帮助他提高和发展创造构想能力。那么，怎样才能达到这一目的呢？

（1）教孩子注意积累丰富的知识和经验

知识和经验是创造构想能力的基础。科学上的创造、技术上的革新、艺术上的创作都是在丰富的知识和经验的基础上，通过创造性构想而成功的。经验越丰富，知识越渊博，创造性构想的思维就越活跃，丰富的知识经验可以使人产生广泛的联想，使思维灵活而敏捷。

创造构想需要以知识与经验的积累为基础，但并不是说只有等知识经验积累到自认为非常丰富的地步才能进入创造，知识经验积累的程度也不完全与创造构想的能力成比例。家长可以引导孩子，在学问不多时，直接进入创造，直接为实现既定目标而设计自己的知识结构，积累有关的知识和经验，尽快把积累的东西用于创造，这样常常能收到事半功倍的成效。

(2) 教孩子养成独立思考的习惯

教孩子养成独立思考的习惯，对于孩子的未来发展是极为必要的。

(3) 教孩子培养良好的个性品质

个人性格品质的好坏，在很大程度上影响着创新能力的强弱。如自信、勤奋、进取心强、浓厚的认知兴趣、对他人的容忍度、富有幽默感、顽强的毅力、甘冒风险和不屈不挠的精神等。它往往通过为创造力的发挥提供心理状态和背景情境，通过引发、促进、调节和监控创造力，以及与创造力协调配合来发挥作用。

家长要着力培养孩子的适宜于创造的个性品质特征主要是：

①独立的人格特征。也就是说人要具有独立自主的精神，有自己的主见与认识理解，有自己的观点，不人云亦云；自信自尊，不盲目服从，不轻信他人；要勇于向常规发出挑战，不满足于已有的结论，善于并敢于怀疑权威的东西。

②具有优良的意志品质。要有不服输的劲头。任何创新的过程都包含着对旧东西的“破坏”，期间必定充满着坎坷、阻碍以及各种艰辛。这就需要有一种顽强的毅力和不屈的精神，能够在挫折面前坚持既定的目标，坚忍不拔、百折不回、永不低头。

③要具有强烈的求知欲，对自己不知的、知之不多、知之不明的东西，有一种旺盛的欲望，就是获取它，求得它。

④具有冒险、进取和献身的精神，以及强烈的使命感和责任心。这是一个创造型人才应当具有的事业心，表明了对事业的执著追求和对生活的美好憧憬，也决定着一个人在挫折面前能否保持住足够的信心和耐心。

(4) 加强对孩子个人情感的培养和调节

在人们的创造性活动中，积极、健康、稳定的情感是激发人的创造想象活动的重要心理因素。**积极的情感，如镇静、乐观、愉快，可以促进思维活动的进行；而消极的情感，如悲伤、烦躁、焦虑等，则有碍于思维活**

动的进行。

要把孩子培养成情感丰富的人，使他的想象充满了生动的色彩。要鼓励孩子为了追求真理，发展科学，敢于突破权威禁区，打破陈规陋习，提出科学创见。这种大智大勇、无所畏惧、为真理勇于献身的情感正是创造者应具备的品格。

教孩子改变传统的思维方式，培养创新意识

创新意识是创新的基础。它是指人们根据社会发展的需要，引起创造以前不曾有的事物或思想的动机，并在创造中表现出自己的意向，愿望和设想。它是人们进行创造活动的出发点和内在动力，是创造性思维和创造力产生的前提。创新意识包括创造动机、创造兴趣、创造情感和创造意志。创造动机是创造性活动的动力因素，它能推动和激励人们发动和维持创造性活动；创造兴趣能促进创新活动的成功，是促进人们积极寻求新奇事物的一种心理倾向；创造情感是引起、推进乃至完成创造的心理因素，只有具备正确的创造情感才能创造成功；创造意志是在创造中克服困难、冲破阻碍的顽强毅力和不屈不挠的精神，是心理因素，具有目的性、顽强性和克制性。

创新意识是创造性人才所必须具备的，培养创造性人才的起点是创新意识的培养和开发。要求我们具有创新意识，实际上是要我们改变传统的思维方式，改变传统的提出问题、思考问题的方式。在这个多变的时代，如果做不到这一点，即便是拥有了最新的知识，也有可能在激烈的竞争中被淘汰。不是有句话吗？今天你如果不生活在未来，那么明天你将生活在过去。这绝不是危言耸听。在新的时代，由于新旧事物更替速度倍增，我们的思维方式也必须顺应形势的需要，对各种事物多用异样的眼光审视它，多从不同的角度观察它。

爱因斯坦曾经分析创造的机制是：由于知识的继承性，在每个人的头脑里都容易形成一个比较固定的概念世界，而当某一经验与这一概念世界发生冲突时，惊奇就会产生，问题也开始出现。而人们摆脱“惊奇”和消除疑问的愿望便构成了创新的最初冲动，因此，“提出问题”是创新的前提。而恰

恰是这个“提出问题”的环节，对我们来说可能非常困难。也许你认为个人的观念带有很强的主观性，容易随各种环境、形势、条件等变化而变化，但实际上并非如此。相反的是，一旦某种观念在我们的头脑中形成，要改变甚至放弃这种观念将是异常艰难的，但是我们又必须克服这种困难。**因此，在未来的时代，新事物、新观点、新概念的出现是如此之多又是如此之快，我们几乎每时每刻都受到“更新”的剧烈冲击。别人更新，我们要接受，就必须更新自己旧有的东西；我们要挑战、要竞争、要胜利，就更需要更新自己旧的东西和属于他人的东西。**怎么办？关键的就是要学会与众不同。

诺贝尔物理奖获得者朱棣文说：“科学的最高目标是要不断发现新的东西。因此，要想在科学上取得成功，最重要的一点就是要学会用与别人不同的方式、别人忽略的方式来思考问题。”对我们每个人来说，不仅仅是想在科学上，想在任何一个领域、任何一项事业中获得成功，都必须学会“改变观点”——用与别人不同的方式来思考问题，学会用别人忽略的方式来思考问题。

孩子创新意识的形成不是一蹴而就的，它需要家长长期地培养。按著名经济学家熊彼特的说法，创新的核心含义是“引入新要素”、“实现新组合”。他认为创新要求在原有框架中引入新要素，因而必然包含着对旧有的“创造性破坏”。这对于家长开发、培养孩子的创新意识是有启迪的。家长要引导孩子，在接触一个事物、思考一个问题的时候，要养成敢于打破常规，从别人认为是荒诞的、离奇的、不可思议的角度出发想问题的习惯，大胆引进新的东西。

另外，观念的创新实际上是“旧的成分的缩合”。家长要提醒孩子，在思考问题的时候；可以大胆地进行组合新组的设想。**只要家长引导孩子有意识地按照上述的办法来锻炼自己多角度、多维度、多种类分析、思考问题的方法，创新意识就会逐渐地扎根于他的头脑之中，孩子也会自觉不自觉地以创新的眼光安排、设计自己的一切。**

根据心理学家的研究，创造力是人类特有的综合能力，构成其心理学基础的主要包括适宜的知识结构、创造性思维和适宜于创造的优良个性品质。这项原理告诉我们，要开发、培养、增强孩子的创造能力，就要从以下三方面入手：

（1）要教孩子打下扎实宽阔的知识基础，重视知识更新和优化知识结构

科学的创新来不得半点虚假，除了凭真正的成果取胜外，没有任何捷径可走。**知识基础是对前人智慧成果的继承，是形成创造力的必要条件。离开了扎实宽阔的知识基础，就不可能顺利地开展创造性活动。**在其他条件相同的情况下，多掌握一些知识，就会多一条思路。现代社会的发展要求我们个人不能只拥有单一的学科知识，而必须拥有跨学科的知识结构。这样，才会多一种专业眼光分析问题，解决问题；才会比知识结构单一的人更容易产生丰富的联想，因而也更加容易形成新思维。

人类社会分工的深化必须以社会协作能力的加强为前提，分工与协作深化是同步发展的。同样的道理，现代科学的分化与整合过程也总是相辅相成、互为条件地发展的。现代科学高度分化与高度整合的这一趋势要求人们在成为专才的同时，努力成为“通才”。美国对 1300 多名科学家的跟踪研究证实，有成就的科学家绝大多数是靠通才取胜的。通才在解决问题时不会被约束在狭隘的直线思维当中，并能从相关学科的理论和方法中找到灵感。DNA 分子模型的建立就是极好的说明。再比如，富有创造力的政治家往往也具有通才型的知识基础。诺贝尔经济学奖的获得者有很多也是出色的社会学家、数理分析专家、心理学家、历史学家等等。所以，**对于现代家长来说，教会孩子更新知识、优化知识结构对他未来的影响就显得更加重要。要让孩子懂得，一旦一个人停止知识更新和接受新事物，今天的“先生”就可能变成明天的“学生”，后天的“门外汉”。**

（2）要积极帮助孩子开发创造性思维

创造性思维是创造力的核心和关键所在。人的思维有形象思维、逻辑思维和直觉（灵感）思维三种基本形式。与直接和具体反映客观事物的感觉和知觉不同，作为人类认识的最高形式的思维，是对客观事物间接的和概括的反映。从思维活动结果来看，上述三类思维活动又可以分为“再现性思维”和“创造性思维”两大类。心理学界目前对创造性思维的理解有广义和狭义之分。狭义的创造性思维是指在发明创造中直接导致创新方式的思维活动形

式。与“再现性思维”不同，“创造性思维”具有以下重要的特征：思维状态的主动性、思维方向的求异性、思维路径的综合性和变通性、思维进程的突变性和顿悟性、思维成果的新颖性和独创性等等。

对于现代孩子来说，培养求异的思维方式意义重大。现实中的绝大多数人，在没有什么利害攸关的事情相逼时，很容易陷入一种惰性思维模式之中。常识和前人的经验是这种惰性思维模式遵循的金科玉律，是它得以维持的原因。但是，**家长应该让孩子明白，依赖于前人的绿荫底下，不敢、不愿越雷池半步的思维方式，不会推动社会的进步和个人的发展。**

要让孩子懂得，求异，还要善于联想。在我们从小接受的教育中，在我们大多数人的观念里，无限制的联想与幻想常被当成“无稽之谈”、“荒诞之举”，被作为老师、同学及周围人的笑料，常与“不务正业”、“不安分守己”之类的词联系起来。但是如果人类失去联想，世界将会怎样？没有丰富的联想，人类能将堆积如山的书本上的东西浓缩在手掌大小一张薄片上吗？之所以要进行“无限制”的联想与幻想，是因为在无限制的情形下，人脑的活力将得到最大的加强，也最容易闪现出新的火花。

以上所说的联想、幻想、逆向等思维只是创造性思维的几种形式。理论研究及实践都证明，在创造性思维中起重要作用的思维形式有联想思维、幻想思维、灵感思维、直觉思维、发散式思维、收敛式思维、逆向思维等。它们都是非逻辑性思维，主要由人的右脑控制，因此，开发右脑是增强创造性思维的关键所在。没有这些非逻辑思维就不可能有实现思维的突破，但没有严格的逻辑思维，就不可能形成正确的、科学的结论，正因为如此，人类的创造性思维是任何高功能的计算机都无法替代的，创造性思维不仅是形象思维和逻辑思维相结合的产物，而且也是潜意识和显意识相结合的产物。弗洛伊德认为，迄今为止，人类只认识了脑的一小部分功能，就像冰山之一角。人脑的大部分功能就像潜藏在海面下的巨大冰山一样，潜藏着非意识、无意识的更多功能——潜意识。因此，**不断开发人脑的功能，对提高、增强我们创造性思维的能力，进而增强我们的创新能力具有十分重要的意义。**

引导孩子尽可能多地找到解决问题的方案

传统的思维是复制性思维，即在思考问题时以过去遇到的相似问题为基础。对于一般人，遇到新问题时，常会与以往的经验相比较：以前我学到的知识是如何教我解决此问题的？而后即选出以经验为基础的解决该问题的方法，并沿着确定的方向去解决问题。因为有经验奠基，所以我们对这种方法的可靠性坚信不疑，形成定势，也不愿探索其他更佳的方法。这种思维方式常易导致思想僵化。**若你永远按照惯常的思路去思考，你得到的永远是原有的东西。所以，想别人不敢想的，你已经成功了一半。**

而善于进行发明和创造的人则是创造性思维的行家。他们遇到问题时，常会思考：能有多少种方式分析、解决这一问题？怎样反思这些方法？他们会对解决某问题提出多种思路，多种实施方案，有些方法则是以往未出现过的，独辟蹊径的。

诺贝尔奖得主理查德·费因曼每遇到难题时，总会萌发出新思考方法。他认为不理会以往思想家们如何思考问题，而是创造出新的思考方法，是自己成为天才的奥秘。

爱因斯坦在回答自己与一般人的差别在何处的问题时，谐趣而形象地答道：如果让一位普通人在一堆干草垛里寻找一根针，此人在找到一根针后即会鸣金收兵；而他自己则会把整个草垛掀开，把可能散落在草里的针一根不剩地全找出来。

在日常生活中，家长要引导孩子像爱因斯坦“找针”那样，尽可能多地

找到解决问题的方案，并选择最佳方案，千万不要受传统定见的束缚。

创造型人才，善于进行独创性的思维组合。他们就像玩积木的少年那样，在意识和潜意识中，对各种想法、形象和见解不断进行组合，将积木搭出千姿百态的图案来。

创造型英才思考问题都是多视角的。他们往往容易发现别人没有涉及过的新角度。科学家、艺术家达·芬奇说，为了获得有关某个问题的构成的知识，首先要学会如何从许多不同角度重新构建这个问题。当达·芬奇发现自己对某一问题的观察首选的角度太偏向于以往的传统方式，他就会不断地转换视角，重新构建这一问题的思路。这样，每一次转换角度，都加深了对该问题的认识，导向了事物的深层和本质。

此外，创造型英才还有一种特殊的性格，即善于将不同对象放在一起加以比较。善于在似乎没有关联的事物间建立起联系，他们也发现了别人所看不到的东西。同时，他们还有很强的从对立的角度思索问题的能力。物理学家、哲学家戴维·博姆指出：**天才之所以能够提出各种不同的见解，因为他们可以容纳相对立的观点，或两种互不相容的观点。**

启发孩子的多元思考，显然比只信奉一个答案更能开发人的创造力。法国哲学家埃米尔查特依尔一语中的：“仅有一种想法比任何事物都可怕。”因此，为了使孩子将来步入杰出者的行列，家长所要进行的重要工作之一，就是要鼓励孩子努力寻找最佳方法！

教孩子掌握有效解决生活中问题的几点经验

要想有效地解决生活中的问题，就要教孩子掌握科学的工作和学习方法。下面的 7 点经验值得借鉴：

（1）教孩子学会细心观察周围的事物

有时，问题是在有关事物的启发下解决的。由于具有启发作用的事物和所要解决的问题有着相似之处，通过联想从而创造出解决问题的新方案。这种事例是屡见不鲜的。德国著名科学家克雷默博士因观察海豚受到启发，找到了克服空气“湍流”造成飞机机翼“起泡”现象的方法，解决了航空、航海界几十年一直探索的技术难题。一次，克雷默博士应邀去美国，在横渡大西洋的旅途中，他发现在航道附近游玩的海豚能消除湍流，通过研究海豚皮，找到了对飞机、潜水艇消除湍流的方法。因此，**要教孩子细心观察周围的事物，从而得到创造性的启发，这是寻找解决问题方法的一个重要方面。**

（2）教孩子对问题做出多种假设

家长不妨先让孩子思考这样一个问题：假如在你面前放上铁锤、铁钉和木板等物体，这些物体具备什么功能？

也许孩子首先想到的是铁锤可以把钉子敲在木板上，而想不到该类物体除了这些熟悉的功能外，还具有其他许多功能——例如铁锤当尺用。

心理学的研究表明，当人们遇到熟悉的事物时，往往根据该事物的一般功能，也就是对自己熟悉的功能来解释它，而很少去考虑该物体的其他功能。同样的道理，当我们在研究解决问题时，很容易根据自己的“常识”来

思考，而不大注意突破“常识”的框框，做出新颖的解释。因此，为了提高孩子的创造能力，必须教他善于学习，具有广泛的知识结构，从而采用发散思维，对问题做出多种假设，使思维的触角达到“意料之外，情理之中”的境地。**孩子思维的触角涉及面愈广，对问题的各种可能性估计愈宽，解决问题的效率就愈高。**

（3）提醒孩子积极性要高，但不能急于求成

事实表明，在动机的强弱和解决问题的成效之间存在着一种曲线关系。

心理学家勃尔奇做了这样一个实验：高处放着香蕉，猩猩身旁有一根竹竿，只有利用竹竿才可取到香蕉。实验的结果表明：在猩猩受饿不到6小时的时候，由于取食的驱动力（即动机）太弱，它的注意力很容易被各种不相干的因素分散；可是，当它受饿超过24小时后，又由于取食的驱动力过强，而把注意力过分紧张地集中于食物这个目标，因而忽视了解决问题的各种必要条件，同样取不到食；只有在受饿6～24小时之间时，由于驱力强度适中，它们的行为才是灵活的，注意力也不会被分散，很快取到了食物。

同理，对于孩子来说，如果解决问题时积极性不高，或者急于求成，都不会获得成功。古语所谓“事在人为”、“欲速则不达”，说的就是这个道理。

（4）教孩子随时随地受到启示或进行联想

一位心理学家做过一个双索问题的实验：天花板上悬着两根绳子，但二者的距离太远，任何人抓住一根就无法抓到另一根，要求实验者把两根绳结在一起。解决这个问题的办法之一，是在一根绳头上系一个物体，使之像钟摆一样摆动，等它摇向另一根绳时，你可以同时抓住两根绳。心理学家让两组人在解决这个问题前，分别识记一些不同的单词。一组人识记的词有“绳索”、“摆动”、“钟摆”等；另一组识记的词则完全同绳索问题无关。然后让两组人去解决问题。

结果发现，第一组总比第二组更迅速地解决了问题。显然，第一组从识记的单词中受到了启示。

从这一角度来说，**善于解决问题的人，也就是善于随时随地受到启示或进行联想的人。**因此，在日常生活中，家长要教孩子随时随地受到启示或进行联想。

(5) 教孩子克服思维定式

一定要提醒孩子，在解决问题时，最忌的就是心理定势。我们知道，很多新问题单凭过去的经验是无法解决的，或者得不偿失。当人们采用一种不利的思路并使之固定下来，采取有效思路的可能性就越来越少。**在日常生活中，家长要帮助孩子开阔解决问题的思路，放弃原先的定式，重新进行分析，把研究问题的本质条件同其他无关的附加因素区分开来，才能顺利解决问题。**

(6) 教孩子相信自己的能力

在研究问题的过程中，个性因素往往起着十分重要的作用。心理学的研究发现，有的探究者属于外力控制型，他们往往将自己研究过程中所得的佳遇或挫折归之于命运或机遇，并在感情上表现出焦虑不安、悲观失望等特征。有的探究者属于自力控制型，他们往往将自己的佳遇和挫折归之于个人的努力或不足，并在感情上表现出心胸开朗、乐观稳健。

有人曾经做过这样一种实验，即把外力控制型和自力控制型的学生分为两组，要他们背诵两份音节单，事先告诉他们，当背诵第二份音节单时，如果背诵错了，便会受到装在他们身上的电击处罚，也就是说，要让这些学生相信，“电击”是可以根据他们自身的主观努力加以避免的。实际上，在这个实验中，根本没有一个学生会遭到电击，因为第二份音节单的背诵根本就没有举行。

实验的目的是想检验一下，不同类型的学生对电击的顾虑是否会影响他

们对第一份音节单的背诵。结果表明，自力控制者精神良好而健全，思维活跃，浮想联翩，研究的结果很理想。而那些外力型控制者，当他们预感到必须依靠自己的努力才可避免电击的情况下，则产生一种“我能做到吗?”“我能行吗?”的思想干扰，侥幸心理明显暴露，结果发生较多的错误。

作为家长，要让孩子懂得，只有自信才能创造性地解决问题。**对每一个想有效地解决生活难题的人来说，自信心是非常重要的。**

(7) 教孩子时刻想着问题

当研究的问题已见端倪时，探究者的心理往往体验到一种“几乎”有了之感，犹如回忆某件往事，已经有所印象，但不十分清晰，跃跃欲试、欲言又止，张了张嘴，却还说不出来。这时，环绕在头脑中的问题，挥之不去，拒之不散，处于高度的思维之中，以至在散步、钓鱼、听音乐、赏花或与人交谈时，头脑里仍然想着这个问题。恰如作家锁眉托颌集中构思，万念归一。此时，往往在出其不意的一刹那，或由于某一原型启发、某种无意识的联想或别人的某一提示，突然间把探究水平提到一个新高度。

世界著名科学家凯库勒长期试图为苯分子找出一个结构式，然而却百思不得其解。可在一天晚上，经过一阵苦思冥想的困倦朦胧中，他梦见一条蛇咬着自己的尾巴在旋转，刹那间他受到启发，终于研究出一个六角形的环状结构式来表示苯分子。

要让孩子懂得，为了有效地解决生活中的各种问题——包括成功地改变自我，除了努力寻找最佳的方法，还要把握住一个重要的原则：将主要精力始终集中在主要问题或目标上。

教孩子学会更灵活地进行思考和解决问题

正常的人生出来便懂得思考。**不过，虽人人都具有思考能力，但并非人人都知道如何进行灵活的思考。**为了发展和培养孩子灵活地进行思考和解决问题的能力，可参考如下建议：

（1）教孩子破除思维定式

在长期的思维实践中，每个人都形成了自己所惯用的、格式化的思考模型，当面临外界事物或现实问题的时候，我们能够不假思索地把它们纳入特定的思维框架，并沿着特定的思维路径对它们进行思考和处理。这就是思维定式。

①让孩子敢于破除“权威定势”。

有人群的地方总有权威，权威是任何社会都实际存在的现象。对权威的尊崇常常演变为神化和迷信；在思维领域，人们习惯于引证权威的观点，不加思考地以权威的是非为是非，这就是权威定势。

思维中权威定势的形成主要通过两条途径，第一条途径是，在从儿童长到成年过程中所接受的“教育权威”。第二条途径是“专业权威”，即由深厚的专业知识所形成的权威。

权威定势的强化往往是由于统治集团的有意识的培植，而且权威确立之后常会产生“泛化现象”，即把个别专业领域内的权威扩展到社会生活的其他领域内。

权威定势有利于惯常思维，却有害于创新思维。在需要推陈出新的时候，它使人们很难突破旧权威的束缚。历史上的创新常常是从打倒权威开

始的。

②让孩子敢于破除“从众定势”。

从众定势的根源在于，人是一种群居性的动物，为了维持群体生活，每个人都必须在行动上奉行“个人服从群体，少数服从多数”的准则；然而这个准则不久便会成为普遍的思维原则而成为“从众定势”。

从众定势使得个人有归宿感和安全感，以众人之是非为是非，人云亦云随大流，即使错了，也无须独自承担责任。人们大部分的行为选择其实都是从众的结果，而很少经过自己独立的深思熟虑。

在传统社会中，统治阶级不断强化人们的从众定势，因而排斥那些惊世骇俗的言行和特立独行的人物。

③让孩子敢于破除“知识——经验定势”。

知识与经验有许多不同之处。简单地说，你掌握与了解的一些事物的现象与本质是知识；如何运用你了解的事物的现象与本质则是经验，一般的把两种定势统称为“知识——经验定势”。

知识经验与创新思维的关系，是个较为复杂的问题。知识经验具有不断增长、不断更新的特点，从而有可能使我们看到它们的相对性，经过比较发现其局限性，进而开阔眼界，增强创新能力。知识经验又是相对稳定的，而且知识是以严密的逻辑形式表现出来的，因而又有可能导致对它们的崇拜，形成固定的思维模式，由此削弱想象力，造成创新能力的下降。

思维上的“知识——经验定势”在以下三个方面构成了“思维枷锁”：第一，知识经验本身是一种限定或框架，“任何肯定即否定”，因而使人难以想到框架之外的事物；第二，知识与现实并不能完全吻合，而过去的经验也不一定能适用于现在和未来，因此“运用之妙，存乎一心”；第三，知识经过“纯化”之后，常常只提供唯一的标准答案，既不能完全符合现实，也会扼杀人的创新思维。

为弱化“知识——经验定势”，或从根本上阻止其形成，要教会孩子经常进行创新思维训练，以便灵活地运用已有的知识和经验，让它们与自己的智慧同步增长。

(2) 教孩子学会转换角度思考问题

所谓角度转换法，就是在动脑时，原来想的办法不能解决问题，需要重换一个角度去考虑问题。这是一种有效而又常用的动脑方法。

看下面一个故事：

从前，有一个国王，只有一只好眼睛，一条好腿，另一只眼睛是瞎眼，另一条腿是瘸腿。有一天，他招来3个画家，命令他们给他画像。国王说："画得好的有赏；如果画得不好，就要杀头。"

第一个画家把国王画得很像：国王有一只瞎眼、一条瘸腿。但国王一看，气得直叫，说是有意出他的丑，于是把第一个画家杀了。

第二个画家把国王画得很美，好手好脚，很有精神，像一个美男子，但国王一看，气得更厉害，说是画家讽刺了他。结果把第二个画家也杀掉了。

第三个画家见前面两个画家都被杀掉了，急得直冒冷汗，但他不愧是聪明人，画的画叫国王十分满意，国王赏给他很多钱。你知道这个画家是怎样画的吗？

原来，这个画家把国王画成在山上打猎的姿态，国王把猎枪搁在一块大石头上，一只瞎眼闭着，一只好眼瞄准，一条瘸腿跪在地上，一条好腿弓在前面。画家画了国王，却没暴露国王的弱点，所以国王很高兴。

这就是说，第一个画家的动脑角度没有选择好，所以吃了亏。第二个画家一看不好，就转换了一个角度，但这个角度也没有选择好，所以也吃了亏。第三个画家在前面两个角度的基础上，重新又转换了一个角度，结果成功了，也就是角度转换对了。

角度转换法实际是说，原来的想法（角度）不对头，需要再换一个想法(角度)。

那么，怎样才能把角度转换好呢？这就要不怕艰苦。**进行角度转换，是**

一项艰苦的劳动，而且成功率很低。如果碰到一次角度转换或几次角度转换不成功就灰心丧气，不再努力，那么可以肯定地说，任何一项的角度转换都不会成功。

所以，要使孩子变得聪明，培养他不怕艰苦的精神是很重要的一个方面。天才出自勤奋，这是很有道理的。

(3) 教孩子掌握正确的分析思考方法

有一天正中午，北宋著名哲学家邵康节和他12岁的小儿子邵伯温在院子里乘凉，突然院墙外边伸出一个人头，朝院子中瞅了一圈，又缩了回去。邵康节问儿子："你说这个人瞅啥？"

伯温说："八成是个贼，想偷东西，看见有人，又走啦。"

"不，"邵康节说，"他是找牛的，不是贼。"

儿子不信，跑出门去向那人问是不是找牛的。"是呀！"找牛的人说："小兄弟，你咋知道我是找牛的？"

是呀，邵康节是怎么知道这个人是找牛的？

邵康节是这样解释的：伸出头的人若是贼，见院子里有人，便会立即缩回去。他见院子里有人，还是瞅了一圈，这说明是寻找东西，而且是寻找会动的东西，只瞅一下而没有仔细看，说明是个大东西。看他的样子是农民，所以准是找牛的。

邵康节知道那个人找牛依靠的是分析。正是由于一系列的分析。他才得出了正确的结论。这种方法，就叫做分析思考法。

分析有正确的分析和错误的分析之分。下面这则故事中的人运用的就是错误的分析：

13世纪时，北威尔士王子列维伦有条忠实而凶猛的狗——盖勒特。一天，王子出猎，留狗在家看护婴儿。王子回来后，看见血染被毯，却不见婴儿。而狗呢，一边舔着嘴边的鲜血，一边高兴地望着他。王子大怒，抽刀刺入狗腹。狗惨叫一声，惊醒了熟睡在血迹斑斑的毯子下面的婴儿。这时，王子才发现屋角躺着一条死去的恶狼。原来盖勒特为保护小主人，咬死了恶狼。

王子悲痛万分，把狗葬在自己的公馆里。

狗伤害婴儿嘴边会留有鲜血，不伤害婴儿的嘴边也可能会留有鲜血。而王子认为凡嘴边有鲜血的就是伤害婴儿的，所以，他必然产生错误的分析，得出错误的结论。

那么，怎样才能进行正确的分析，避免错误的分析呢?

这就要求处理问题要详细检查资料，弄清事实真相，不能片面地看问题，而应全面地看问题。上面这个王子就是没有弄清事实真相，片面地看问题。对孩子来说，全面地看问题在理解课文方面、做作业方面，以及和同学相处方面都有着重要的意义。

(4) 教孩子学会逆向思考法

逆向思考法是在思考过程中，遇到无法从正面解决的问题就掉转方向，从反面考虑问题的思考方法。

比如，在8世纪时，日本建筑大阪城时，需要很多大石板，要求每块有大席子那么大，而且要从很远的地方运来。由于大石板太大，放到船上，一下子就把船压沉了。怎么办呢?

于是有一个人建议，是不是把大石板用绳子吊在船下面试试看。结果一试十分成功，解决了运输大石板的难题。

这个人所应用的思考问题的方法就是逆向思考法。在正面船装大石板的情况不能解决时，他掉转方向，从反面用石板装船的办法，利用水的浮力，终于解决了问题。

“山重水复疑无路，柳暗花明又一村”，逆向思考法就是促使“无路”成“有路”，“无村”成“有村”的重要方法之一。

那么，怎样运用逆向思考法呢?

在思考问题的过程中，要有意识地把思考的重点放在反面。

大家可能看过下面一个故事：

一个下雨天，有个牧师在家休息。但他的小儿子吵闹不休，令他十分讨厌。这位牧师在烦躁中拾起了一本旧杂志，一页一页地翻阅，直到翻到一幅色彩鲜艳的大图——世界地图。他就从那本杂志上撕下这一页，再把它撕成碎片，丢在起坐间的地上，对小儿子说道："小约翰，如果你能拼拢这些碎片，我就给你 2 元 5 角钱。"

牧师以为这件事会使约翰花费上午的大部分时间。但是没过 10 分钟，就有人敲他的门。原来是他的小儿子已拼好了地图。牧师十分惊愕，就问道："孩子，你怎么把这件事做得这样快?"

小约翰说："在地图的另一面有一个人的照片，我就把这个人的照片拼在一起，然后把它翻过来。这不是很容易的吗?"

原来小约翰所使用的是逆向思考法。如他不用这种方法，那么，叫他拼一张他不熟悉的世界地图，不知要花多少时间呢!

逆向思考法对我们解决日常生活中的实际问题是十分有用的，因此，一定要让孩子掌握这种思考方法。

帮助孩子激发灵感，诱发创造潜能

现代家长要懂得，灵感不一定就指发明创造，也并非为科学家、艺术家所独有。**孩子在平凡的学习与生活中，也可以产生富有创造性的奇思妙想，也可能闪烁出星星点点的灵感火花。**应当说，谁具备了产生灵感的条件，谁同灵感就有了缘分。

在解题、科研、创作过程中，常常有这样的情况，经过各种各样的假设、推理，采用多种途径去探讨、摸索，都没有成功。在这走投无路的时候，往往由于偶然机遇，受到启发而突然闪出一个念头，想出一个办法。这办法做起来是那么得心应手，好像有种神奇的强烈的创造力，这种种现象，便是所谓的灵感。

那么，什么是灵感呢？从心理学角度看，灵感是“人的精神与能力之特别充沛的状态”，“是浓厚的情绪的充沛状态”。这状态，保持着创造对象的注意力极度集中，创造过程的情绪极度专一，创造意识的极度明确。灵感是一种复杂的心理现象，是思维活动中由思想集中、情绪高涨而表现出来的创造能力。创造者在渊博的知识、丰厚积累和社会实践的基础上进行思考的紧张阶段，由于有关事物的触发、启示，促使在创造活动中所探索和捕捉的某些重要环节得到明确的解决，这就可以称为获得了灵感。

2000多年前的科学家阿基米德为测定一顶金王冠的体积，苦思冥想不得其解。有一次他进入澡盆要洗澡时，盆里的水就溢出来，他突然醒悟道：“溢出去的水的体积不就是自己身体体积吗？”由此，他发现了浮力定律。

俄国作家果戈理早就想写一部作品，描写与讽刺沙皇统治下的俄罗斯官僚机构的黑暗腐败，因为找不到一个合适的故事去把那些生动素材串联起来，所以迟迟不能动笔。一天，普希金说他曾到奥伦堡去搜集创作材料，人家把他当成了彼得堡派来“私访”的“钦差大臣”。听了这则笑话，果戈理苦闷之情为之一释，捕捉到了构思链条上关键性的一环，找到了一个“突破点”，于是思路豁然贯通、文思泉涌，以不足两个月的时间，一挥而就，写成传世之作《钦差大臣》。

由此可见，灵感并非“神力凭附”或“先天”固有的。它源于社会客观实践，是人脑对客观现实反映的一种机能。

简单地说，灵感就是一种高明的突发性的创造力。它并不是那么玄妙神秘，那么可望而不可即。它产生于社会的实践和积极的思考，谁在实践中付出的劳动代价越多，谁的灵感也就越多。

青少年产生灵感的条件及其在思维活动中的作用，自然比不上科学家、艺术家。但他们也有不少激发灵感的有利条件和良好素质，如勤于思考，思想敏锐，热爱幻想，勇于实践等等。家长只要帮助孩子善于诱发自己身上潜在的创造力，灵感就可能经常同他做伴。那么，具体该如何帮助孩子激发自己的灵感呢？

（1）教孩子多动脑勤思考

灵感同懒汉无缘，它是勤奋学习的报酬。高尔基说：“天才就是劳动，人的天赋就像火花。它既可以熄灭，也可能燃烧起来，而逼使它燃烧成熊熊大火的方法只有一个，就是劳动，再劳动。”**灵感是天才的一种表现形式，是长期创造性劳动的必然结果，所以它自然需要由勤奋的汗水来浇灌。**

灵感虽然带有偶然性和突发性，但它终究是长期努力、积累和思考的结果，即所谓“长期积累、偶然得之”。俗话说：“踏破铁鞋无觅处，得来全不费工夫。”这看似“不费工夫”的“灵感”，正是“踏破铁鞋”的长期努力换来的。

在日常生活中，只有教孩子多动脑、勤思考，才能激发和捕捉更多的灵感。

(2) 教孩子多学知识，拓展视野

实践证明：知识广渊、经验丰富的人，比知识面窄和缺乏实际经验的人容易产生新的联想和独特的见解。这是因为知识和经验是创造的素材。

有了大量的素材，灵感才能“一触即发”、“俯拾即是”。在知识的汪洋大海中，不仅产生了愈来愈多的所谓边缘学科，而且各门知识的内涵和外延，也在日益相互渗透着。只有知识“面”的广阔，才可能有知识的“点”的深入。而灵感的产生，又往往有一个由此及彼、由表及里、触类旁通、举一反三的过程，亦即靠有关事物的启示、触发，引起联想与认识上的飞跃，进而产生灵感。

因此，为了激发灵感，就要教孩子多学知识，拓展视野。

(3) 鼓励孩子从不同角度和思路去思考

要激发灵感，很重要的是学会机敏地思考。家长要鼓励孩子善于从不同角度和思路去进行思考。**要让孩子懂得，假如把灵感的获得比喻为一个目标，那么，通往这个目标的道路绝不是一条，而是如“百川归海”那样，可以通过各条渠道到达目的地。**考虑问题的角度狭小单一，常常会造成脑子的僵化，甚至将思路完全堵死。如果把那些想不通和暂时不得解决的问题，先搁置起来。过了几天再来看看，再来想想，往往会发现先前被疏忽的地方，会暴露出设想的缺陷和找到问题的疙瘩，新的设想、新的见解就可能突然间跃入脑际，于是可能在“山重水复疑无路”的困顿中，进入“柳暗花明又一村”的新境界。

(4) 教孩子学会把握灵感

要教孩子学会抓住一瞬即逝的“一闪念”，及时点燃灵感的引爆处。灵感的特点是突发性的，来得突然，去得匆匆，往往是一闪即逝，稍纵即过。孩子在思索、演算、答题、实验以及游戏和玩耍中，有时是会“领悟”某个道理，或突然想起某个有趣的事儿的。这时，就应当及时抓住不放，不让偶尔在脑际间出现的“闪念”溜过去。

（5）教孩子学会保持最佳的精神状态

灵感喜欢在清醒轻松时光临，保持最佳的精神状态，是获得灵感的妙方。

德国著名作曲家贝多芬在月夜的乡间小路散步时，耳闻农家女的琴声，顿发乐思，写成有名的《月光曲》。

因为精神饱满，情绪良好，心情愉快，能使脑细胞保持良好的状态，使思维活跃，想象力丰富，注意力易于趋向集中，从而出现思路贯通的佳境；反之，只能使思路堵塞。

要让孩子懂得，为保持最佳精神状态，关键的一点就是切实搞好“劳逸结合”。**在日常的学习中，当大脑疲惫时，绝不要搞所谓“头悬梁，锥刺股”的“苦”读法。勤奋，是指意志力的坚强和韧性精神，绝不等于搞加班加点的疲劳战术。**

帮助孩子努力养成良好的思维习惯

为了追求卓越的人生，一定要教孩子勤于思考。要让孩子懂得，我们最基本的生活方式是思考。**一个人不惯于思考，生活就变得机械、麻木、没有了创造力，根本不可能成就一个了不起的个性，永远是三流人物。**

要想教孩子保持头脑灵活，必须掌握一定的诀窍，教他养成良好的思维习惯。如下建议可供参考：

（1）教孩子经常用脑

要让孩子懂得，思考对大脑来说，如机器运转，不思考的大脑就会像久停的机器一样锈蚀。经研究证明，人脑智能远未完全被开发出来。经常用脑无疑是开发智能的良方。多阅读多提问，能促进脑细胞更好地新陈代谢，提高思考和记忆力。

（2）教孩子学会进行信息筛选

人脑可贮存 1 千万亿条信息。如此多的信息如不加以筛选，必将互相干扰，影响思考效果。因此，家长要教会孩子每天都对进入脑中的信息做一次回忆整理，分清主次，对主要信息可用脑力去思考并进行记忆，对次要信息则可以不做强化记忆。

（3）教孩子养成分析综合的习惯

思维的最基本的过程是分析和综合。

所谓分析，就是在头脑中把事物的整体分解为部分或者把整体的个别特

征、方面分解出来。

综合则是指在头脑中把事物的各部分联合起来，或者把事物的特征方面结合起来。

为了使这种分析和综合更正确，应该使用归纳和演绎的方法，使思维能比较快地从个别上升到一般，而且根据一般道理来解释个别现象。

要让孩子懂得，事物之间的关系是复杂的，在分析、综合问题的因果关系时，要善于抓住本质的东西，不要被现象所迷惑，不要局限于单一因素上。应该多想一想：什么是主要原因？什么是次要原因？什么是一般原因？什么是个别原因？

（4）教孩子学会善于比较

我们总是通过确定被比较对象的共同点和相异点来认识事物的。

那么，怎样才能教会孩子进行比较呢？

在学习中，可以采用顺序比较法，就是将学习的内容和过去学过的内容进行比较。例如，学习乘法时，把它和过去学习过的加法进行比较，加深对乘法的理解。也可以采用对照比较法，就是同时交错地把两种要学习的教材加以比较。

比较总是在某一个一定的方面进行的，因此在比较过程中始终要围绕主题进行，不要跑题。

应该注意比较哪些是事物的主要因素，哪些是次要因素。有时在比较中搞不清主次，就应该及时求师，解决问题后，再反过来问一问：为什么自己比较不出来？是哪些环节出了问题？

（5）要帮助孩子培养抽象和概括能力

将事物的一般的、本质的特性抽出来单独加以考虑，这种思维特征叫抽象。将事物的一般的、本质的属性联结起来并推广到同一类事物上去，这种思维特征叫概括。它们是在比较的基础上进行的，应该遵循“从感性到理性、从具体到抽象”的原则，经常与具体的事物、形象的比喻相联系，将思维具体化。

比如，**鼓励孩子在阅读某作品时编写提纲，就是培养概括能力的一种有**

效方法。

(6) 帮助孩子加强分类的训练

为了提高掌握知识的质量，应该有意识地进行分类的训练。即是将个别的现象或对象分门别类地列入适当的种类中去。

进行类似的分类，可以更好地理解和牢记各种概念的本质属性。有些孩子记忆能力很强，但思维能力却不是很好，这是由于只满足于死记硬背的结果。这样的孩子，家长就要帮助他把重点转移到理解上。

(7) 教孩子发挥想象在思维中的作用

思维活动必须借助于想象。爱因斯坦说：**“想象力比知识更重要，因为知识是有限的，而想象力概括着世界上的一切，推动着进步，并且是知识进化的源泉。”**

那么，怎样帮助孩子发展自己的想象呢？

第一，要鼓励孩子扩大自己的知识范围。一篇作品中出现的某个人物形象可能是虚构的，但是这个人物形象的影子却在很多人的身上可以找到。因此，要丰富自己的想象力，首先应该丰富自己的想象素材。

第二，要教孩子经常对知识进行形象加工，形成正确的表象。例如，在孩子学了“原始人”这一概念后，可以带孩子去周口店看看展览，使他对“原始人”这一概念进行形象加工，在脑中形成一个活灵活现的原始人表象，就可大大活跃有关原始人的想象力。

第三，教孩子丰富自己的语言。想象依赖于语言，依赖于对形成新的表象的描述。一个人的语言能力的好坏直接影响想象力的发展。

在平时，要鼓励孩子有意识地积累词汇，大量阅读有关的文学知识，多练写作，学会用丰富的语言来描述人物的形象和发生的事件，就会扩展自己的想象力。

鼓励孩子敢于独立思考，提出独创性见解

青少年的主要任务就是学习，学习一切科学文化的知识，为将来干出一番事业打下坚实的基础。但是，有的孩子只是机械地记住书本上的知识，使大脑成为知识的仓库，而根本没有经过自己的思考，这样的做法是不足取的。**固然，对知识的记忆很重要，但更重要的是独立思考。**

古希腊哲学家赫拉克利特说过：“博学并不能使人智慧。”只有在学习和生活中善于独立思考，才能开出智慧的奇葩。特别是在当前知识大爆炸的背景下，培养孩子独立思考的良好习惯尤为重要。

> 科学巨匠爱因斯坦十分强调培养人的独立思考和独立判断的能力，他说：“发展独立思考和独立判断的一般能力，应当始终放在首位，而不应当把获得专业知识放在首位。”爱因斯坦是这样说的，也是这样做的。正是由于养成了独立思考的良好习惯，具有独立思考的能力，他才创立了相对论，开辟了科学上的新纪元。同样，诺贝尔奖获得者、美籍华人物理学家杨振宁也认为，学习和做研究工作的人，一定要有独创的精神和独立的见解。他认为独创是科学工作者最重要的素质，而这又必须从学生时代起就开始培养。在做学生时，就要在学习的基础上，敢于独立思考，提出独创性见解。

青少年是为人生的发展打基础的时期。在这期间，家长一定要帮助孩子培养独立思考的能力，养成独立思考的良好习惯。那么，具体该怎么做呢？

（1）让孩子了解独立思考的重要性，产生独立思考的热情

由于现行教育制度的缺陷，有的孩子不需独立思考，只要死记硬背，也能取得较好的成绩，认为独立思考是卖力不讨好的事情。为了纠正这种错误的认识，就要教孩子真正懂得独立思考的意义，主动进行独立思考能力的培养，逐步养成独立思考的良好习惯。

（2）引导孩子多进行独立思考的活动

不要叫孩子小看这独立思考的小火星。要教孩子懂得，“星星之火，可以燎原”，“自古成功在尝试”，只要敢于独立思考，就说明自己不拘泥于现成的东西，这是十分可贵的。

（3）要帮助孩子克服惧怕思考的心理

一提起独立思考，有些孩子会摇头：“老师讲什么，我们就学什么；书本上说什么，我们就记什么。独立思考，是科学家的事。我们哪有这个本事啊！”的确，科学家需要独立思考的能力，但独立思考也并非高不可攀，可望而不可即的。要教孩子懂得，其实，对老师讲的有不同意见，经过思考向老师提出来就是一次独立思考的过程。还有，对书上的习题提出与教师不一样的解法，也是独立思考。所以，**家长要鼓励孩子在学习和生活中敢于进行独立思考，善于进行独立思考，逐步培养独立思考的良好习惯。**

（4）教孩子打好基础，多学知识

独立思考并不是胡思乱想，它需要一定的知识作基础。假如孩子的脑袋里空空如也，一无所有，那么任凭他如何独立思考，也是不会思考出什么“出类拔萃”的东西来的。完全独立的“独立思考”是没有的，人们总是在吸取前人有益遗产的基础上，方能进行独立思考，得出与前人多少有所不同的东西来。**因此，家长要教孩子多学习一些有用的知识，在此基础上培养自己的独立思考的良好习惯。**